前　　言

斜拉桥拉索、悬索桥吊索、拱桥吊杆等索结构是缆索桥梁的主要承重结构之一，其承载力与耐久性直接影响桥梁运营的安全。由于索结构长期承受交变荷载并暴露于自然环境中，极易遭受环境腐蚀，当索内钢丝受到严重腐蚀发生断裂时，可导致拉索系统失效，影响到桥梁的安全性和使用寿命。

目前，国内外对桥梁索结构腐蚀问题的研究多局限在无应力状态下的材料腐蚀与静态荷载下的应力腐蚀问题。由于拉索索力中车辆荷载、大幅参数振动、风雨激振和涡激振动等活载效应占 20%～30%，而疲劳荷载会加剧拉索腐蚀损伤的发展，特别是振幅高达 1m 的拉索大幅风致振动会加剧锚管开裂、PE 护套破裂等病害的发展，进而导致拉索钢丝暴露于腐蚀性环境中，腐蚀疲劳成为其长期性能劣化的主要诱因，因此揭示拉索在交变荷载与侵蚀性环境耦合作用下的腐蚀疲劳损伤与失效机理，建立基于腐蚀疲劳等效裂纹深度与扩展速率的拉索极限承载力与剩余寿命预测方法，将为科学评价斜拉桥拉索技术状况、延长拉索使用寿命和改进拉索防腐蚀设计提供理论依据，对避免重大安全事故的发生具有重要现实意义。

在国家自然科学基金项目、交通运输部建设科技项目、重庆市自然科学基金等多个项目的资助下，经过十余年的长期研究，重庆交通大学在拉(吊)索环境腐蚀、应力腐蚀及腐蚀疲劳损伤机理、性能衰退和寿命预测等方面取得了一些成果，本书是作者对这些工作的总结。

全书共 6 章。第 1 章介绍桥梁索结构服役现状和长期性能劣化机理，论述并总结国内外拉(吊)索腐蚀疲劳的研究现状和发展动态；第 2 章介绍盐雾环境下钢绞线应力腐蚀与腐蚀疲劳试验，测试盐雾环境中不同腐蚀时长下钢丝的力学性能，揭示盐雾环境中钢丝长期性能的衰退规律和钢丝应力腐蚀与腐蚀疲劳裂缝扩展规律；第 3 章介绍盐雾环境下平行钢丝束应力腐蚀与腐蚀疲劳试验，分析蚀坑深度、形状和净间距对钢丝受力性能的影响；第 4 章介绍酸雨环境下斜拉桥拉索应力腐蚀与腐蚀疲劳试验，提出酸雨环境下拉索失效判据；第 5 章揭示斜拉桥拉索腐蚀疲劳损伤演化规律，建立拉索剩余寿命预测方法；第 6 章介绍损伤拉(吊)索腐蚀损伤程度和安全评估方法，提出拉(吊)索破损安全评估方法。

本书撰写分工如下：第 1、2、3、5 章由姚国文撰写，第 4 章由李世亚撰写，第 6 章由郭增伟撰写，全书由姚国文统稿。在本书的撰写过程中，重庆交通大学研究生喻宣瑞、刘明旭、刘佳伟、吴树杭、贺煊博等协助完成了相关章节的编排，在此向他们表示感谢。

本书的大部分研究成果是在国家自然科学基金重大科研仪器研制项目“复杂环境下结构疲劳实验系统研制”(11627802)，国家自然科学基金面上项目“交变荷载与侵蚀环境耦合作用下斜拉索腐蚀疲劳损伤机理与寿命预测模型”(51478071)、“服役环境条件下拉索腐蚀疲劳损伤机理与破损安全评估方法”(51878106)、“随机荷载与环境耦合作用下斜拉索锚固系统腐蚀疲劳损伤机理与长期性能研究”(52178273)，重庆市自然科学基金“荷载与电化学腐蚀耦合作用下拉索锚固系统长期性能衰变机理研究”(cstc2021jcyj-msxmX1159)、“基于断丝监测的平行钢丝吊杆腐蚀疲劳可靠度评估方法”(cstc2019jcyj-msxmX0818)，重庆英才计划“包干制”项目“荷载与环境耦合作用下桥梁长期性能加速试验方法研究”(CQYC20210302391)，重庆市研究生联合培养基地建设项目(JDLHPYJD2020004)，交通运输部“三峡库区奉建高速公路安全智能建造”科技示范工程的资助下完成的，在此深表感谢。

限于作者水平，书中难免存在不足之处，敬请读者批评指正。

桥梁索结构腐蚀疲劳性能与损伤机理

姚国文　李世亚　郭增伟　著

科 学 出 版 社

北　京

内 容 简 介

本书针对斜拉桥拉索、悬索桥主缆、拱桥吊索等桥梁索结构，开展了服役环境下工作性能与腐蚀疲劳损伤的调查统计分析，进行了荷载/环境耦合作用下室内人工加速腐蚀疲劳试验研究，揭示了镀锌平行钢丝、钢绞线拉(吊)索在盐雾、酸雨、湿热环境与静力、交变荷载耦合作用下的材料腐蚀、应力腐蚀、腐蚀疲劳性能与损伤机理，研究了损伤拉索的物理力学性能，建立了基于图像灰度分析的拉索技术状况评定方法，进一步结合拉索损伤演化模型，提出了拉索基于破损安全的使用寿命预测方法及评定技术。

本书可作为高等院校土木工程专业、桥梁与隧道工程专业的教学用书，也可为桥梁科研人员和设计、施工人员提供技术参考。

图书在版编目（CIP）数据

桥梁索结构腐蚀疲劳性能与损伤机理 / 姚国文，李世亚，郭增伟著. —北京：科学出版社，2022.6

ISBN 978-7-03-071053-6

Ⅰ. ①桥…　Ⅱ. ①姚…②李…③郭…　Ⅲ. ①桥梁结构-缆索-腐蚀疲劳-研究　Ⅳ. ①U443

中国版本图书馆 CIP 数据核字（2021）第 268749 号

责任编辑：朱小刚 / 责任校对：杨　赛
责任印制：罗　科 / 封面设计：陈　敬

科学出版社 出版
北京东黄城根北街 16 号
邮政编码：100717
http://www.sciencep.com
四川煤田地质制图印刷厂 印刷
科学出版社发行　各地新华书店经销
*
2022 年 6 月第　一　版　开本：720 × 1000　B5
2022 年 6 月第一次印刷　印张：10 1/2
字数：210 000

定价：99.00 元

（如有印装质量问题，我社负责调换）

序

拉(吊)索是现代大跨度缆索承重桥梁的主要受力构件之一，相比于传统圬工结构及钢筋混凝土结构，拉(吊)索工作应力水平高、活载应力幅大、更容易受腐蚀环境的影响，腐蚀疲劳成为拉(吊)索最主要的破坏模式，因此如何预测并提高腐蚀介质和交变荷载共同作用下拉(吊)索的服役寿命是缆索承重桥梁管养中的重要课题。

目前国内外针对桥梁索结构研究，更多关注的是拉(吊)索振动机理及控制、疲劳性能、耐久性防护和断丝监测等方面，较少涉及拉(吊)索环境腐蚀、应力腐蚀及腐蚀疲劳损伤机理、性能衰退和使用寿命预测等方面。目前拉(吊)索振动、疲劳方面的研究并不考虑其材料、力学特性随时间发生变化，然而实际工作中拉索不可避免受到环境影响而出现性能退化，通过开展索结构腐蚀疲劳性能及损伤机理研究，能够更全面地考虑拉索全寿命周期结构受力及工作性能，保障桥梁结构的安全性。

重庆交通大学桥梁长期性能研究团队在姚国文教授的带领下，长期从事桥梁性能退化机理、保持和提升技术方面的研究，该书是姚教授团队近10年来在拉(吊)索腐蚀疲劳性能方面研究工作的总结。该书系统介绍了盐雾环境、酸雨环境、环境与静力荷载及交变荷载耦合作用下拉索腐蚀与疲劳试验，提出桥梁索结构腐蚀损伤后的性能评价方法及寿命预测方法，是国内全面介绍桥梁索结构在荷载与环境耦合作用下长期服役性能的专著，具有较高的学术水平和应用价值。该书的研究成果可为斜拉桥拉索、悬索桥主缆、中下承式拱桥吊索的防护体系设计提供理论依据，为拉(吊)锈蚀等级评定提供科学、高效的定量化标准，从而及时、有效、准确地掌握拉(吊)索力学行为演化，监测桥梁结构安全状态，在消除安全隐患、避免重大安全事故的同时，避免盲目换索带来不必要的交通影响和经济损失。

2022年2月10日

目　录

第1章　绪　　论

1.1　桥梁索结构服役现状

索结构是斜拉桥的主要承重结构之一，其耐久性直接影响桥梁运营的安全。由于拉索系统长期承受交变荷载并暴露于自然环境中，易遭受环境腐蚀。当索内钢丝受到严重腐蚀而发生断裂时，可导致拉索系统失效，影响到桥梁的安全和使用寿命。本书基于细观损伤力学理论，通过交变荷载作用下斜拉索加速腐蚀试验研究与理论分析，研究拉索在交变应力与侵蚀性环境耦合作用下的腐蚀疲劳损伤机理与演化规律，揭示交变应力对拉索腐蚀疲劳性能的耦合作用效应，并建立综合考虑疲劳荷载与腐蚀性环境耦合作用的拉索极限承载力与剩余寿命预测方法，进一步提出斜拉索腐蚀疲劳损伤后的力学性能评价方法，从而为科学评价斜拉桥拉索技术状况、延长拉索使用寿命和改进拉索防腐蚀设计提供理论依据。

从 1955 年德国建成第一座现代意义上的斜拉桥以来，世界各国已经修建了 300 多座斜拉桥，我国占三分之一以上，其中跨径超过 400m 的特大跨径斜拉桥近 30 座，斜拉桥已成为跨越海洋、大江大河的首选桥型。目前，斜拉桥拉索系统采用的钢丝多种多样，概括起来大致分为高强度冷拔碳素钢丝、环氧涂覆钢丝、镀锌钢丝和热浸镀锌钢丝四种，其中高强度冷拔碳素钢丝最先出现在斜拉桥建造结构中，但由于其自身的缺陷并未大量运用于工程中，而镀锌钢丝因其抗拉强度高、延伸率好、松弛值低、应力损失小、抗疲劳性能优良、防护能力强等诸多特点而得到广泛应用。

斜拉索作为斜拉桥的关键构件，具有承担荷载、传递荷载的功能，其服役状况会对桥梁运营的安全产生直接影响。由于拉索系统长期承受交变荷载并暴露于自然环境中，极易遭受环境腐蚀，特别是我国酸雨区面积已占国土面积的三分之一，成为继欧洲、北美之后世界第三大重酸雨沉降区，在这种大气污染严重地区、水污染严重地区、海洋性环境中，斜拉桥索内钢丝极易遭受环境中 SO_4^{2-} 、Cl^- 等腐蚀介质的侵蚀。我国广州海印大桥、济南黄河大桥、重庆石门大桥、重庆涪陵长江大桥、四川犍为岷江大桥、宜宾岷江大桥、云南三达地怒江大桥、天津永和大桥、陕西三原新龙大桥、广东九江大桥、南宁白沙大桥等多座斜拉桥在运营 7～18 年后出现了保护层老化开裂、拉索锈蚀断裂、断丝、拉索松弛等病害，远远没有达到原有 30 年的设计使用寿命，不得不花费巨资更换斜拉索。因此，拉索锈蚀、断丝等现象已成为大多数斜拉桥面临的问题。

截至 2020 年底，我国公路桥梁数量已超过 91 万余座，世界上已建成的主跨跨径最大的前 10 座斜拉桥、悬索桥、拱桥中，我国分别占有 7 座、6 座和 6 座[1]。进入 21 世纪，随着经济、科技的迅猛发展，以及国家“一带一路”倡议的推进，我国基础设施建设突飞猛进。斜拉桥已突破千米跨度，如主跨 1092m 的上海沪通铁路大桥；钢管混凝土拱桥主跨达到 575m，如广西平南三桥。目前我国建成的斜拉桥较多，拉索桥往往是设计师们青睐的桥型，如苏通长江大桥、东海大桥、港珠澳大桥、厦漳跨海大桥以及广东虎门二桥等。这些大桥不仅有效克服了桥梁跨度大的问题，而且经济、美观，推动着我国土木工程技术向更高、更强方向发展。然而，任何事情都具有正反两方面的真理，拉索桥也并不例外，拉吊索腐蚀、断索以及垮桥问题日益突出[2]。当前，对于悬索桥主缆的更换还没有适宜的方法，而悬索桥的吊索、斜拉桥的斜拉索、拱桥的吊杆频繁出现病害，个别桥梁还因为拉吊索破断造成垮桥事故，如四川宜宾小南门大桥、福建武夷山大桥、新疆孔雀河大桥等。垮桥事故的发生总是伴随着人民的生命安全和财产的重大损失、社会影响等问题，给经济的发展带来了难以弥补的损失。拉吊索的服役可靠性得到人们的重视，它直接关系到整个拉索桥的安全，已成为衡量整个拉索桥性能的重要指标之一。如何提高拉吊索的服役可靠性以及精准安全风险评估，保证拉索桥运营安全以及人民生命财产安全是土木工程人必须考虑的问题。除加强设计、施工、养护等管理措施外，及时掌握拉吊索的动态服役可靠性，准确评估安全风险也是行之有效的方法之一。

国内外已建斜拉桥的运营观测表明，斜拉桥正在经受拉索耐久性问题的严峻挑战和威胁。如贵州南盘江大桥，原大桥主桥为跨径 240m 的钢桁架悬索桥，于 1998 年 11 月建成投入运营。运营不到 17 年，主缆、吊索锈蚀严重，于 2015 年拆除重建为连续刚构桥；2012 年建成的西藏波密县扎木镇至墨脱县县城公路的西莫河大桥(桥址位于雅鲁藏布江大峡谷的上游，大桥服役环境复杂，气候多变且潮湿，是印度洋南来水汽进入我国青藏高原的最大通道，也是我国气候变化的启动区)，2017 年检测发现主缆、吊索腐蚀严重，面临更换[3]。而斜拉桥的斜拉索以及中下承式拱桥的吊杆更是因为腐蚀损伤，可靠性降低，频繁更换。Dolley 等[4]与 Mahmoud[5]调查了世界各地的近百座斜拉桥并进行了外观检查，发现全球范围内过去几十年建造的很多座斜拉桥因拉索腐蚀正面临危险，日本推出的新平行钢丝系统的防腐寿命也仅为 25～30 年。德国 Kohlbrand Estuary 大桥在运营两年后，发现拉索下部锚固端严重腐蚀，有 25 根断丝，全桥更换拉索花费 6000 万美元，为原造价的 4 倍。委内瑞拉 Maracaibo 大桥斜拉索有 25 根严重锈蚀、1 根断裂，更换拉索花费约 5000 万美元。法国 St. Nazaire 大桥斜拉索腐蚀严重，拉索表面大量锈蚀并发生剥落。诸如此类，还有美国的 Pasco-Kennewick 大桥、英国的

WyeBridge 桥梁。

我国 20 世纪 70 年代至 90 年代初修建的 30 多座斜拉桥中，已经加固修复的斜拉桥占 65%，4 座斜拉桥已经拆除或改成其他桥型，有 46%的斜拉桥已全部或部分更换了斜拉索，尚有 10 余座斜拉桥需要换索。广州海印大桥 1988 年建成，1995 年 5 月 25 日发生了 9 号索锈蚀断裂事故，后来发现 15 号索也有断丝现象，被迫进行耗资 2000 万元、为期半年的全桥换索工程。济南黄河大桥拉索腐蚀严重，为防止发生突发事故，于 1995 年 9 月更换了全部 88 根斜拉索[6]。重庆石门大桥 216 根拉索中有 130 根存在各类缺陷共 393 处，钢丝严重腐蚀、锈蚀，于 2006 年 7 月更换了 36 根拉索，2008 年 10 月更换剩余拉索，整个换索工期长达 1 年多，对当地交通造成严重影响[7]。四川犍为岷江大桥经过 10 年的运营，斜拉索聚乙烯(PE)保护层严重开裂、断裂，斜拉索腐蚀断丝，最小破断安全系数仅为 1.97，为确保大桥运营安全，于 2000 年 10 月更换了全部 384 根拉索。重庆涪陵长江大桥斜拉索共有 29 处锈蚀，于 2012 年 9 月进行全桥 212 根拉索更换工程。陕西三原新龙大桥 2006 年 10 月两根拉索断裂，PE 护套开裂、拉索腐蚀、断裂，被迫进行换索。广东南海九江大桥经过 9 年运营，发现 70%的拉索 PE 套管破损，严重的已有剥落现象，内部平行钢丝腐蚀、锈蚀严重，拉索断丝数量已达 1/3，于 1998 年对 11 根腐蚀严重的拉索实施了更换，2000 年更换了剩余拉索[8]。上虞章镇斜拉桥 80 根斜拉索中有 26 处锈蚀，个别锈蚀深度达 1.0mm，锈蚀较为严重，实测索力与设计索力有较大偏差，于 2008 年进行了全桥换索。云南三达地怒江大桥斜拉索 PE 防护套老化严重，高强钢丝锈蚀严重，部分钢丝截面已削弱，严重影响大桥的安全运营，于 2004 年进行了云南省首例换索工程。云南金沙江皎平渡大桥 PE 护套老化，拉索、锚具锈蚀，2008 年进行了全桥换索。南宁市白沙大桥斜拉索 PE 护套开裂、老化日趋严重，拉索锈蚀，2006 年进行了换索。柳州壶西大桥 1994 年建成，2001 年发现钢绞线拉索大部分出现锈蚀，部分形成严重凹坑，于 2006 年对 104 根斜拉索全部进行更换。珠海淇澳大桥 2001 年建成，运营 7 年后发现 127 根斜拉索 PE 护套开裂，拉索钢丝锈蚀，风致振动强烈，部分索力超限，于 2007 年进行全桥换索。此外，还有天津永和大桥(2007 年)、广西红水河铁路斜拉桥(1998 年)、湖南银盆岭大桥(2012 年)等也由于锈蚀而进行了拉索更换[9]。

从上述国内外斜拉桥拉索病害与换索工程可以看出，斜拉索远没有达到 30 年的设计使用寿命，多数是拉索锈蚀、断丝导致承载力降低，不得不提早换索。但是大多数斜拉桥更换拉索时，并没有进一步根据拉索腐蚀状态对承载力和剩余寿命进行评价，更没有综合考虑经济因素、斜拉索的腐蚀速率来选择最佳换索时间。

日本、美国较早开展拉索腐蚀方面的试验与理论研究，特别是对海洋性环境中拉索的腐蚀研究。日本 Honshu-Shikoku 桥梁管理部门对其负责的多座斜拉桥和悬索桥开展了运营期间拉索腐蚀破坏情况现场调查，积累了多年现场调查数据，并进行拉索预防性维护方法研究，提出防腐蚀涂料涂覆、通风除湿、静态和动态行为监测等措施。Brown[10]采用有限元分析方法研究拉索表面微结构对桥梁镀Zn-Al 钢丝腐蚀行为的影响，提出镀 Zn-Al 钢丝腐蚀理论模型，但该模型需要进一步通过试验来进行验证。此外，Kheyroddin 等[11]将海水作为腐蚀介质，在静态荷载的作用下开展加速腐蚀试验，对比研究了不同防护体系的防腐效果。不仅如此，有学者通过人工加速腐蚀试验方法，重点探讨了拉索在 NaCl 腐蚀介质中的腐蚀行为，获取钢丝样品失重量、抗拉强度、延伸率等指标。结果表明，水和温度是最易造成拉索腐蚀的环境因素，通过加速腐蚀试验证明拉索锚头端腐蚀最为严重，中部和顶端未被腐蚀，溶液中 NaCl 浓度增加和温度升高都会加速镀锌钢绞线的腐蚀。

张平[12]将高强度镀锌钢丝腐蚀分为四个阶段。阶段 1：钢丝表面有轻微金属光泽，但可能在局部位置出现肉眼可见的白色锈点。阶段 2：钢丝表面光泽黯淡，甚至覆盖一层锌腐蚀产物(白色氧化皮)，但没有铁基体腐蚀出现。阶段 3：铁锈出现在钢丝表面，镀锌层基本耗尽。阶段 4：红色铁锈替代白色锈蚀产物覆盖于钢丝表面，表面变得粗糙，出现蚀坑。Furuya 等[13]采用 2m 长拉索样品在自然环境(温度 13～23℃，相对湿度 30%～100%)中进行暴露试验，根据暴露过程中拉索不同部位温度和相对湿度在 24h 内随时间的变化曲线，将拉索中镀锌钢丝所处环境划分为 4 类，研究认为索内水分和高温是形成索内恶劣腐蚀环境的主要原因，其中底端因浸泡在水溶液中而腐蚀最为严重。Nakamura 等[14]根据 Furuya 等得到的拉索内部不同部位环境，分别将桥梁用高强度镀锌钢丝样品置入模拟相应环境的腐蚀装置中，对不同模拟环境中钢丝样品的腐蚀机理进行了分析，重点对试验温度、相对湿度、NaCl 溶液浓度等影响因素对腐蚀速率的影响进行了讨论，并估算了相应腐蚀条件下钢丝镀锌层耗尽时间。Nakamura 等[14]将镀锌高强钢丝所处的可能环境划分为 4 类，并得到 4 种模拟拉索腐蚀环境中高强钢丝的腐蚀速率。

由于我国大跨度斜拉桥发展历史不长，起步较晚，人们对拉索腐蚀的认识还不够深入，目前开展的工作主要是桥梁管理部门对斜拉桥拉索腐蚀破坏特征现场检测和数据积累，直到后期才开始逐渐对拉索的腐蚀机理进行探索。如陈惟珍等[15]、徐俊等[16]对上海恒丰路立交桥换下的拉索进行了力学试验研究。研究表明，拉索与钢丝的韧性随着钢丝腐蚀程度的恶化而显著降低。当钢丝腐蚀程度轻微时，钢丝延伸率与设计要求基本吻合；当钢丝严重腐蚀后，钢丝的延伸率远低于设计要求。此外，根据腐蚀钢丝外观形貌，将拉索表层钢丝锈蚀程度划分为 8 个等级，如图 1.1 所示。该方法的优点是比较直观、方便地反映出拉索锈蚀的规律，缺点是主观性强，缺乏定量的判断标准。

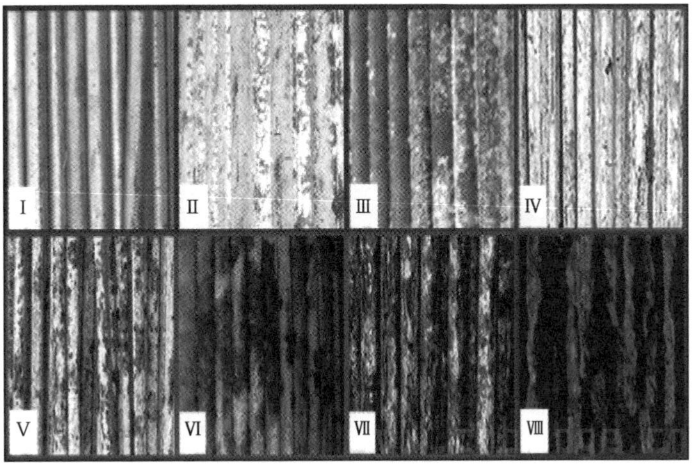

图 1.1 钢丝锈蚀程度表观分级图像

华南理工大学苏达根等[17]通过对广州海印大桥的拉索进行取样分析得出其钢丝锈蚀的失效原理，发现钢丝的力学性能与其腐蚀程度息息相关，拉索一旦发生腐蚀，其力学性能将会显著降低。东南大学缪长青等[18]依据法拉第定律和腐蚀损伤相当的原则，提出了编制大跨径桥梁构件加速腐蚀当量环境谱的方法，确定了桥梁结构钢材在不同温度、湿度条件下的当量折算关系函数和方法，研究了温湿度对桥梁缆索构件腐蚀的影响规律，提出了大跨径桥梁环境谱编制及当量折算原则。

李冰[19]参照在役汽油管道腐蚀剩余寿命预测的方法和模型，应用极值推定法建立桥梁缆索系统的剩余寿命预测方法，开创了国内桥梁缆索系统剩余寿命预测的先河，但该方法中的关键参数临界腐蚀深度的确定有一定难度。

随着全球航空工业的发展,金属材料的腐蚀疲劳问题得到了国内外学者广泛、深入的研究，取得了一批有意义的成果，而土木工程材料与结构的腐蚀疲劳问题还没有引起足够重视，鲜有研究成果发表。在土木工程领域，王海超等[20]开展了交变荷载与环境的耦合作用对混凝土梁腐蚀疲劳影响的试验研究，对腐蚀疲劳这一概念取得了初步认识。河海大学开展了缆索高强钢丝腐蚀疲劳性能的试验研究，采用材料万能试验机进行加载，附着在钢丝试件上的有机玻璃管装有氯化钠溶液作为腐蚀槽(图 1.2)，研究得到了交变应力状态对钢丝腐蚀起加速作用的定性结论，但该试验仅对海洋性腐蚀环境进行模拟，无法模拟拉索真实的服役环境。

目前，国内外在斜拉桥拉索无应力状态下的材料腐蚀和静态荷载作用下的应力腐蚀方面已有相关研究成果，但在交变荷载与腐蚀环境耦合作用下斜拉桥拉索腐蚀疲劳方面的研究还有待进一步加深。随着斜拉桥跨度的不断增大，斜拉索变

图 1.2　拉索腐蚀疲劳试验装置

得越来越长(苏通长江大桥最长拉索已达到 580m)，因为拉索具有柔度大、质量小和阻尼低等特点，极易在风、雨、地震以及车辆荷载等外部激励作用下发生振动，特别是拉索易发生大幅的参数振动和风雨激振等现象。例如，德国汉堡 Koehlbrand 桥观测到了拉索的大幅振动，振幅达 1m；法国 Brottonne 桥观察到拉索的振动振幅为 0.6m；日本 Meiko Nishi 桥观测到了拉索风雨激振振幅达 0.55m；荷兰 Erasmus 桥观测到在风雨天气下，拉索最大振幅达 0.7m，桥面振幅为 2.5cm；1997 年，上海杨浦大桥拉索发生大幅风雨激振，振幅达 1m；2001 年，中国洞庭湖大桥拉索发生风雨激振，振幅达 0.4m。Takena 和 Mike 对不同直径的平行钢丝拉吊索的疲劳性能进行了研究，结果表明随着拉吊索索体直径的增加，索体寿命反而降低，在拉吊索系统的锚固部位有应力集中现象，当外防护体系失效后，雨水会从外护套破损处进入索体内部，钢丝的疲劳寿命急剧降低。近 20 年，日本 Honshu-Shikoku 桥梁管理部门不断对其管理的 10 多座悬索桥、斜拉桥从拉索除湿、涂层防腐、动静态监测等方面进行预防性维护方法研究。Toribio[21]对不同应力比的冷拉钢丝的疲劳性能进行研究，并对裂纹扩展速率以及斜率常数进行了测试，试验表明应力比对钢丝疲劳裂纹的成长及扩展速率有影响。Toribio 等[22]对冷拔钢丝和热处理钢丝进行了对比试验研究，表明热处理钢丝的疲劳裂纹扩展速率高于冷拔钢丝。Cappa[23]在一束由 7 根钢丝组成的钢绞线内力测试中，发现当其中一根钢丝发生脆断，退出工作后，剩余的 6 根钢丝内力发生了不均匀变化，其中和断丝钢丝相邻的 4 根钢丝内力发生了变化，而和断丝钢丝相距较远的两根钢丝内力基本无变化。Hobbs 等[24]通过试验发现，断裂钢丝发生在钢绞线最外层时，在钢丝脆断处，内力将会增大，在距离断裂处约 10 倍捻距时，钢丝内力又恢复到原来的状态。MacDougal 等[25]在研究对称和不对称断裂的预应力钢绞线内力变化后认为，钢丝断裂后剩余钢丝内力重分布，受钢丝之间的摩擦力影响，摩擦系数越大，内力重分布影响也越大。已有的研究没有考虑钢丝与钢丝之间相互摩擦的影响，得出的研究成果带有很大的局限性[26]。Weibull 是最早采用统计理论对纤维束的力学性能问题进行研究的先驱，在研究强度问题时考虑了纤维数量冗余效应的影响，这种理论被很多学者应用到研究拉吊索钢丝的力学性能问题中。Matteo 等[27]建立延性-脆性钢丝模型，通过设置钢丝比率以及可能的断丝数量等参数计算拉吊索的极限承载力并应用于桥梁安全系数的评定。该方法假设在拉吊索达到极限承载能力前，其中的脆性钢丝已失效，而其余钢丝的承载能力在钢丝达到屈服后就不再增加。Faber 等[28]认为，断裂前的钢丝整体表现为弹性。Foulkes 等[29]对钢丝数量、长度及韦勒曲线斜率等参数用三种概率分布模型进行了模拟，并运用串并联模型对影响拉吊索疲劳寿命的因素进行分析。研究表明，拉吊索的疲劳寿命对韦勒曲线斜率不敏感，但钢丝数量以及长度对疲劳寿命影响较大，数量越多、长度越长，疲劳寿命越短。Coleman[30]在研究纤维疲劳性能问题时，第一次在理论上建立了疲劳强度模型，后来被应用到研究平行钢丝、钢绞线拉索的疲劳强度。其原理是将每一根平行钢丝或钢绞线拉索简化成由无数个单元串联而成的组件，假设组成拉吊索的所有钢丝或钢绞线受力、长度以及边界条件都相同，无数根平行钢丝或钢绞线再构成并联组件，一根索体就简化为串并联模型。Nakamura 等[31]对不同腐蚀速率以及不同蚀坑形状(圆形、三角形、三角形带切口)的镀锌钢丝疲劳试验进行对比。研究表明，带不同形状蚀坑的钢丝疲劳寿命从小到大依次为三角形带切口、三角形、圆形。他们提出疲劳寿命下降的重要原因是蚀坑区域的应力集中，随着腐蚀时间的增加，疲劳强度逐渐降低。

在实际工程中，由车辆荷载、风荷载、雨荷载等引起的大幅度激振和涡激振动占活载效应的 20%～30%，特别是振幅高达 1m 的拉索大幅风致振动会加剧锚管开裂、PE 护套破裂等病害的发展，导致拉索钢丝暴露于腐蚀环境中，进一步加剧拉索腐蚀损伤的发展。因此，通过对交变荷载与环境耦合作用下斜拉桥拉索的腐蚀疲劳行为进行深入研究，探索交变荷载作用下斜拉索腐蚀疲劳损伤机理，开展腐蚀拉索的损伤性能研究，对延长拉索使用寿命、改进拉索防腐蚀设计和避免重大安全事故的发生具有重要的理论意义与工程应用价值。

我国大跨径斜拉桥建设正处于高峰时期，越来越多的斜拉桥跨越海洋、江河，长期在海洋性环境、潮湿环境中服役运营。目前，对斜拉桥缆索系统采取钢丝镀锌、钢绞线涂环氧树脂、防锈脂填充、高密度聚乙烯包裹等防腐蚀措施，极大地增强了缆索系统的耐蚀性和使用寿命。但是，采用封闭索体和灌浆防腐的效果并不十分显著。斜拉桥正在经受着拉索耐久性的严峻挑战和威胁。

对于桥梁索结构腐蚀问题研究，国内外学者主要从两个角度入手：一是材料处于无应力状态下的腐蚀行为研究；二是考虑静态荷载作用下材料的应力腐蚀行为研究。而动荷载才是引起构件疲劳的主要因素，如车辆荷载、风荷载、潮汐等。基于交变荷载与侵蚀环境耦合作用下拉索腐蚀疲劳损伤与失效机理，开展斜拉桥腐蚀损伤拉索性能评价方法研究，对延长拉索使用寿命具有重要意义。部分拉吊索桥安全事故如表 1.1 所示。

表 1.1 部分拉吊索桥安全事故

序号	桥名	桥型	使用年限	病害描述	备注
1	四川宜宾小南门大桥	单孔跨径 240m 的提篮式钢筋混凝土中承式拱桥	1990～2001 年	下锚头进水、锈蚀，钢丝锈蚀，连接拱体和桥面的 4 对 8 根吊杆断裂	病害位置：下锚固区以上横梁顶面附近；破坏形态：脆性断裂
2	新疆库尔勒孔雀河大桥	主跨 150m 的中承式钢管拱桥	1998～2014 年	下锚头进水、锈蚀，钢丝锈蚀，主跨第二根吊杆断裂	病害位置：下锚固区以上横梁顶面附近；破坏形态：脆性断裂
3	江苏滨海县通榆河大桥	桥总长 164m，中空为 60m，跨预应力系杆拱结构	1997～2011 年	连接东西两个桥墩的桥梁整个掉落在水里	全桥垮塌
4	福建武夷山公馆大桥	中承式钢架拱桥，全长 301m，宽 18m	1999～2011 年	下锚头进水、锈蚀，钢丝锈蚀，短吊杆断裂，桥面垮塌，一辆旅游大巴坠入桥下	病害位置：下锚固区以上横梁顶面附近；破坏形态：脆性断裂
5	四川攀枝花金沙江倮果大桥	主跨 160m 的中承式钢管混凝土劲性骨架箱型肋拱桥	1993～2012 年	下锚头进水、锈蚀，钢丝锈蚀，桥北至桥南的第七根吊杆断裂	病害位置：下锚固区以上横梁顶面附近；破坏形式：脆性断裂
6	广州海印大桥	主跨 175m 的三跨双塔单索面混凝土斜拉桥	1988～1995 年	南塔 15#索突然断裂，9#索松弛	病害位置：距上锚头 3m 处，拉索内压住的水泥浆不凝固，钢丝锈蚀；破坏形式：脆性断裂
7	广东九江大桥	主跨为 2×160 m 的独塔斜拉桥	1988～1998 年	近 70%的拉索 PE 护套有不同程度的损坏并有大量钢丝锈渣，个别 PE 护套内甚至有水流出，实际索力与设计索力有较大偏离	最严重的钢丝断丝已达 1/3，且两端锚头锈蚀严重
8	武汉市晴川桥	主跨 280m 的下承式钢管混凝土系杆拱桥	2000～2003 年	先后有 2 根系杆钢索在 2003 年 11～12 月发生断裂	全桥系杆共 40 束，其中 36 束为 19 股ϕ15.24 钢绞线，4 束为 13 股ϕ15.24 钢绞线

对于平行钢丝冷铸锚斜拉索，国内已有成熟的经验，其安全性有很大的保证。但对于夹片锚的钢绞线拉吊索，要特别注意以下问题：

(1) 夹片锚的疲劳强度。

(2) 夹片夹持钢绞线的咬合力集中在夹齿处，夹齿容易疲劳破坏。

(3) 对于钢箱梁斜拉桥，由于其活载与恒载之比较大，梁体振动十分敏感，振幅较大，夹片因咬合力不足易产生松动而脱落。

(4) 钢绞线锚固端存在两处转折，一是锚孔部位，二是在钢绞线散开的约束圈处。在锚孔处亦为拉索的锚固点，由于轴向索力和弯曲应力的叠加，该处产生的应力幅最大，也是病害易发生的部位。钢绞线拉吊索的锚固夹片滑移也是常见病害之一，以重庆某大桥的锚固体系为案例，2008 年 5 月 2 日进行钢锚箱抗拉试验过程中，当拉吊索加载至 1.1 倍设计索力后，91 根钢绞线中的 19 根发生锚夹片滑移，产生锚固体系失效问题。拉吊索锚固夹片滑移是引起垮桥的原因之一，事故现场发现锚头的夹片脱落，部分钢绞线从锚头处滑出，锚固体系失效，部分吊杆退出工作，致使全桥吊杆应力发生重分布，吊索受力超限造成垮桥事故。目前，用特种齿形的夹片夹破涂层进入钢绞线内防止滑移病害的发生。在锚固部位，钢绞线外部的 PE 会剥除，该位置的临时防腐和永久防腐都很困难，因此锚固体系处的防护问题是此类拉吊索的病害隐患之一。

1.2　拉索服役性能劣化机理

1.2.1　环境腐蚀

在腐蚀介质中，镀锌钢丝的表面层将首先与腐蚀介质发生氧化还原反应，随着腐蚀程度加剧，腐蚀因子不断渗入钢丝基体，从而改变平行钢丝的表面形状和机械性能。拉索的腐蚀都是由最初肉眼不可见的微小点蚀开始的，这些点蚀的形成可分为点蚀的成核和点蚀的生长两个阶段。蚀坑能够在光滑的金属表面形成，也更易在含夹杂物、钝化膜破裂和物质内部晶体缺陷处形成。多数情况下，形成的蚀坑发展至一定的临界尺寸(一般孔径大于 30μm)时，便会出现肉眼可见的凹坑。当介质中含有一定量的氯离子时，由于存在原电池反应，钢丝表面镀锌层“变薄”点会首先形成点蚀。随着阳极的金属介质被不断腐蚀，最终发展成裂纹。钢丝锈蚀本质上是以金属为阳极的腐蚀原电池反应，下面具体说明点蚀的成长过程。

在腐蚀初期，仅钢丝表面镀锌出现锈蚀，发生以下反应：

$$Zn \longrightarrow Zn^{2+} + 2e^- \tag{1.1}$$

当钢丝表面镀锌层在局部薄弱区域耗尽后，露出的钢丝与腐蚀介质接触，将发生以下反应(仅考虑平行钢丝的主要材料铁，而忽略其他微量元素)：

$$Fe \longrightarrow Fe^{2+} + 2e^- \tag{1.2}$$

当亚铁离子与阴极反应产生的氢氧根离子相遇时，会发生以下反应：

$$Fe^{2+} + 2OH^- \longrightarrow Fe(OH)_2 \tag{1.3}$$

如果氢氧化亚铁继续氧化，就会产生氢氧化铁，即

$$Fe(OH)_2 + O_2 \longrightarrow Fe(OH)_3 + H_2O \tag{1.4}$$

氧化铁部分脱水而成为铁锈，一般用 $Fe(OH)_3$ 或 $Fe_2O_3 \cdot H_2O$ 表示。铁锈质地疏松，不能起到保护作用(图 1.3)。

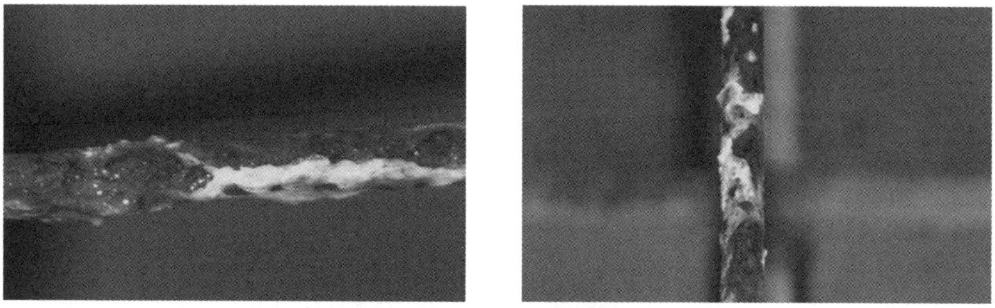

图 1.3　质地疏松的铁锈

在含氯离子的液相腐蚀环境中，阴极的吸氧反应(凹坑外表面)引起坑内的氧浓度下降，并且凹坑外侧富氧形成氧浓差电池。蚀坑内金属离子增加，在该腐蚀电池产生的电场作用下点蚀外阴离子(氯离子向坑内迁移、富集)，坑内氯离子浓度增加，同时，在蚀坑内由于金属离子浓度的增加而发生水解：

$$Fe^{3+} + H_2O + 3Cl^- \longrightarrow H^+ + FeOHCl^- \tag{1.5}$$

结果使坑内溶液中氢离子浓度进一步增大，pH 降低，溶液呈强酸性，促使蚀坑侧壁金属继续溶解，发生自催化反应：

$$Fe + 2H^+ + 2Cl^- \longrightarrow H_2 + FeCl_2 \tag{1.6}$$

由于蚀坑内溶液具有较强的导电性，上述电池的内阻很小，这对腐蚀的不断发生是十分有利的[32]。另外，坑内溶液含氧量较低且扩散速度较慢，闭塞电池的供氧量不足，这使得坑内金属的再钝化受到较大的抑制而使其长期处于活化状态。闭塞电池腐蚀电流使周围金属得到阴极保护，抑制周围全金属的腐蚀坑产生，加速阳极点蚀坑的快速发展(图 1.4)。

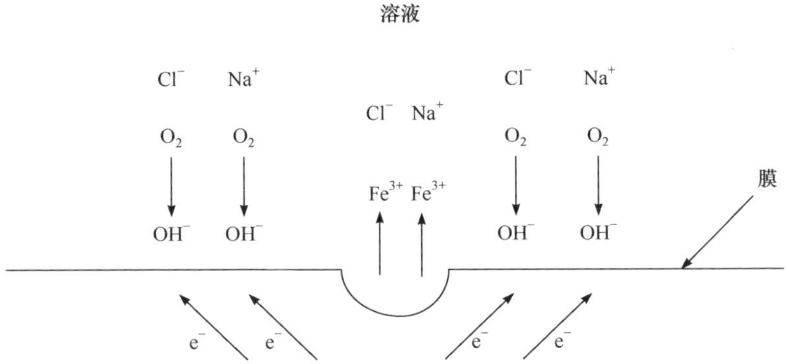

图 1.4 点蚀坑发展示意图

1.2.2 应力腐蚀

1. 应力腐蚀特征

应力腐蚀是处于腐蚀环境中的材料在受到持续稳定的应力后产生滞后裂纹甚至滞后断裂的现象。在单纯应力作用下，材料处于安全使用状态，随着时间的积累，腐蚀程度逐渐严重，导致材料的应力集中效应明显，严重降低其安全性能和使用寿命。应力腐蚀是大气环境中普遍存在的一种损伤失效形态，它具有以下特征：

(1) 必须有足够大的应力参与。作用在构件上的应力要达到一定的数值才会发生应力腐蚀破裂，即存在一个应力腐蚀的门槛值，当构件中的应力小于这一门槛值时将不发生应力腐蚀破裂，钢丝在这种环境中只发生纯环境腐蚀，这个门槛应力一般小于材料的屈服强度。

(2) 应力腐蚀破裂只有在特定的合金-环境中才会发生，并非任意金属材料在任何腐蚀环境中都会产生应力腐蚀损伤。

(3) 发生应力腐蚀时，材料的裂纹扩展速度一般为 10^{-6}～10^{-3}mm/min，这一速度远大于没有应力时的环境腐蚀速度，又远小于在力作用下引起的断裂速度。

2. 应力腐蚀机理

应力腐蚀机理的研究已有几十年的历史，有关应力腐蚀机理的论述也多种多样，不同的合金-环境组合就可能有不同的应力腐蚀损伤机理，很难找出一种通用于各种体系的统一理论。应力腐蚀发生的三个主要理论是：晶粒边界的优先溶解(即阳极溶解)；晶界吸收氢原子，使晶间结合力下降导致开裂；钝化膜破膜理论。对于高强度合金(如平行钢丝)，已被广泛接受的应力腐蚀机理主要为阳极溶解型开裂。

总的来说，各种环境破裂模式可分为阳极溶解型应力腐蚀和氢致开裂型应力腐蚀，这两种开裂机理都伴随有电化学过程的发生，这个电化学反应如下。

阳极：

$$Fe \longrightarrow Fe^{2+} + 2e^{-} \tag{1.7}$$

阴极：

$$H^{+} + e^{-} \longrightarrow H \tag{1.8}$$

$$2H_2O + O_2 + 4e^{-} \longrightarrow 4(OH)^{-} \tag{1.9}$$

阳极溶解型应力腐蚀中，阳极反应(阳极金属不断溶解成为金属离子)占主要地位。当金属表面某处的钝化膜受到破坏或金属表面成分不均匀时，便会存在一些阳极相(如夹杂等)，这些阳极相区域就作为阳极被腐蚀溶解。对于表面光滑的完好构件，应力腐蚀裂纹往往出现在这些被腐蚀的小阳极区，即应力腐蚀损伤是从表面有缺陷的地方开始。

从位错角度进行的试验研究发现，应力腐蚀裂纹与空气中韧断裂纹形核扩展有两点不同：

(1) 由于阳极溶解的加速作用，材料即使在较低的应力下也能发生位错、扩展和运动，但这种现象在空气中不会发生。

(2) 由于阳极溶解作用，在无位错区中存在的不连续形核以及裂纹尖端连续形核的纳米级裂纹并不会钝化成空洞或缺口。因此，阳极溶解型应力腐蚀机理可以这样描述：由于局部的阳极溶解，材料在低应力下就会出现局部应力集中，导致位错发生、增殖。运动和纳米级微裂纹即使在无位错区也能不连续形核或从原裂纹尖端连续形核。

以上阳极溶解型应力腐蚀的机理虽有所不同，但从本质上讲，这些机理都是以腐蚀电池阳极的金属溶解作为损伤的主导原因。

氢致开裂型应力腐蚀中，阴极反应(氢离子得到电子形成氢原子)占主导地位。这种理论认为腐蚀的阴极反应产生氢，氢原子扩散到裂纹尖端金属内部，使这一区域变脆，材料性能劣化，在拉应力作用下脆断。

大量的研究资料表明，在高强度合金的应力腐蚀过程中，阴极释放的氢固然对损伤发展有一定的促进作用，但损伤的主要因素仍是阳极溶解。

1.2.3　腐蚀疲劳

1. 腐蚀疲劳特征

腐蚀疲劳是由交变应力(周期应力)和腐蚀环境共同作用引起的结构件提前开裂或断裂失效的现象。

拉索的腐蚀疲劳除具有常规疲劳的特征外，还具有一些与环境因素相关的特殊性质[33]。由于环境的腐蚀作用，腐蚀疲劳成为一种由材料内因与腐蚀环境、循环荷载等外因共同作用的复杂的材料失效过程(图 1.5)。影响腐蚀疲劳的因素包括冶金、材料、环境、应力、时间、温度等，其中任何一个因素的变化都会对腐蚀疲劳的结果产生影响。

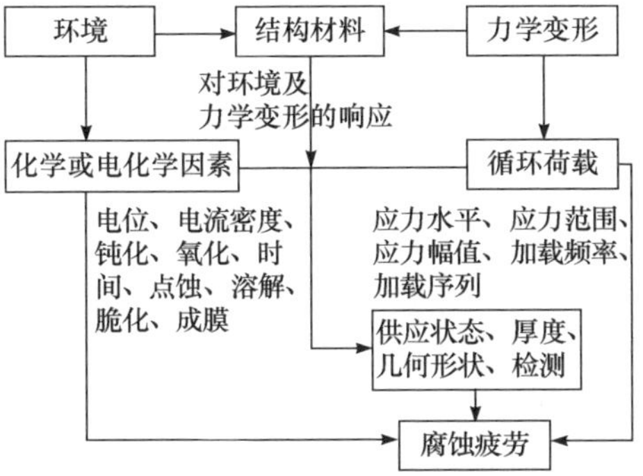

图 1.5　腐蚀疲劳成因示意图

此外，观察腐蚀疲劳断口发现，腐蚀疲劳是由许多腐蚀损伤而发展的原始裂纹，断口上有多个断裂源，而空气环境中的疲劳损伤源通常只有一个。并且腐蚀疲劳多从穿晶裂纹发展成沿晶断裂，或穿晶和沿晶的混合断裂[34]。一般疲劳多为穿晶裂纹发展为穿晶断裂，许多提高机械疲劳强度的方法对腐蚀疲劳均无效。

与应力腐蚀和环境腐蚀相比，金属的腐蚀疲劳没有环境方面的选择性，几乎所有的金属在任何腐蚀环境中都不可避免地会发生疲劳腐蚀[35]。

2. 腐蚀疲劳机理

根据腐蚀环境的不同，腐蚀疲劳可分为气相腐蚀疲劳和液相腐蚀疲劳。

气相腐蚀疲劳又称干腐蚀疲劳，是指在干燥的气体介质中发生的疲劳现象。在实际工程中，液相腐蚀疲劳所占的比例较高，针对这种腐蚀疲劳的研究工作相对较多。液相腐蚀疲劳又称湿腐蚀疲劳，是指金属在电解质溶液尤其是在含水的溶液介质中发生的疲劳现象。在液相腐蚀疲劳过程中，腐蚀性电解质与金属材料通过电化学反应引起金属腐蚀，导致金属疲劳寿命降低。

液相腐蚀疲劳(简称腐蚀疲劳)过程中存在两种基本的损伤形式：一是在循环应力作用下，金属局部区域产生微小的滑移，形成滑移带，这是导致疲劳损伤的主要因素；二是腐蚀介质与金属的电化学反应导致的腐蚀损伤。当这两种损伤的驱动因素共存时，二者的作用不是简单的叠加关系，这两种损伤因素之间存在着明显的相互促进，从而加速损伤作用。

对腐蚀疲劳过程的认识可以从两个方面加以理解：一是环境中的腐蚀介质如何加速裂纹的萌生和扩展；二是循环应力又如何促进腐蚀过程的发展。相关研究也表明，循环应力和腐蚀介质对拉索的损伤并不是简单线性叠加关系，而是存在相互促进的耦合作用。腐蚀介质、交变应力对材料的交互作用在各个阶段所起的作用是不同的。目前对腐蚀疲劳的机理仍有不少争论，比较流行的观点是点蚀、选择性电化学侵蚀、保护膜破裂、介质吸附和氢致开裂等。

(1) 点蚀形成疲劳裂纹。此观点认为金属在腐蚀介质作用下首先会在表面形成点蚀坑。腐蚀造成的表面蚀坑引起应力集中，促使裂纹萌生。支持这种观点的实验事实是腐蚀疲劳裂纹多在半圆形的蚀坑底部出现，如油井钻杆的腐蚀疲劳失效即是如此。而且在预腐蚀的疲劳试验中，预腐蚀的时间越长，腐蚀疲劳强度下降越多。蚀坑处产生裂纹的过程如图 1.6 所示。蚀坑处由于应力集中，受力后产生塑性滑移(图 1.6(a))。滑移导致台阶 *BC*、*DE* 形成(图 1.6(b))，台阶上新鲜金属在介质作用下继续溶解，从而形成新表面 *B'C'C*(图 1.6(c))，在反向加载时，新表面滑移线上产生新的裂纹(图 1.6(d))。

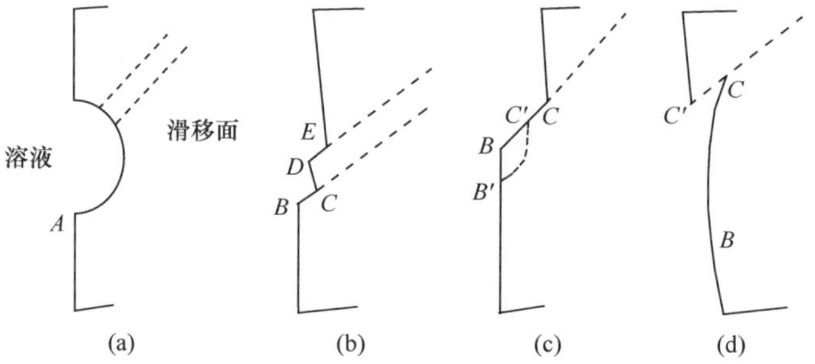

图 1.6 蚀坑处产生裂纹的过程

(2) 形变活化腐蚀理论。这种观点认为在疲劳过程中首先会在某些区域产生形变集中区，此区域中的位错组态或杂质沉淀与基体不同，这种差异导致金属电化学性不均匀，这些区域与未变形区域组成腐蚀原电池，滑移带集中的变形区域变形区为阳极，未变形区为阴极，在动态过程中这个形变集中区首先发生阳极溶解。随着疲劳过程中滑移形态的反复进行，溶解不断进行，从而出现腐蚀沟，引起应力集中而导致裂纹萌生，最终形成疲劳裂纹[36]。

(3) 保护膜破裂形成裂纹，即金属脱钝理论。对于容易钝化的金属，腐蚀介质首先在金属表面形成钝化保护膜，在交变应力作用下，表面钝化膜破裂，在滑移台阶处形成无保护膜的阳极区，形成滑移—破膜—溶解—成膜等破坏过程(图 1.7)。

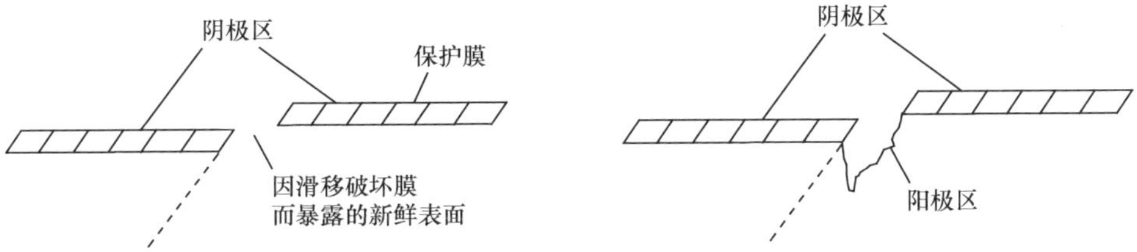

图 1.7 腐蚀疲劳时保护膜破裂对滑移带腐蚀的影响

(4) 氢致开裂。它分为氢脆和氢腐蚀。氢脆是氢原子直接渗透到钢内部后，使钢晶粒原子间的结合力降低，造成钢材的延伸性、断面收缩率降低，相应的强度也发生改变。氢腐蚀是指氢与钢中的碳化物发生反应产生甲烷，不能扩散的甲烷气体聚集在金属晶粒间形成局部高压，造成应力集中，进而使钢材产生微裂纹或鼓泡。氢致开裂的观点与应力腐蚀开裂性质的解释很相似。一般认为，在金属材料表面分解的氢通过扩散进入金属内部晶粒间，在三轴应力状态下，裂纹尖端塑性区聚集成氢原子团使微裂纹形成，微裂纹与主裂纹前缘相连接，使裂纹向前推进。这种观点的另一种说法是裂纹尖端金属表面吸附氢之后表面能降低，使裂纹尖端以张开或断裂方式扩展。支持上述观点的实验事实有：钢在水溶液或水蒸气中的疲劳断口有准解理和沿晶小平面状形貌，这些小平面在铁素体中出现，并非由裂纹一次向前推进造成上面有规则的疲劳裂纹，而是普遍认为这些脆性条纹是在主裂纹前形成的微裂纹，然后通过撕裂使微裂纹与主裂纹相连。氢脆就是这一理论的典型例子。

在金属的腐蚀疲劳过程中，几种损伤机理可以共存，只是在不同的金属与环境组合中，某一种腐蚀疲劳机理会占主导地位。例如，在高强度铝合金的腐蚀疲劳研究中发现疲劳裂纹从点蚀坑开始形核发展的现象，而裂纹的扩展与裂纹尖端阳极的快速溶解相联系。

3. 斜拉索的腐蚀疲劳机理

点蚀的实质是钢丝腐蚀导致应力集中，进而促使裂纹萌生，即以金属为阳极的腐蚀原电池反应是损伤发展的诱因，这与选择性电化学侵蚀本质上是一致的。以不同半径的半球体来模拟蚀坑,建立有限元模型并分析蚀坑边缘最大等效应力。由分析结果(图 1.8)可知，当蚀坑深度达到约 0.4mm 时，其边缘最大等效应力已接近极限强度，因此由腐蚀导致的应力集中是十分明显的。

保护膜破裂的观点强调“容易钝化的金属”。众所周知，作为以铁为主要基质的钢丝只有在浓硫酸或浓硝酸(浓度大于 70%)中才会发生钝化，而处于服役状态的斜拉索是不可能处于如此强酸环境中的。由前述可知，在只有环境腐蚀的情况下，钢丝与腐蚀介质的化学反应会有氢气产生，而裂纹尖端吸附氢之后，金属表

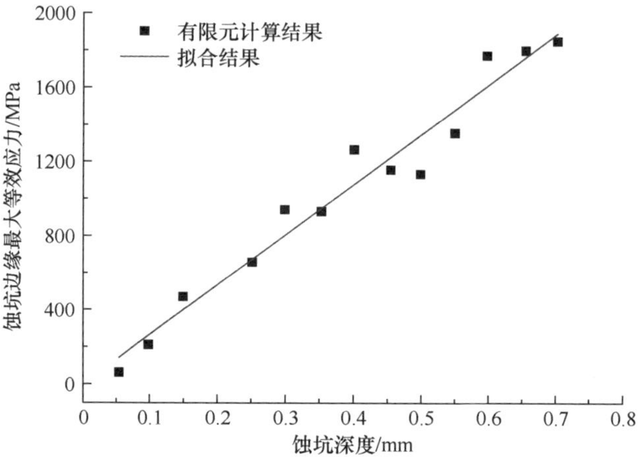

图 1.8　钢丝蚀坑深度与蚀坑边缘最大等效应力的关系

面的表面能降低，促使裂纹扩展，但实现氢致开裂对拉索损伤的定量分析是十分困难的。

综上所述，斜拉索的腐蚀疲劳损伤主要是由腐蚀造成的钢丝表面的蚀坑，进而导致应力集中现象，加之氢致开裂，导致裂纹不断萌生、发展。

1.2.4　点蚀坑向腐蚀疲劳裂纹的转化

腐蚀疲劳断裂一般起源于结构件表面腐蚀损伤处，并且在高强度铝合金的腐蚀试验中都发现了裂纹从点蚀坑开始形核发展的现象。这种从点蚀坑开始形核的微裂纹会严重影响构件的腐蚀疲劳寿命。腐蚀疲劳损伤估计的计算表明，考虑点蚀损伤影响，得到的寿命比只考虑腐蚀疲劳损伤的结果小得多，约为只考虑腐蚀疲劳损伤结果的 19%。因此，在腐蚀疲劳损伤的计算模型中应包括对点蚀坑的考虑。

1. 点蚀坑向腐蚀疲劳裂纹转化的判据

带裂纹的构件在交变荷载作用下不会发生疲劳扩展的应力强度因子交变值，即裂纹应力强度因子 ΔK 的临界值记为 ΔK_{th}。其具体意义为：当 ΔK 低于此值时，裂纹扩展速率几乎可以忽略，故 ΔK_{th} 也可称为开裂下门槛值。而当 ΔK 很大时，裂纹扩展速率又突然急剧上升，构件将会很快断裂，此时 ΔK 的上限值称为上门槛值。下门槛值 ΔK_{th} 一般与材料构成(如低碳钢、碳锰钢、其他钢材)及交变荷载的平均应力有关，并且一般用试验方法求得。

用半椭球体对点蚀坑的形状进行模拟，构件表面的点蚀坑可以等效成表面的半椭圆裂纹，如图 1.9 所示。

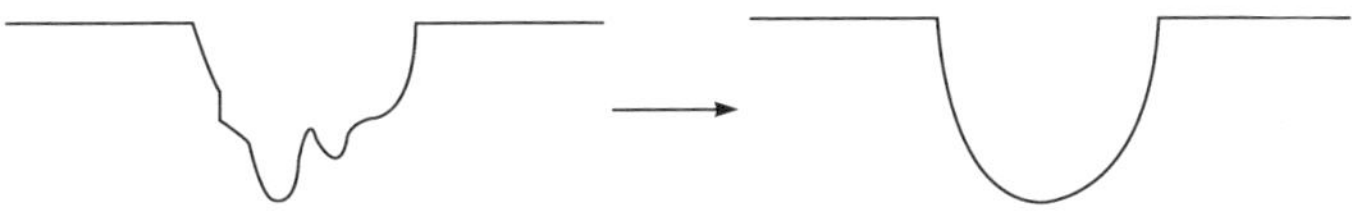

图 1.9　点蚀坑等效成半椭圆裂纹

对于承受交变荷载的等效椭圆裂纹，当其裂纹的应力强度因子 ΔK 达到腐蚀疲劳裂纹扩展的门槛值 ΔK_{th} 时，就可认为点蚀坑转化成腐蚀疲劳裂纹。

在一些试验中发现，当腐蚀疲劳的加载频率较低时，腐蚀疲劳裂纹的扩展速率会小于点蚀坑的扩展速率。针对这一现象，一些学者提出了点蚀坑向腐蚀疲劳裂纹转化的竞争模型：点蚀坑向腐蚀疲劳裂纹的发展反映了点蚀与腐蚀疲劳之间的竞争机制。点蚀坑发展成腐蚀疲劳裂纹要满足一定的条件，即

$$\Delta K \geqslant \Delta K_{th}, \quad (da/dt)_{crack} \geqslant (da/dt)_{pit} \tag{1.10}$$

式中，ΔK 为半椭圆点蚀根部开裂应力强度因子；ΔK_{th} 为疲劳裂纹扩展门槛值；a 为等效裂纹深度，da/dt 为裂纹扩展速率或点蚀坑扩展速率；下标 crack、pit 分别代表裂纹和点蚀坑。

点蚀向腐蚀疲劳裂纹转化的判据说明，当点蚀演化至某一临界形貌，达到腐蚀疲劳裂纹成核门槛值时，点蚀开始向裂纹过渡。根据裂纹扩展速率竞争准则，此时疲劳裂纹扩展力已经超过点蚀演化的驱动力，从而导致腐蚀疲劳过程的转变。根据应力强度因子准则，当点蚀演化至某一临界状态时，点蚀尖端应力强度因子范围达到疲劳裂纹扩展门槛值，促进腐蚀疲劳裂纹成核。

2. 腐蚀疲劳裂纹扩展门槛值

根据腐蚀疲劳裂纹扩展门槛值的定义，当 $\Delta K \leqslant \Delta K_{th}$ 时(图 1.10)，腐蚀疲劳裂纹将不发生扩展。显然，测定门槛值是不可能的。一般腐蚀疲劳裂纹扩展的门槛值是指在规定的循环加载周次下，试验件不发生腐蚀疲劳断裂的条件门槛值。

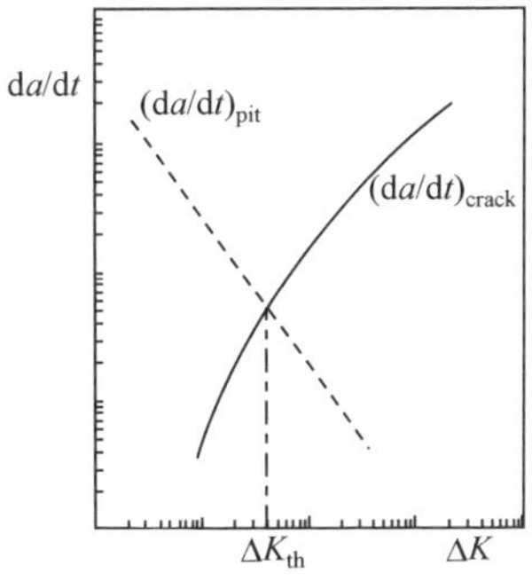

图 1.10　点蚀坑、腐蚀疲劳裂纹扩展速率与应力强度因子门槛值的关系

与前面对应力腐蚀门槛值的讨论类似，由于电化学腐蚀过程的参与，环境腐蚀所释放的电化学能为裂纹的扩展提供能量，这使得腐蚀疲劳裂纹扩展的门槛值小于纯疲劳的门槛值。材料的内部因素，如材料结构、成分以及力学性能对腐蚀疲劳裂纹扩展门槛值起着决定性的影响。在外部因素中，腐蚀介质、加载频率和应力比是影响腐蚀疲劳裂纹扩展门槛值的主要因素。存在阳极溶解过程的腐蚀疲劳中裂尖的局部溶解，一方面加速裂纹的扩展，腐蚀疲劳应该具有较低的裂纹扩展门槛值；另一方面，裂尖金属的局部溶解又会使裂纹尖端的曲率半径增大，对门槛值产生影响。

1) 加载频率的影响

加载频率对腐蚀疲劳裂纹扩展门槛值的影响并不十分显著。加载频率的改变，一般被看成加载周期内环境腐蚀作用时间的改变。降低加载频率会延长一个应力循环中的腐蚀介质对裂纹尖端作用的时间，即腐蚀效应增强。当加载频率 $f \to 0$ 时，腐蚀疲劳近似与应力腐蚀相同，那么腐蚀疲劳裂纹扩展门槛值 ΔK_{th} 就接近应力腐蚀裂纹扩展门槛值。

同理，增大加载会使应力循环中的腐蚀介质对裂纹尖端作用的时间减小，即腐蚀效应削弱。当加载频率 $f \to \infty$ 时，腐蚀疲劳与纯疲劳相同，那么腐蚀疲劳裂纹扩展门槛值 ΔK_{th} 就应该接近纯疲劳裂纹扩展门槛值。

参考文献试验数据显示，当加载频率在一定范围内变化(如小于 10Hz)时，腐蚀疲劳裂纹扩展门槛值 ΔK_{th} 基本保持不变。

2) 应力比的影响

在很多的腐蚀疲劳试验中都发现，裂纹扩展门槛值对应力比有很强的依赖性。应力比 R 升高，门槛值 ΔK_{th} 会降低。它们之间的关系在不同的参考文献中给出了不同的表达：

$$\Delta K_{\text{th}} = \Delta K_{\text{th0}}(1-R)^r \tag{1.11}$$

$$\Delta K_{\text{th}} = \Delta K_{\text{th0}}\sqrt{(1-R)/(1+R)} \tag{1.12}$$

式中，ΔK_{th0} 为 R=0 时的裂纹扩展门槛值；其取值一般通过试验获得；r 为反映不同环境-材料组合的参数。

由数值分析可知，两式所表达的门槛值变化关系大体一致，并且式(1.11)的计算结果略小于式(1.12)。

参 考 文 献

[1] 钟力. 斜拉索腐蚀损伤与安全性能评定方法研究[D]. 重庆: 重庆交通大学, 2014.

[2] 陈治邦, 鲁乃唯. 斜拉索腐蚀损伤下斜拉桥体系可靠度研究[J]. 公路工程, 2020, 45(1): 6-11.

[3] 蒋立军, 武新军, 段淑玉, 等. 钢丝拉索腐蚀磁致伸缩导波检测的试验研究[J]. 公路, 2020, 66(1): 180-184.

[4] Dolley E J, Lee B, Wei R P. The effect of pitting corrosion on fatigue life[J]. Fatigue &Fracture of Engineering Materials and Structures, 2000, 23(7): 555-560.

[5] Mahmoud K M. Fracture strength for a high strength steel bridge cable wire with a surface crack[J]. Theoretical and Applied Fracture Mechanics, 2007, 48(2): 152-160.

[6] 牟献良, 田月娥, 文邦伟, 等. 重庆嘉陵江石门大桥斜拉索腐蚀状况初步调查[J]. 表面技术, 2006, 35(6): 82-83.

[7] 曾毅杰. 斜拉索腐蚀钢丝蚀坑等效当量化方法及有效性研究[D]. 长沙: 长沙理工大学, 2017.

[8] 胡志鹏. 桥梁缆索系统腐蚀全寿命理论研究[D]. 西安: 长安大学, 2006.
[9] 于杰. 腐蚀环境下桥梁拉索疲劳可靠性研究[D]. 南京: 东南大学, 2016.
[10] Brown M I. Now available: USB cables that fit in both orientations[J]. Macworld, 2014, (3): 22.
[11] Kheyroddin A, Gerami M, Farshad M. Assessment of the dynamic effect of steel frame due to sudden middle column loss[J]. The Structural Design of Tall and Special Buildings, 2012, 23(5): 390-402.
[12] 张平. 拉索腐蚀及其引起的拉索与弦支穹顶结构性能退化研究[D]. 重庆: 重庆交通大学, 2021.
[13] Furuya Y, Abe T, Matsuoka S. Cycle fatigue properties of 1800 MPa-class JIS-SUP$_7$ spring steel[J]. Fatigue & Fracture of Engineering Materials and Structures, 2003, 26(7): 641-645.
[14] Nakamura S, Miyachi K, Jarwali T, et al. Corrosion resistance of steel bridge wires coated with Aluminium-Zinc alloy[J]. Engineering Failure Analysis, 2014, 69(3): 429-438.
[15] 陈惟珍, 王春生, 徐磊. 上海市外白渡桥剩余寿命与使用安全[J]. 桥梁建设, 2002, 32(2): 6-10.
[16] 徐俊, 陈惟珍, 刘学. 斜拉索退化机理及钢丝力学模型[J]. 同济大学学报(自然科学版), 2008, 36(7): 911-915.
[17] 苏达根, 高德虎, 张志杰. 斜拉索失效原因分析[J]. 工业建筑, 1999, 29(9): 65-66.
[18] 缪长青, 韩惠婷, 李爱群. 江阴大桥原结构安全监测系统设计分析[J]. 公路交通科技, 2007, 24(11): 81-86.
[19] 李冰. 油气集输管道的腐蚀机理及防腐技术分析[J]. 全面腐蚀控制, 2021, 35(12): 121-122.
[20] 王海超, 贡金鑫, 宋元成. 钢筋混凝土梁腐蚀疲劳的试验研究[J]. 建筑结构学报, 2004, 25(5): 105-110, 123.
[21] Toribio J. Evolution of fracture behaviour in progressively drawn pearlitic steel[J]. ISIJ International, 2002, 42(6): 656-662.
[22] Toribio J, González B, Matos J C. Fatigue crack propagation in cold drawn steel[J]. Materials Science & Engineering: A, 2007, 468-470: 267-272.
[23] Cappa P. An experimental study of wire strains in an undamaged and damaged steel strand subjected to tensile load[J]. Experimental Mechanics, 1988, 28(4): 346-349.
[24] Hobbs R E, Raoof M. Behaviour of cables under dynamic or repeated loading[J]. Journal of Constructional Steel Research, 1996, 37(1): 31-50.
[25] MacDougal C S, Rigas M L, Ben-Jebria A, et al. A respiratory ozone analyzer optimized for high resolution and swift dynamic response during[J]. Archives of Environmental Health, 1998, 53(2): 161-174.
[26] Theodore H. Inspection, prevention and remedy of suspension bridge cable corrosion problems[J]. Inspection, 1984, (5): 143-150.
[27] Matteo J, Deodatis G, Billington D P. Safety analysis of suspension-bridge cables: williamsburg bridge[J]. Journal of Structural Engineering, 1994, 120(11): 3197-3211.
[28] Faber J, Hötzsch G, Metzner C. Sputter etching of steel substrates using DC and MF pulsed magnetron discharges[J]. Vacuum, 2001, 64(1): 55-63.
[29] Foulkes P, McGrath P. A rapid cyclic voltammetric method for studying cement factors affecting

the corrosion of reinforced concrete[J]. Cement and Concrete Research, 1999, 29(6): 873-883.
[30] Coleman B D. Statistics and time dependence of mechanical breakdown in fibers[J]. Journal of Applied Physics, 1958, 29(6): 968-983.
[31] Nakamura M, Saito H, Higashi Y, et al. Atmospheric corrosion of steel telecommunication wire strands exposed in Miyake island[J]. Zairyo-to-Kankyo, 2011, 60(9): 411-416.
[32] Bayat M, Abdollahzadeh G. On the effect of the near field records on the steel braced frames equipped with energy dissipating devices[J]. Latin American Journal of Solids and Structures, 2011, 8(4): 429-443.
[33] 吴进星, 刘恩德. 桥梁吊杆断裂原因及预警技术研究[J]. 西部交通科技, 2013, (5): 51-55.
[34] Coleman A, Steel S, Freeman P, et al. Validation of the Omron M7 (HEM-780-E) oscillometric blood pressure monitoring device according to the British Hypertension Society protocol[J]. Blood Pressure Monitoring, 2008, 13(1): 49-54.
[35] 张启伟, 周艳. 桥梁健康监测技术的适用性[J]. 中国公路学报, 2006, 19(6): 54-58.
[36] 朱子昂. 平行钢丝拉索在荷载与电化学腐蚀耦合作用下的损伤机理试验研究[D]. 重庆: 重庆交通大学, 2018.

第2章 盐雾环境下钢绞线应力腐蚀与腐蚀疲劳试验

2.1 试验概况

本节通过盐雾腐蚀试验箱对带 PE 护套的镀锌钢绞线进行加速盐雾试验，分别以 5d、15d、30d 为一个周期，分 3 组进行试验(表 2.1)。之后，将腐蚀后的钢绞线在电液伺服万能试验机上进行拉伸试验，记录并整理力学性能数据，通过数据分析，研究盐雾腐蚀对钢绞线抗拉强度的影响。

表 2.1 试验分组情况

时间/d	静态应力	加载值/MPa	交变应力	加载值/MPa	无应力
5	T5-1#	544	B5-3#	544/744	W5-5#
	T5-2#		B5-4#		W5-6#
15	T15-1#		B15-3#		W15-5#
	T15-2#		B15-4#		W15-6#
30	T30-1#		B30-3#		W30-5#
	T30-2#		B30-4#		W30-6#

1. 主要试验设备

主要试验设备如表 2.2 所示。

表 2.2 主要试验设备表

设备名称	规格型号	技术参数	数量/台
盐雾腐蚀试验箱	YC-200	盐雾沉降速率 250mL/(m^2 · h)	1
电液伺服万能试验机	WAW-1000	最大荷载 1000kN	1
电子天平	SL500ZN	精度 0.01g	1
精密酸度计	PHS-3C	—	1
空气压缩机	VB-0.2/8	功率 2.2kW	1
空心千斤顶	ZKD	最大承载能力 20t	4
超高压电动油泵	DSS	功率 0.75kW	1
工业数码显微镜	SK2700B	电子倍率 38～270	1
数码相机	NIKON-D90	—	1

2. 试验材料、试剂

试验材料、试剂如表 2.3 所示。

表 2.3　试验材料、试剂表

材料、试剂名称	规格参数	数量
PE 护套钢绞线	ϕ15.2mm	—
千分尺	最小分度值 0.01mm	1 个
卷尺	最大量程 5m	1 个
锚具	单孔夹片锚具	8 个
锚垫板	300mm×300mm×30mm	8 个
量杯	5000mL	3 个
冰醋酸	500mL	4 瓶
氯化钠	500g	20 瓶
氯化铜	500g	1 瓶

3. 试验条件

1) 盐雾试验溶液配制

试验采用铜盐加速醋酸盐雾试验法，盐溶液由以下化学物质组成：纯氯化钠、二水氯化铜、冰醋酸以及蒸馏水，pH 控制在 3.1～3.3，各成分具体含量如表 2.4 所示。

表 2.4　盐溶液化学组成

化学成分	H_2O	NaCl	$CuCl_2 \cdot 2H_2O$	CH_3COOH
每 5000mL 含量	4718.7mL	250g	1.3g	30mL
百分比/%	94.374	5	0.026	0.6

2) 盐雾沉降率

盐雾沉降率是指单位时间内在单位表面积上沉降盐雾的量，它直接受溶液中 NaCl 含量的影响，目前应用较多的标准是《电工电子产品环境试验　第 2 部分：试验方法　试验 Ka：盐雾》(GB/T 2423.17—2008)，本节试验将盐雾沉降速率控制在 250mL/($m^2 \cdot h$)。

3) 试验温度与时间

根据《电工电子产品环境试验　第 2 部分：试验方法　试验 Ka：盐雾》(GB/T

2423.17—2008)关于铜盐加速醋酸试验的规定，盐雾腐蚀试验箱温度为 50℃±1℃，饱和空气桶温度为 63℃±1℃。试验时间按表 2.1 安排，全天 24h 不间断进行。

2.2　试验方法与原理

试验将钢绞线每批分为 3 组，每组 2 根，分别进行处理后放入盐雾腐蚀试验箱内进行 5d、15d、30d 的腐蚀试验，再将腐蚀钢绞线进行拉伸试验。最后整理分析数据，对比不同腐蚀时间、不同受力情况下钢绞线的宏观、微观腐蚀特征与力学性能。

下面分别从对钢绞线的处理、环境腐蚀的加速、静态应力与交变应力的施加以及力学性能的测试来介绍本次试验的方法和原理。

2.2.1　对 PE 护套钢绞线的处理

对斜拉桥而言，斜拉索的防腐措施是否可靠将直接影响其安全性能与使用寿命。在国内，斜拉索保护层经历了几个演化过程，工厂化生产的高密度聚乙烯(HDPE)护套是目前斜拉索最常用的防腐体系。现有钢绞线斜拉索一般有两层护套，即整根拉索外层的 HDPE 护套与拉索内部单根钢绞线的外包 PE 护套，如图 2.1 和图 2.2 所示。

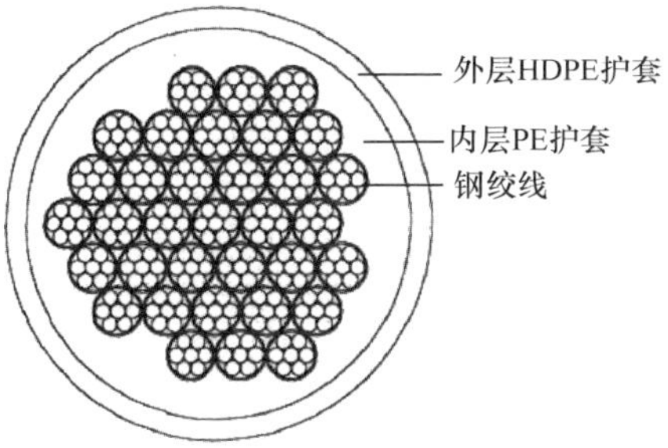

图 2.1　钢绞线拉索整体防护构造

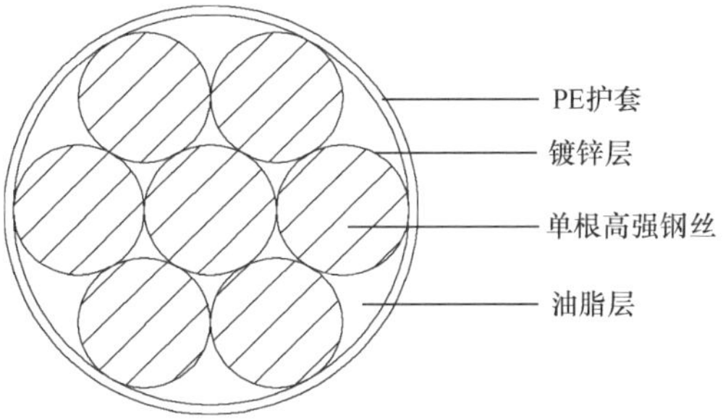

图 2.2　单根钢绞线防护构造

根据出厂时的试验数据，目前这种 PE 护套的平均寿命为 25 年，但这个寿命只是一个理论值，只能说明这种 PE 材料本身的防腐能力，若外包 PE 护套的拉索在施工过程中造成一定的损伤甚至破坏，则在交付使用后将不可避免地产生裂纹，一旦裂纹扩展导致内部钢绞线暴露，上述试验得出的寿命对拉索的防腐评价就失去意义。同时，不同的防腐材料具有不同的性能，对使用环境也具有局限性，大多数桥梁选用的防腐材料和实际使用环境不符合，缺乏研究与考量也是桥梁在使用不久后就发生护套老化开裂的主要原因。另外，交变应力也是 HDPE 护套老化开裂的原因之一，尤其是在巨大风荷载作用下，拉索一般振幅可达到 1～1.8m，这种大幅振动对拉索的安全性存在巨大冲击。PE 护套的开裂可归纳为以下几个因素：①出厂时存在缺陷。②拉索制作过程比较复杂，在其制作的过程中就已经产生了损伤开裂，拉索安装施工时，由于施工方的疏忽，直接将有损伤的拉索安装在桥上。③人为因素的影响，斜拉索的施工工序十分复杂，主要包括运输、储存、卷盘、展开、拖索、吊装、牵引、锚固、张拉以及调整等，而桥梁拉索的 PE 护套保护层由柔性聚合物制成，在运输、挂索、张拉等过程中，无法避免斜拉索不受到损伤。在检测桥梁时，经常会发现斜拉索护套的开裂就是当时施工时，由于在张拉时护套外层的保护层被牵引机具直接拉住，PE 护套被拉裂，施工方发现后会及时修补，但是在桥梁服役两年后，发现在拉索护套修补过的地方重新出现了裂纹。④检修机具的影响，当人们对拉索进行检测时，检测车沿拉索移动，它对拉索的摩擦挤压也会造成拉索护套局部损伤。⑤活载的影响，由于车辆、行人、风、雨等活载的作用，拉索应力变化大，索梁振动加剧，拉索伸长量也发生往复性的变化，这种往复变化将使得 PE 材料出现疲劳、开裂，破坏防护系统的整体性。⑥意外事故。当桥上发生火灾或爆炸等情况时，其产生的高温会导致斜拉索护套被烧伤，使拉索承载能力降低，在交通事故中，失控的车辆也会撞到桥梁的拉索使其护套开裂损伤。⑦温度的影响，特别是在东北一带，一年四季的温度变化比较大，由于组成拉索材料的钢材、PE 护套等的线膨胀系数相差较大，其伸缩量差距较大，使得护套出现微裂缝，再经过周围环境因素的侵蚀，拉索的老化与损坏会更加迅速[1]。

除此之外，制作工艺上的缺陷以及运输和维修过程中麻痹大意导致的保护层损伤，均会对拉索防腐性能造成影响。根据嘉陵江石门大桥拉索及锚头病害检测，拉索护套的病害可以总结为纵向开裂、环向开裂、孔洞等形式，不同破坏形式所占比例如图 2.3 所示。

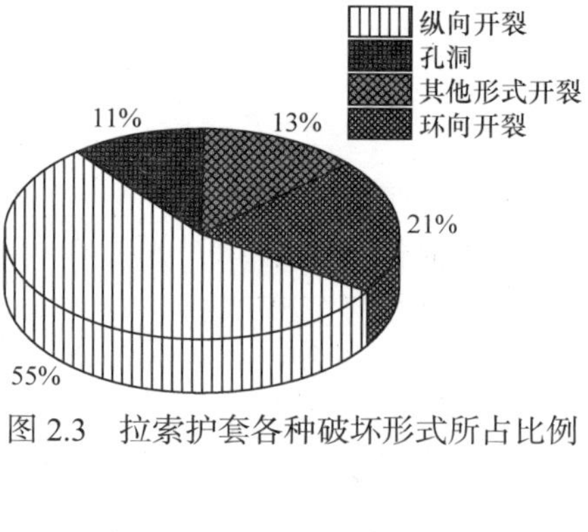

图 2.3　拉索护套各种破坏形式所占比例

由于钢绞线拉索外层 HDPE 护套的破损对其主要受力构件——镀锌钢绞线并未造成直接影响，而内层 PE 护套破损才会导致钢绞线直接与腐蚀介质接触。因此，本节仅考虑单根钢绞线 PE 护套的破损。为了研究 PE 护套在不同破坏形式下拉索的腐蚀特征，试验对单根长度为 1m 的钢绞线 PE 护套进行人为破坏，破坏形式分别为孔洞(直径 5mm)、环向开裂(宽 3mm)、纵向开裂(长 20cm、宽 3mm)，具体破坏形式如图 2.4 所示。

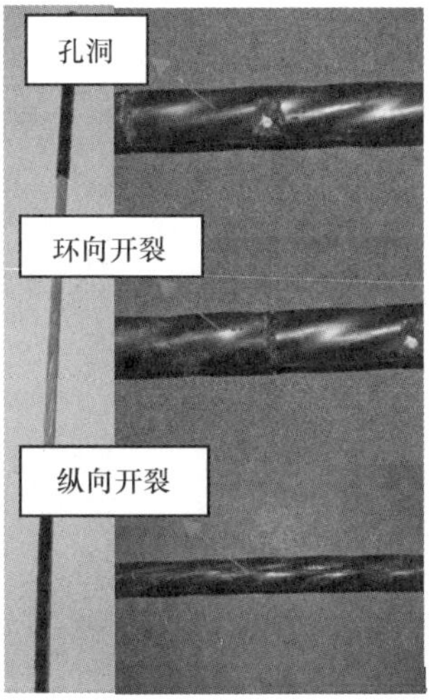

图 2.4　PE 护套的破坏形式

为了研究该规格镀锌钢绞线在本次试验中抗盐雾能力以及腐蚀后的力学性能，将钢绞线中间长 40cm 的 PE 护套全部剥开，使内部镀锌钢绞线暴露，如图 2.5 所示。试验用钢绞线的标准力学性能参数如表 2.5 所示。

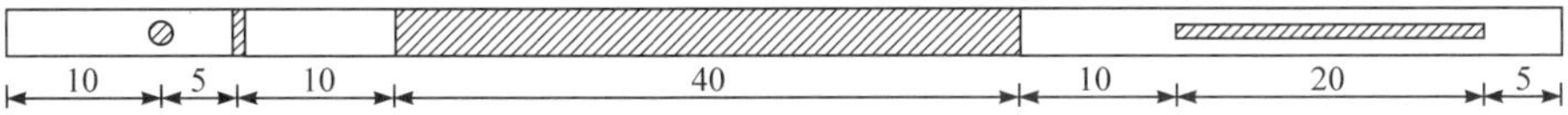

图 2.5　各种破坏形式的布置(单位：cm)

表 2.5　镀锌钢绞线标准力学性能参数

结构	公称直径 D_n/mm	抗拉强度 R_m/MPa	最大拉力 F_m/kN	规定非比例延伸力 $F_{p0.2}$/kN	最大总伸长率 ($L_0 \geqslant 500$mm)/%
1×7	15.2	1860	⩾260	⩾234	⩾3.5

2.2.2　对环境腐蚀的模拟和加速

腐蚀是指材料或其性能在腐蚀介质作用下产生损耗与失效的过程。拉索作为一种重要的受力构件，在自然环境中受到各种氧化物、氯化物、紫外线以及酸雨等影响，盐雾腐蚀便是大气腐蚀中最具破坏和常见的一种方式。大气中盐雾一般是指含酸根离子的大气，其中 NaCl 是盐雾的主要组成成分，在海洋性气候和内地盐碱地区最为常见。对金属材料来说，盐雾腐蚀的本质是腐蚀介质中的氯离子穿透金属表面的氧化层和防护层与内部金属基质发生的电化学反应。同时，氯离子所具有的水合能会使其吸附在金属表面的孔隙与裂缝中，导致氯化层中的氧被排挤并取代，从而使原来不可溶解的氧化物变成可以溶解的氯化物，破坏金属表面的钝化膜，最终使得拉索发生均匀腐蚀和点腐蚀等现象[2]。

盐雾腐蚀试验箱是利用人工配制腐蚀溶液，自动模拟盐雾环境来实现对试样耐盐雾腐蚀性考察的试验设备。通过配制不同的腐蚀溶液(如酸雨或氯盐溶液等)

进行喷雾来模拟自然环境中酸雨和盐雾的效果。按照 ASTM G85-09 标准进行的盐雾试验不仅模拟了腐蚀环境，还加快了腐蚀速度，为研究钢绞线拉索的腐蚀提供了方法[3]。试验装置如图 2.6 所示。

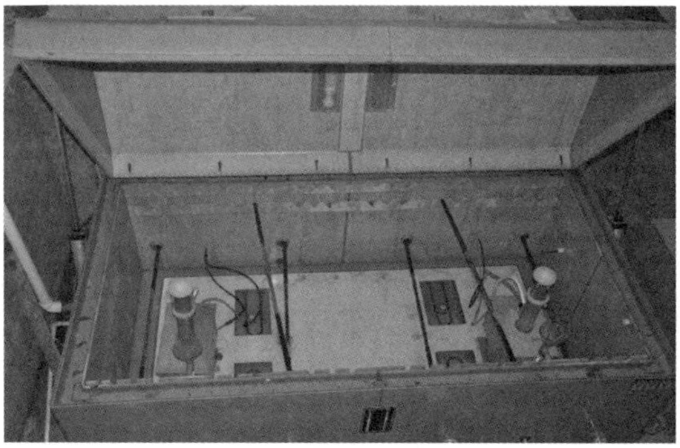

图 2.6　试验装置

试验随机选取该批次 4 根长 5.4m 与 2 根长 1m 的钢绞线，将 PE 护套处理过后穿过盐雾腐蚀试验箱内部，同时将已配制好的溶液倒入喷雾装置内，通过喷淋的形式形成盐雾，从而弥漫整个盐雾腐蚀试验箱空间。在溶液中添加高浓度的氯化钠以及一定量的氯化铜，试件在这种盐雾环境中的腐蚀速度将大幅度提高，将腐蚀过程缩短在几周内完成。但想要完全模拟自然环境中的海洋气候，或是将盐雾试验腐蚀的时间与自然环境下的腐蚀时间进行严格换算是无法实现的。大量的试验证明，对有保护层或无保护层的金属进行性能试验，不能用来换算材料或其保护层在某一实际使用环境下的剩余寿命[4]。

2.2.3　应力腐蚀与腐蚀疲劳的模拟

斜拉桥拉索的损伤是在应力和环境腐蚀协同作用下导致的，但是其损伤的速度并不是两者简单叠加，应力与环境腐蚀相互影响且相互促进。在斜拉桥拉索的实际使用过程中，拉索的受力主要是由桥梁的恒载和车辆或人群的活载构成的。当桥梁上没有车辆或者人群经过时，拉索会受桥梁自身恒载的作用，这种作用与环境共同作用于拉索的腐蚀，称为应力腐蚀；随着桥梁上活载的不断改变，拉索承受的拉力也不断改变，这种低频交变应力与环境腐蚀的耦合便造成了拉索的疲劳腐蚀[5]。

各国对斜拉索使用阶段的容许应力都有自己的要求，例如，《日本公路桥规范》规定容许应力为“保证破断力的 45%”，安全系数取 2.5；美国土木工程师协会规定不超过“缆索极限保证强度的 45%”，安全系数约为 2.2；我国《公路斜拉桥设计规范》(JTG/T 3365-01—2020)规定安全系数取 2.5，即容许应力不超过拉索所用钢材标准强度的 40%。以本次试验采用的ϕ15.2mm、抗拉强度标准值为 1860MPa

规格的钢绞线为例，其容许应力只能达到 744MPa，其拉力只能达到 104.16kN，而在设计时考虑到安全储备的原因，设计拉力会更小。

疲劳破坏和静力破坏相比，有本质的不同，疲劳破坏的主要特征表现在：

(1) 即使交变应力远小于材料的抗拉强度极限，破坏也可能发生。

(2) 疲劳破坏是一个反复加载的过程，需要经历很长一段时间才会发生。

(3) 疲劳破坏属于脆性破坏，即使是塑性材料，大多数情况下也没有显著的残余变形，因此维护和检修中难以察觉这类隐患，这也说明疲劳破坏的危险性。

瑞士联邦材料测试与研究实验室观察了近百根长度各异的钢绞线疲劳断口，发现钢绞线边丝接触面是发生疲劳源的主要位置。得克萨斯大学 Paulson 等[5]对近千根由不同厂家生产的钢绞线进行疲劳试验，通过数据统计与分析以及一系列补充试验，提出了 270 级钢绞线的 *S-N* 曲线，其表达式为

$$\lg N = 13.93 - 3.5\lg \Delta\sigma \tag{2.1}$$

式中，N 为疲劳寿命；$\Delta\sigma$ 为疲劳应力幅。当 $N=2\times 10^6$ 时，$\Delta\sigma=151\text{MPa}$。

朱子昂[6]通过疲劳性能试验，得出 1860 级低松弛钢绞线的 *S-N* 曲线，其表达式为

$$\lg N = 13.84 - 3.5\lg \Delta\sigma \tag{2.2}$$

当 $N=2\times 10^6$ 时，$\Delta\sigma=143\text{MPa}$。通过对比发现，两者的 *S-N* 曲线基本一致。对于不容许开裂的结构，疲劳应力容许幅值建议为 140MPa；而对于容许开裂的结构，考虑到钢绞线在管道内会与管道壁之间发生摩擦，其实际疲劳强度理应更低，钢绞线疲劳应力容许幅值在不容许开裂的基础上还应降低，并建议取 105MPa。

国内规范如《斜拉桥用热挤聚乙烯高强钢丝拉索》(GB/T 18365—2018)并未对钢丝的应力幅值做出明确规定，只是规定了幅值的上、下限。另外一个关于钢绞线拉索体系的规范《无粘结钢绞线斜拉索技术条件》(JT/T 771—2009)规定，疲劳荷载性能应满足上限应力为 $0.45f_{ptk}$、应力幅为 200MPa、循环次数 200 万次的疲劳试验。国外关于疲劳性能的规范主要有 FIB2005：Acceptance of Stay Cable System Using Prestressing Steels、PTI DC45.1-12：Recommendations for Stay-Cable Design，Testing，and Installation 以及 CIP2002：Cable Stays，Recommendations of French Interministerial Commission on Prestressing。各规范关于拉索体系疲劳性能的要求如表 2.6 所示。

表 2.6　各规范关于拉索体系疲劳性能的要求

标准与规范	钢丝拉索	钢绞线拉索
GB/T 18365—2018	应力上限 $0.4f_{ptk}$；应力下限 $0.28f_{ptk}$； 应力幅为(0.28～0.4) $f_{ptk}/2$；断丝率小于 5%	—
JT/T 771—2009	—	应力上限 $0.45f_{ptk}$；应力幅为 200MPa；断丝率小于 2%

续表

标准与规范	钢丝拉索	钢绞线拉索
FIB	应力上限 $0.45f_{ptk}$；应力幅为 200MPa；断丝率小于 2%	应力上限 $0.45f_{ptk}$；应力幅为 200MPa；断丝率小于 2%
PTI	应力上限 $0.45f_{ptk}$；应力幅为 200MPa；断丝率小于 2%	—
CIP	应力上限 $0.45f_{ptk}$；应力幅为 200MPa；断丝率小于 2%	—

综合上述规范要求，并结合加速试验的需要，本次试验交变应力上限取 $0.4f_{ptk}$，即 744MPa，应力下限取 544MPa，应力幅为 200MPa。采取 4h 为一个加载周期，每 2h 实现钢绞线应力上限与下限的转换，具体加载方式如图 2.7 所示。

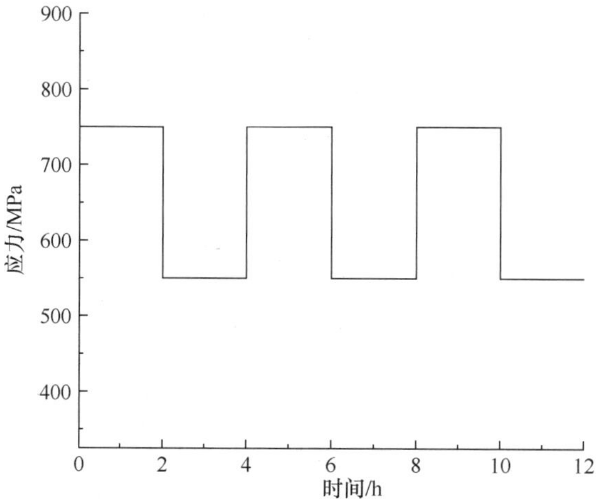

图 2.7　12h 交变荷载加载方式

2.2.4　拉伸试验

为了了解腐蚀之后钢绞线的力学性能，在对钢绞线表面进行清洗、失重数据记录以及腐蚀表面图像的拍摄之后，将已切割成 1m 的钢绞线进行单向拉伸试验。拉伸试验在电液伺服万能试验机(图 2.8)上进行，在拉伸过程中得到钢绞线的各项力学性能指标，从而比较腐蚀钢绞线力学性能的变化情况。

由于钢绞线定向拉伸断裂时，断口处的捻丝会沿横向突然扩张。因此，考虑到扩张力会使夹持在钢绞线上的引伸计损坏，试验不采用夹持引伸计进行测量，而是由“油缸位移”来代替“引伸计伸长量”作为应力-应变曲线的横轴。在预加载阶段，加载速率为 2mm/min，达到目标荷载 2kN 后，采用 1kN/s 的速度进行定向拉伸直至破断。图 2.9 为无腐蚀的钢绞线应力-应变曲线，作为对比组。

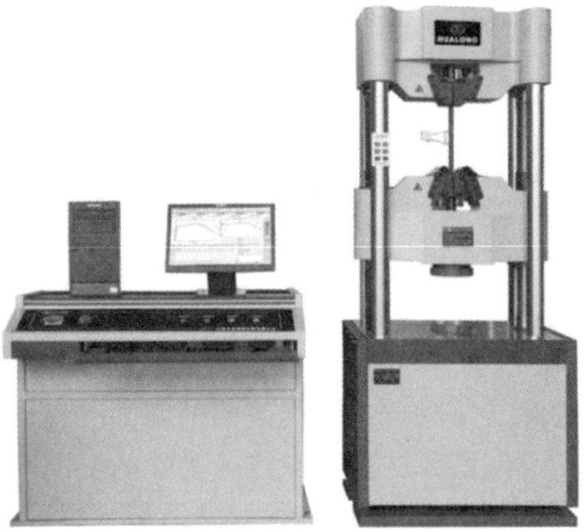

图 2.8　电液伺服万能试验机

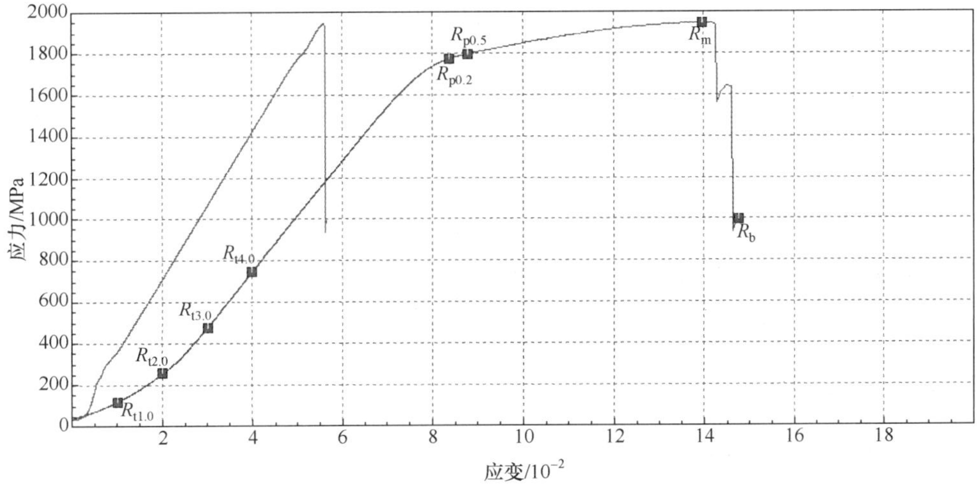

图 2.9　无腐蚀的钢绞线应力-应变曲线

2.3　盐雾环境下钢绞线腐蚀结果分析

对腐蚀后的钢绞线拉索进行宏观、微观以及力学性能分析，可以了解在盐雾环境下钢绞线的腐蚀特征以及应力腐蚀与腐蚀疲劳行为。通过这种行为来研究钢绞线拉索的腐蚀过程和损伤机理，以此为依据来预测拉索的剩余寿命。

2.3.1　腐蚀试样后处理

当试样在盐雾腐蚀试验箱内达到预定腐蚀时间后，将其取出，并按照下述顺序进行处理和数据记录。

1. 宏观观察

当腐蚀试验结束后，将腐蚀钢绞线取出并进行切割，取得盐雾腐蚀试验箱内部长 1m 的部分，然后静置 1d，观察腐蚀钢绞线的外观并记录。

2. 试样表面腐蚀产物的去除

在观察腐蚀试样前，首先需清除钢绞线表面的腐蚀产物。具体处理方法如下：在流动的水中用毛刷去除直接附着在试样表面的腐蚀产物，对于腐蚀时间较长的试样，其表面和缝隙中会残留无法用机械方式去除的腐蚀产物，需要采用化学法去除，具体步骤如下：配制 0.5mol/L 的稀硫酸溶液，然后将试样浸入溶液 10～15min，再用铁丝球除掉缝隙内剩余的腐蚀产物，最后将试样在水中冲洗干净并用吹风机吹干静置。

3. 试样称重与尺寸测量

待试样完全干燥后对其进行称重，精确到 0.01g，然后测量试样尺寸，精确到 0.05mm。

4. 试样腐蚀形态观察与评价

通过工业电子显微镜观察试样的腐蚀特征，如试样表面的蚀坑、裂纹等，并通过显微镜测量功能对蚀坑以及裂纹尺寸进行测量。

2.3.2　试验结果分析

1. 腐蚀形态的观察

在试验过程中，通过每天开箱检查腐蚀情况，宏观观察镀锌钢绞线在盐雾腐蚀试验箱内随时间的腐蚀过程。

2. 钢绞线的腐蚀情况

在试验初期 0～72h，试样的腐蚀速度比较缓慢，钢绞线表面随着腐蚀介质的积累逐渐出现一层白锈，这是由于镀层中的锌在湿热环境中与箱内的水汽以及腐蚀介质中的醋酸反应，形成 $Zn(CH_3COO)_2 \cdot 2H_2O$ 和 $Zn(OH)_2$。由于腐蚀介质内还存在少量 $CuCl_2$，因此还将产生 $ZnCl_2$，化学方程式如下：

$$Zn + 2CH_3COOH \longrightarrow H_2\uparrow + Zn(CH_3COO)_2 \tag{2.3}$$

$$Zn + 2H_2O \longrightarrow Zn(OH)_2 + H_2\uparrow \tag{2.4}$$

$$Zn + CuCl_2 \longrightarrow ZnCl_2 + Cu \tag{2.5}$$

从图 2.10(a)可以看出，一方面，NaCl 会从湿热的盐雾腐蚀试验箱内吸附水，在镀锌层表面快速形成电解质层；另一方面，随着 NaCl 沉积的增加，电解质层的导电性增强。Na^+ 逐渐向阴极移动，Cl^- 向阳极移动，此时在阳极溶液中逐渐形成 $Zn_5(OH)_8Cl_2 \cdot H_2O$：

$$5Zn(OH)_2 + 2Cl^- \longrightarrow Zn_5(OH)_8Cl_2 \cdot H_2O + O^{2-} \tag{2.6}$$

Odnevall 等[7]在不同自然环境中对锌的初期腐蚀产物以及腐蚀行为的影响进行了分析和探讨，发现在海洋气候里，Cl^-浓度较高且湿度大，仅暴露一天试样表面就已形成腐蚀产物 $Zn_5(OH)_8Cl_2 \cdot H_2O$。

随着腐蚀时间的增加(120h 左右)，该批次试样表面开始出现红锈，此时红锈与白锈同时覆盖在试样表面，且由图 2.10(b)可以看出，试样内部开始呈现暗红色。这种暗红色的物质应该为溶液中的 Cu^{2+} 与 Zn 和 Fe 元素发生置换反应，随着腐蚀时间的增加，试样表面形成暗红色覆盖层。局部镀锌层被腐蚀之后，试样内部的基体开始与腐蚀介质接触，主要腐蚀按以下过程进行：

$$O_2 + 2H_2O + 4e^- \longrightarrow 4OH^- \tag{2.7}$$

$$Fe^{2+} + 2Cl^- + 4H_2O + 2e^- \longrightarrow FeCl_2 \cdot 4H_2O \longrightarrow Fe(OH)_2 + 2Cl^- + 2H^+ + 2H_2O \tag{2.8}$$

从图 2.10(c)可以看出，钢绞线局部表面形成一层薄状的“外壳”，在腐蚀阶段的前中期，这层“外壳”对钢绞线的基体起到一定的保护作用，使腐蚀介质与钢绞线基体隔离。从图 2.11 和图 2.12 可以清楚地看到在这个过程中形成的暗红色 Cu 元素，以及黑色的 FeO 、Fe_3O_4。

图 2.10(d)～(e)(240～360h)试样镀锌层已经完全被腐蚀，试样基体中的 Fe 完全暴露在 NaCl 的电解质环境中并不断发生吸氧腐蚀。直到图 2.10(f)钢绞线表面

(a) 试验时间72h，无应力

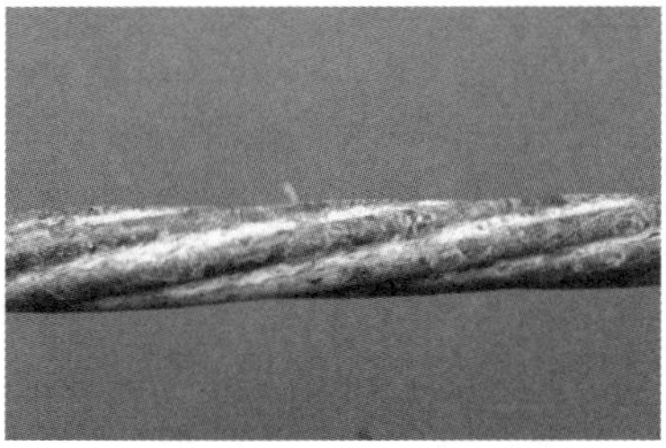

(b) 试验时间120h，无应力

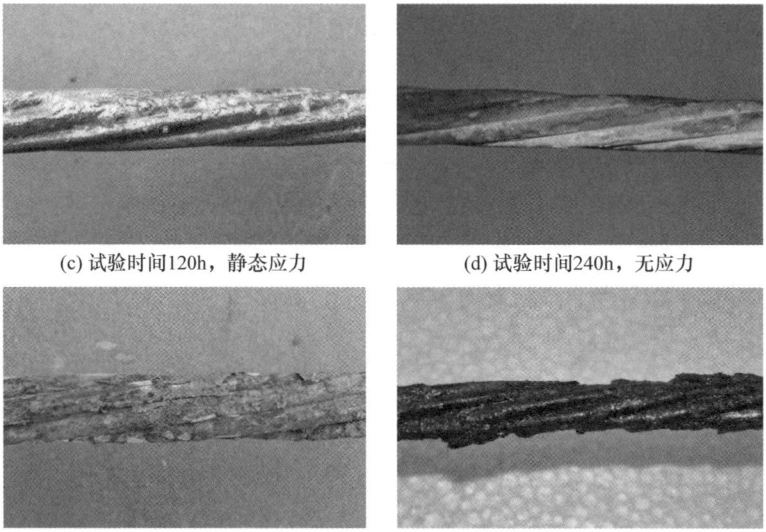

(c) 试验时间120h，静态应力　　(d) 试验时间240h，无应力

(e) 试验时间360h，无应力　　(f) 试验时间720h，无应力

图 2.10　不同腐蚀时间下试样腐蚀形态

图 2.11　暗红色腐蚀产物

图 2.12　黑色腐蚀产物

完全被铁锈覆盖，此时的铁锈充当一个氧化膜的作用。但在实际自然环境中，暴露的钢绞线遇到的环境要比试验中恶劣得多，外层氧化膜很难长时间存在。从这点也可以看出试验后期的腐蚀速度与预期速度相比有一定的差异[6]。

综上所述，镀锌钢绞线的腐蚀过程大致可以总结为图 2.13 所示的四个过程。

由于试样腐蚀后将在表面产生大量腐蚀产物，无法直观地区分不同加载情况下试样的腐蚀情况，所以先将试样表面按前面所述的方法去除腐蚀产物，再进行观察。

在试验初期(120h)，试样的镀锌层尚且存在，镀锌层在各个加载情况下都有部分被腐蚀。仅从宏观表面很难区分静态应力与交变应力下试样的腐蚀特征，但能明显看出与交变应力加载试样相比，无应力与静态应力加载的试样镀锌层腐蚀更不均匀，原因在于试样的镀层在试验环境中大概需要 240h 才能够完全被腐蚀，

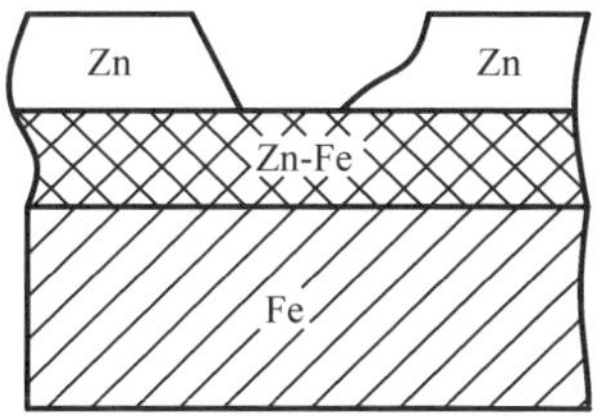

(a) 局部失去镀锌层

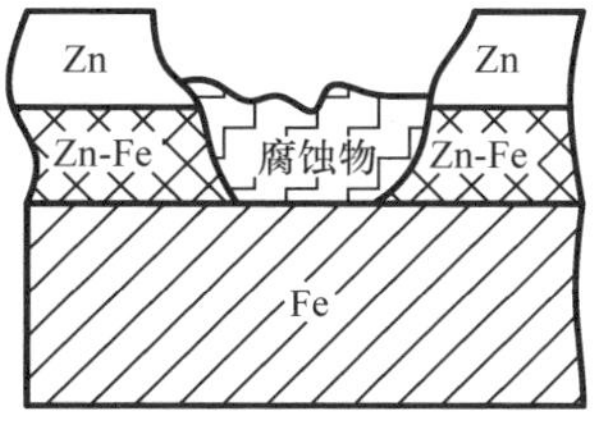

(b) Zn-Fe合金层局部腐蚀、孔蚀处铁基质外露

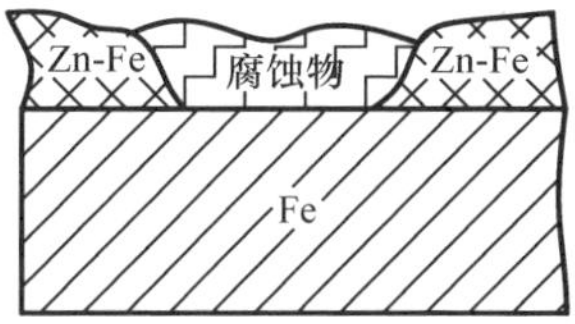

(c) 失去纯镀锌层、局部钢丝基体被腐蚀

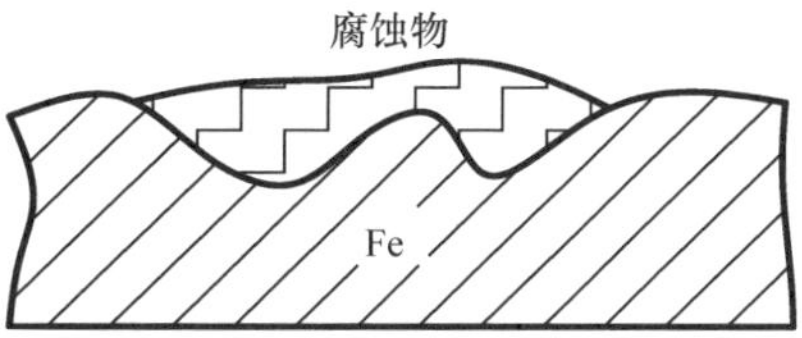

(d) 失去全部镀锌层、钢丝基体大面积锈蚀

图 2.13　钢绞线钢丝腐蚀过程示意图

而且试验过程中无应力与静态应力试样在腐蚀过程中产生的氧化膜无自然或人为破坏，起到一定的保护作用。图 2.14(a)静态应力试样中局部不均匀的深色是最外层镀锌层与内部基层之间的 Zn-Fe 合金部分，将试样表面被氧化的 Zn 除去，从而造成这种不均匀的“锈滴现象”。交变荷载每隔 2h 不间断地加载与卸载，试样表面的氧化膜逐渐被破坏。

从图 2.14 不难看出试验后期试样的腐蚀情况。在无应力状态下观察到钢绞线表面相对平滑，而在交变应力状态下可以明显看出钢绞线表面形成了凹凸不平的蚀坑[7]。

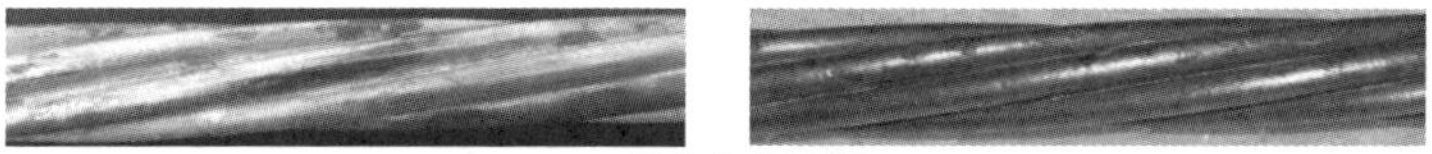

(a) 静态应力试样

(b) 交变应力试样

(c) 无应力试样

图 2.14　不同加载下钢绞线的腐蚀形态

为了更好地观察蚀坑的形态与分布，引入一种观察方便、高效的仪器即倍率较高的工业数码显微镜，如图 2.15 所示。该数码显微镜能够实现在计算机以及数码显示屏共同显示，在 50～170 倍率间连续放大。

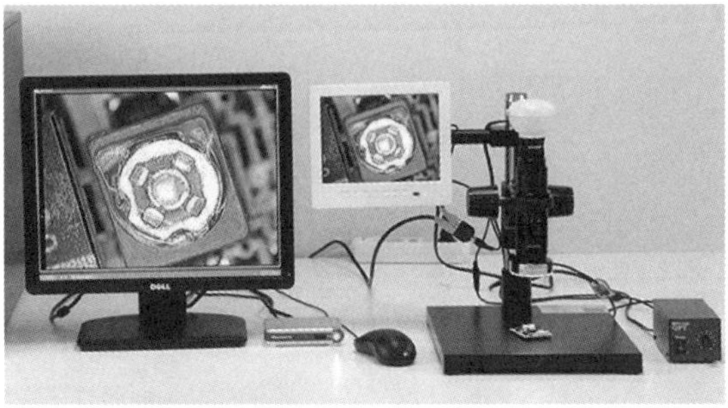

图 2.15　工业数码显微镜 SK2700H

为了分析腐蚀后钢绞线试样的腐蚀情况与腐蚀程度，这里需要先观察腐蚀前表面光滑的钢绞线，作为与腐蚀后钢绞线试样的对比。从图 2.16 可以看到，高倍显微镜下钢绞线表面光滑明亮且纹理清晰。

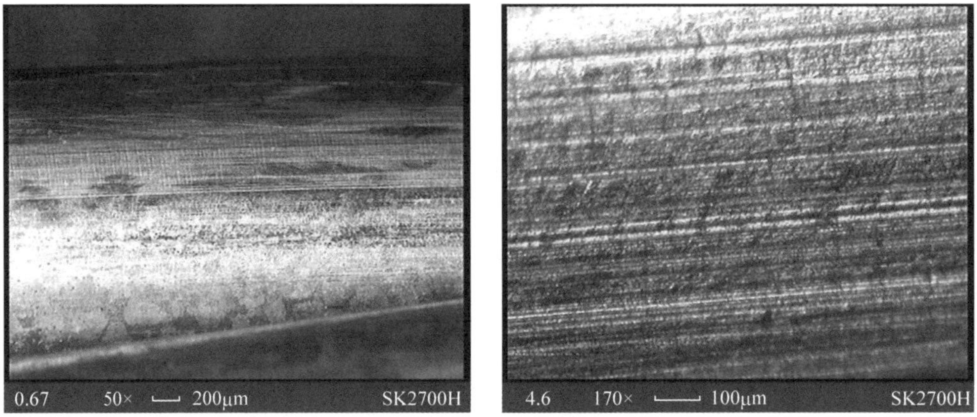

图 2.16　无腐蚀钢绞线(0h)

一旦镀锌层完全腐蚀，由锌氧化物构成的白色腐蚀产物不再产生，去除腐蚀产物后，钢丝表面不再像腐蚀前一样平滑。此时钢丝表面蚀坑的扩展速率开始下降甚至停止，这是由电化学过程中的阴极保护作用引起的。一些蚀坑在这个阶段相互融合、连接，形成一个更大的深度较浅的蚀坑或沟槽。随着腐蚀试验持续进行，不同加载状态下钢绞线试样的腐蚀程度也将渐露差异。从工业数码显微镜放大后拍摄的不同加载状态下钢绞线局部腐蚀图可以更加明显地看出蚀坑、裂纹的形态。

在 744MPa 静态应力下，钢绞线试样在腐蚀 720h 后表面出现较明显的蚀坑，平均蚀坑宽度为 30～50μm，局部存在长约 200μm、宽约 20μm 的横向裂缝。在显微镜下可以看出表面蚀坑虽然密度较大，但是平均深度较小，当蚀坑发展到一定程度时，将会与周围蚀坑连通，形成如图 2.17 所示的裂缝。如果此时腐蚀试验继续，裂缝将会继续发展成为沟槽，直至该层铁基质被完全腐蚀。

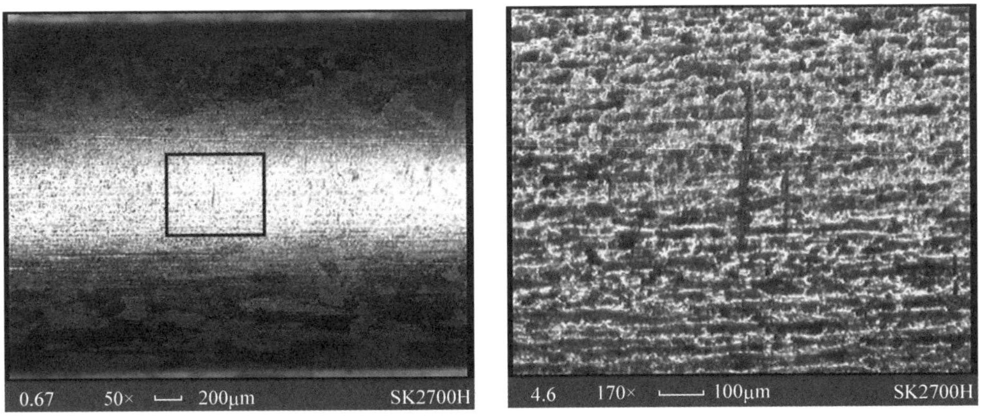

图 2.17　静态应力下钢绞线局部腐蚀(720h)

为了得到一个定量化的钢绞线的腐蚀程度，本节通过一种基于灰度图像的方法来计算钢绞线的蚀坑密度，并由蚀坑密度的百分比来定义腐蚀的程度。

本节应用 GSA-Image Analyser 软件，对腐蚀后的图片进行灰度分析。GSA-Image Analyser 是一个图像分析工具，可以支持所有类型的二维图像。它功能全面，可以识别和统计物体的数量，支持对长度和面积进行计算，支持来自文件、扫描仪和显微镜的图案，可以用于细胞分析、材料工程等领域。

首先导入图 2.17 中放大 170 倍的局部腐蚀图，在 color depth 中选择 Gray，通过 color indicator 功能在蚀坑中心以及边缘处测量色调，然后定义色调在 110 以下的数值为蚀坑，最后导出色调分布直方图并统计分布量来计算蚀坑密度。标准差能够反映一组数据的离散程度，通过统计频数的标准差，可以得到标准差越大，其腐蚀越均匀。直方图能够反映灰度分布的情况，纵轴表示某一灰度级出现的频数(处于该灰度级的像素的数目)，横轴表示 0～255 的灰度值(0 表示黑色，255 表示白色)。

图 2.18 为静态应力下钢绞线局部腐蚀直方图。从分布来看，静态应力下的腐蚀直方图较为均匀。由于照片是在高光下拍摄的，在排除高亮区域的奇异点后，其频数峰值集中于 100 灰度值处[8]。

如图 2.19 所示，在交变应力下，钢绞线试样腐蚀 720h 后表面呈现凹凸状，蚀坑仅用肉眼即可观察到。从高倍放大的图片中可以看出，此时的蚀坑已经发展成沟槽，局部蚀坑宽度已经达到 200μm，是静态应力下的 10 倍，而且纵向沟槽也有 50μm 的宽度。

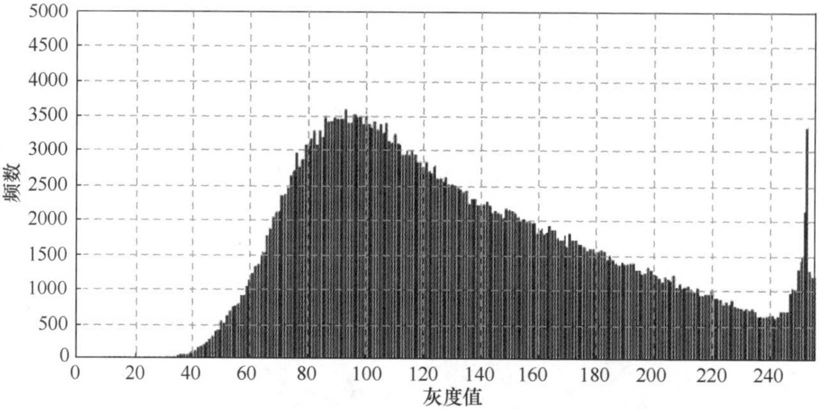

图 2.18 静态应力下钢绞线局部腐蚀直方图

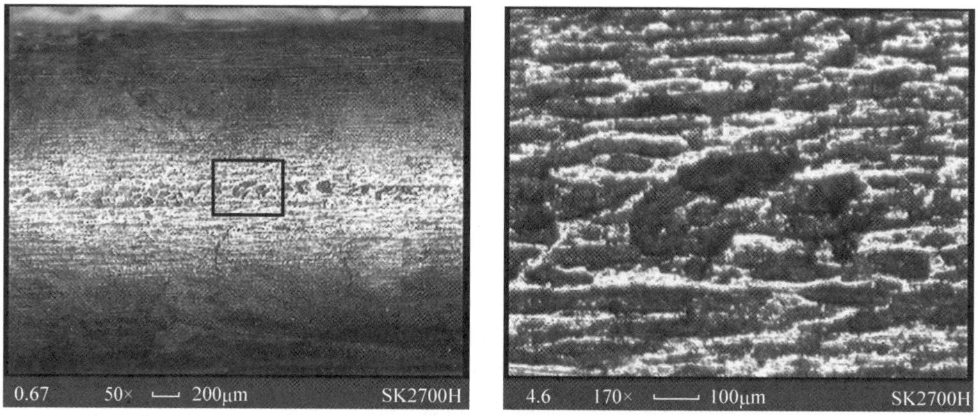

图 2.19 交变应力下钢绞线局部腐蚀(720h)

如图 2.20 所示，与静态应力相比，交变应力下的腐蚀直方图分布较集中，标

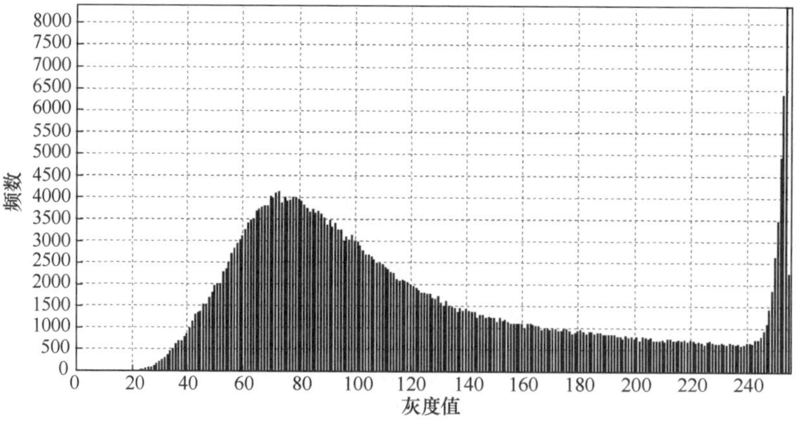

图 2.20 交变应力下钢绞线局部腐蚀直方图

准差也较小。此时的频数峰值集中在 80 灰度值左右，且峰值在 4000 以上，在 140～240 灰度值变化极小。由此得出蚀坑深度较深，数量也较多，交变应力下腐蚀程度和蚀坑深度都比静态应力下明显上升[9]。

如图 2.21 所示，与静态应力和交变应力相比，无应力下的钢绞线试样表面较为平整，从 50 倍放大图中能见到较多细小的蚀孔，局部存在约 40μm 的蚀坑，但数量较少。对比 170 倍放大图，无应力下几乎没有明显的蚀坑，只有一些点蚀现象以及蚀孔连通后的短而浅的沟槽。

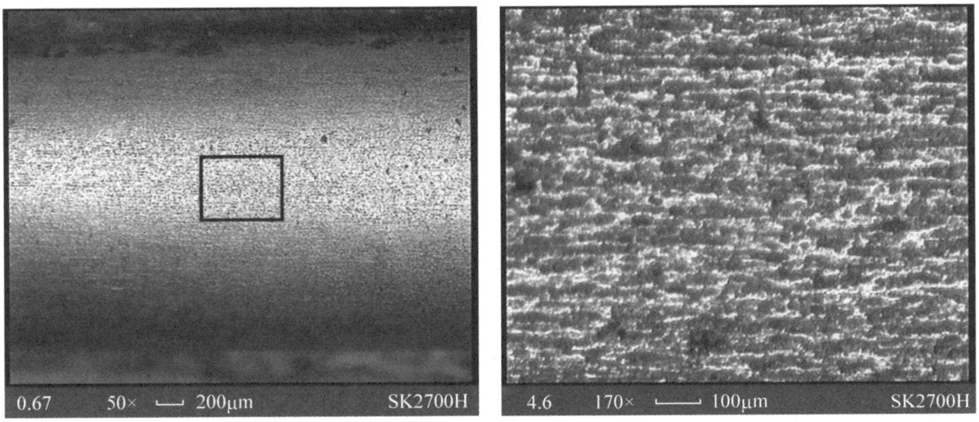

图 2.21　无应力下钢绞线局部腐蚀(720h)

如图 2.22 所示，无应力下的腐蚀直方图标准差比静态应力和交变应力下大，分布更加均匀，不仅频数峰值较高，峰值所在的灰度值也在 110 左右，由此说明在无应力下钢绞线的腐蚀更加均匀且腐蚀程度也比静态应力和交变应力下低。

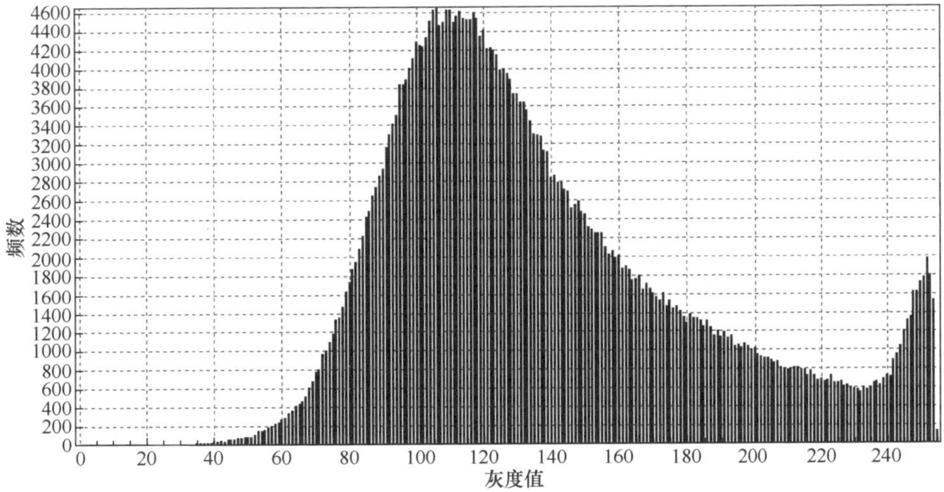

图 2.22　无应力下钢绞线局部腐蚀直方图

综上所述，在无应力情况下，其灰度直方图的离散性最好，故其灰度标准差在 3 种加载状况中最大，说明在没有应力加载的状况下，钢绞线腐蚀较不均匀；静态应力下的灰度标准差在交变应力与无应力之间，在持荷状态下，钢绞线腐蚀速度加快，蚀坑的连通将会发展为裂缝；在交变应力情况下，其频数集中，蚀坑在加载与卸载过程中加速发展。根据表 2.7 以及上述总结，无应力下钢绞线的局部腐蚀程度最低，为 31.79%，静态应力次之，为 39.39%，而交变应力下最高，为 54.79%，这也符合研究初期对试验的预期设想。

表 2.7　3 种加载状况下腐蚀直方图数据

加载方式	灰度值(频数峰值)	标准差	蚀坑频数(灰度值≤110)	总频数	蚀坑密度/%
静态应力	93(3585)	1123.2	156777	398034	39.39
交变应力	73(4140)	1094.9	218080	398034	54.79
无应力	106(4661)	1438.4	126541	398034	31.79

3. 力学性能及数据分析

对腐蚀钢绞线进行拉伸试验前，先取 3 段长 1m 的无腐蚀镀锌钢绞线样品进行测试，用计算机控制电液伺服万能试验机得到试样的应力-应变曲线并获取试样断裂强度 R_b、屈服强度 $R_{p0.2}$、抗拉强度 R_m 等力学性能参数，得到试样原始力学性能参数，作为与腐蚀试样力学性能结果的对比，无腐蚀试样力学性能试验数据如表 2.8 所示。

表 2.8　无腐蚀镀锌钢绞线力学性能试验数据

试样编号	断裂强度 R_b/MPa	抗拉强度 R_m/MPa	屈服强度 $R_{p0.2}$/MPa	断后伸长率 A/%
1	275	1945	1770	5.5
2	270	1940	1775	6.0
3	275	1945	1750	6.5

对腐蚀后钢丝进行拉伸试验时，所选取的试验段为 1m 长的腐蚀中间段，测得的抗拉强度为钢丝拉断前承受的最大荷载与其公称面积之比，称为名义抗拉强度。不同腐蚀时间的试样力学性能试验数据如表 2.9 所示。

表 2.9　腐蚀镀锌钢绞线力学性能试验数据

加载方式	腐蚀时间/h	最大拉力 F_m/kN	抗拉强度 R_m/MPa	屈服强度 $R_{p0.2}$/MPa	断裂强度 R_b/MPa	断后伸长率 A/%
静态应力	120	276.9	1980	1880	1960	5.0
		278.3	1915	1610	1890	5.0
	360	273.9	1955	1785	1960	5.5
		270.0	1930	1850	1890	4.0
	720	273.1	1950	1640	1560	4.0
		270.5	1930	1710	1920	3.5
交变应力	120	272.3	1945	1755	1920	4.5
		275.9	1970	1825	1770	5.0
	360	272.3	1945	1775	1920	3.0
		277.4	1980	1865	1970	3.5
	720	255.7	1825	1750	1190	3.0
		272.8	1950	1785	1940	3.0
无应力	120	272.8	1950	1790	1930	5.5
		271.1	1935	1760	1910	5.5
	360	277.9	1985	1825	1970	4.5
		276.2	1975	1900	1950	3.5
	720	270.0	1930	1740	1640	4.0
		260.3	1860	1860	1750	4.5

经过对表 2.9 三组试样拉伸性能的数据对比，可以看出无论腐蚀时间长短，对钢绞线最大拉力的影响都不明显，大部分数值在 270～280kN。拉伸试验中的最大拉力出现在试样颈缩断裂前，由于腐蚀试验中的试样是镀锌钢绞线，其镀锌层具有良好的抗腐蚀作用，腐蚀时间不足对最大拉力下降不明显有一定影响。试验中出现的两次 F_m<270kN 均在腐蚀时间达到 720h 时，这也说明了腐蚀时间不足对最大拉力下降不明显有一定影响。

根据表 2.9 中的力学性能数据，拟合并绘制抗拉强度、屈服强度、断裂强度与腐蚀时间关系曲线，如图 2.23～图 2.25 所示。

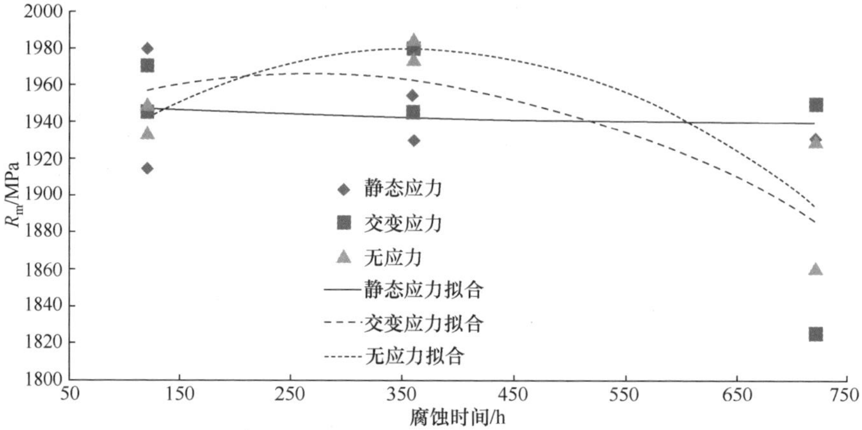

图 2.23　抗拉强度与腐蚀时间关系曲线

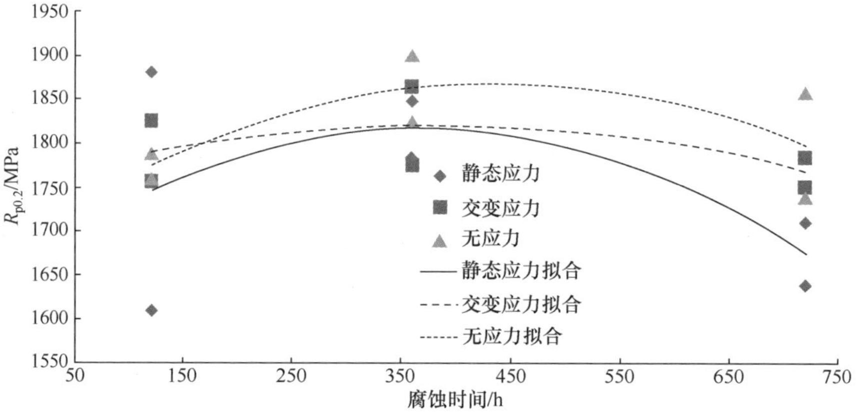

图 2.24　屈服强度与腐蚀时间关系曲线

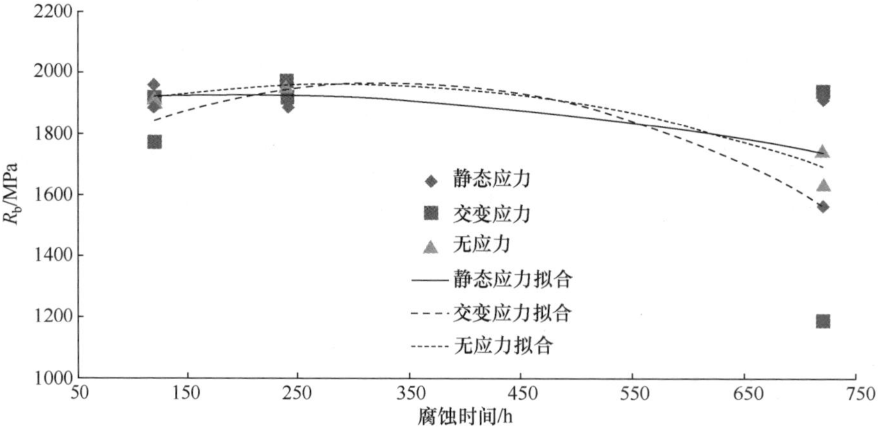

图 2.25　断裂强度与腐蚀时间关系曲线

本次试验钢绞线采用高强钢丝捻制而成，高强钢丝属于高碳钢，通常没有明显的屈服台阶。如图 2.24 所示，屈服强度在腐蚀初期并无太大变化，腐蚀时间在 120～360h 时三种应力状态下的屈服强度有一个上升阶段，随后开始下降。钢是一种由微细晶体按一定规律排列而成的结合体，在腐蚀与应力加载的过程中，对试样表面的晶体产生不规则的切应力，使晶体产生位错滑移。Cottrel 认为，溶解于钢中的原子或离子态的氧、氮、碳等杂质原子处于位错中心，引起了钉扎效应。这些溶解杂质使位错运动的阻力增大，宏观上即表现为提高屈服限值[10]。随着腐蚀的继续，试样截面开始减小，屈服强度下降。

本次试验中的断裂强度是指材料发生断裂时的最大应力与原横截面面积的比值。若将材料的断裂强度表示为断裂力与断裂前颈缩段最小截面积的比值，则此时的断裂强度将远大于抗拉强度。图 2.25 中，当腐蚀时间小于 360h 时，断裂强度基本无太大变化，基本处于 1800MPa 以上。当腐蚀时间达到 720h 时，交变应力下的钢绞线出现断裂强度大幅度下降的现象，其中一根断裂强度仅为 1190MPa。分析原因是交变应力的循环作用导致试样表面形成滑移带，此时在循环滑移带中晶体开始变形并在交变应力下被挤出与挤入。经过一定循环次数后，在试件表面形成微观切口，使某根钢丝的断裂强度骤降，以致在拉伸过程中提前断裂，使整根钢绞线试样的断裂强度下降。

断后伸长率反映了材料在断裂时发生的塑性变形能力，从图 2.26 可以看出，三种应力状态下，随着腐蚀时间的增加，其断后伸长率均呈下降趋势。在腐蚀时间大于 360h 后，绝大多数试样的断后伸长率小于 4%，小于规范规定值。各阶段的断后伸长率大小表现为交变应力<静态应力<无应力。由此可以看出，在疲劳与

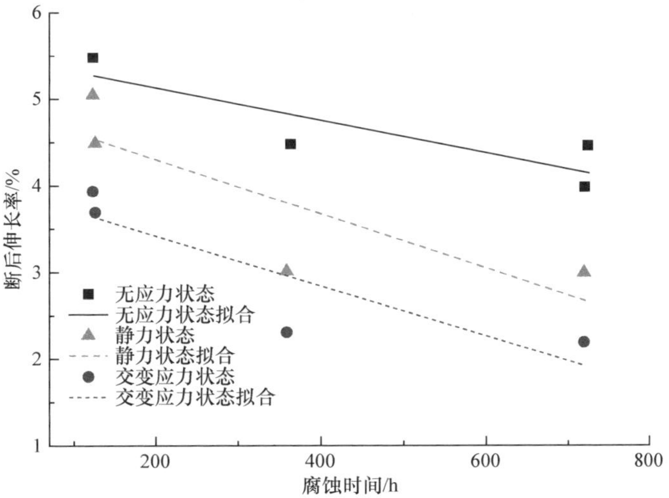

图 2.26　断后伸长率与腐蚀时间关系曲线

腐蚀环境耦合的情况下，钢绞线的塑性变形下降，在工程实际中将造成脆性断裂等安全隐患。图 2.27 和图 2.28 分别给出了腐蚀 120h 与 360h 时的静力拉伸试验应力-应变曲线。

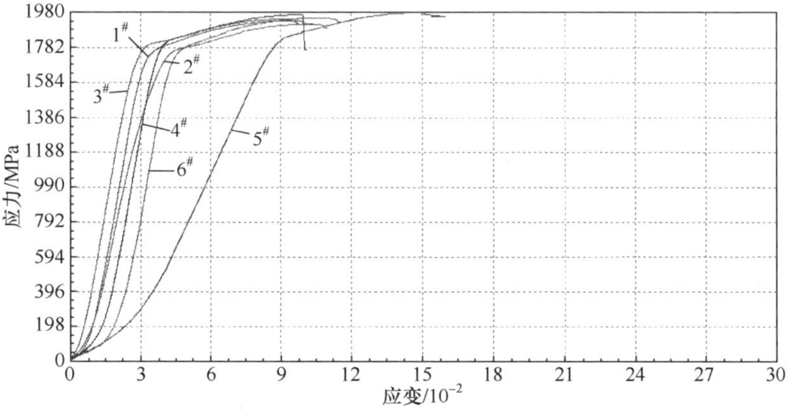

图 2.27　钢绞线不同加载下的应力-应变曲线(120h)

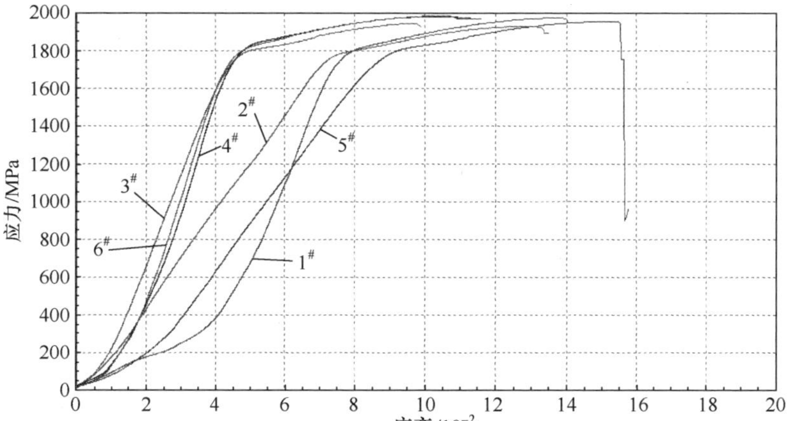

图 2.28　钢绞线不同加载下的应力-应变曲线(360h)

2.3.3　腐蚀失重分析

由于试验采用了本章对钢绞线的处理方法，本次试验中钢绞线试样适用于失重分析的部位仅有中间 40cm 完全裸露于腐蚀介质中。为了试验的可靠性，以下计算腐蚀失重速度时仍以每延米失重量为依据。因为镀锌钢绞线在腐蚀过程中会有腐蚀介质沿钢绞线捻丝缝隙进入钢绞线内部，在处理腐蚀产物的过程中无法完全清除缝隙内部的腐蚀产物，对腐蚀失重的分析难免造成一定误差，但是用来横向比较试验中的试样还是具有一定的意义。具体失重数据如表 2.10 所示。

表 2.10　镀锌钢绞线腐蚀失重数据

加载方式	腐蚀时间/h	初始重量/(g/m)	腐蚀后重量/(g/m)	失重/(g/m)	平均腐蚀速率/[10^{-2}g/(m · h)]
静态应力	120	1115.38	1110.88	4.50	4.09
		1111.43	1106.12	5.31	
	360	1112.57	1105.28	7.29	2.24
		1114.65	1105.82	8.83	
	720	1116.63	1105.08	11.55	1.64
		1114.80	1102.73	12.07	
交变应力	120	1118.66	1113.54	5.12	4.11
		1114.24	1109.50	4.74	
	360	1114.83	1107.10	7.73	2.41
		1118.82	1109.22	9.60	
	720	1118.28	1106.85	11.43	1.64
		1117.14	1104.92	12.22	
无应力	120	1112.60	1108.27	4.33	3.30
		1112.02	1108.42	3.60	
	360	1115.57	1108.00	7.57	2.08
		1115.57	1108.15	7.42	
	720	1112.21	1102.16	10.05	1.33
		1113.07	1103.92	9.15	

本次试验结果与预期比较一致，将各种加载状态下的腐蚀失重、腐蚀速率与腐蚀时间的关系绘制成图 2.29 和图 2.30。可以看出，三种加载状态下的腐蚀失重随着腐蚀时间均呈上升趋势，而且失重与腐蚀速率的大小均表现为交变应力>静态应力>无应力。由于交变应力加载的钢绞线在每次加载与卸载的过程中不断伸长与缩短，表面腐蚀后的氧化膜无法保护内部的基体，从而增长了失重速度与失重量。由于腐蚀过程中产生的蚀坑与裂缝在加载状态下更加容易扩展，蚀坑位置处将会产生明显的应力集中现象，从而试样腐蚀速率也比无应力下有所增加。

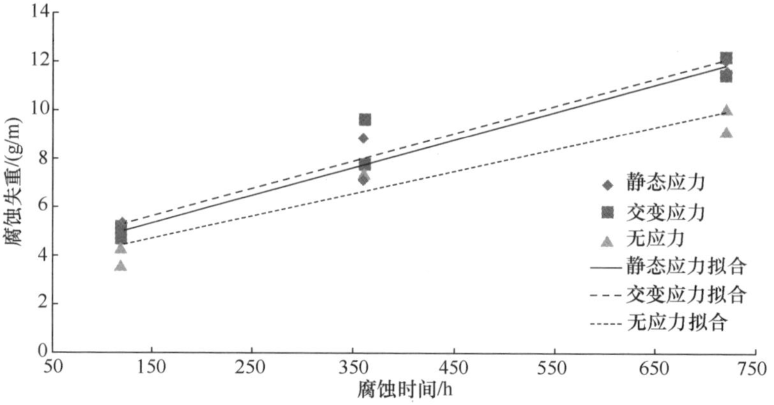

图 2.29　腐蚀失重与腐蚀时间关系曲线

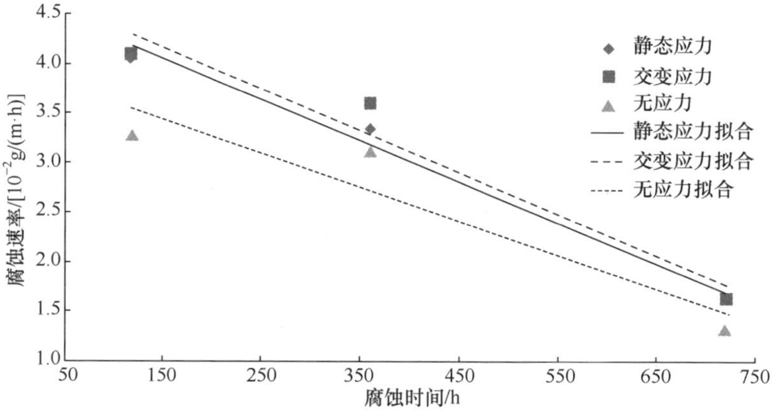

图 2.30　腐蚀速率与腐蚀时间关系曲线

2.3.4　PE 护套在不同破坏形式下的腐蚀状况分析

所有拉索的腐蚀失效都是从最外层的高密度 PE 护套破坏开始的。不同的破坏形式导致不同的腐蚀状况，因此对护套破坏后钢绞线的腐蚀及锈蚀发展的研究具有一定意义。

1) 点破坏下的孔蚀现象

斜拉索 PE 护套的开裂都是从某点处的老化开始的，在拉应力的作用下，一些点破坏发展为裂缝，一些点破坏发展为孔洞，为此本节对钢绞线护套进行人为破坏，使外表面呈现点破坏以及裂纹破坏的形式。

在点破坏形式下，腐蚀介质集中腐蚀暴露处的钢绞线，此时极易发生孔蚀现象。孔蚀指金属在腐蚀介质的作用下形成的具有一定深度的小孔或锈斑，也叫点蚀。由于孔蚀常常被锈层或腐蚀产物覆盖，因此不易被发现，孔蚀现象一般只在特定的腐蚀介质中产生，特别是在含有氯离子的介质中产生。孔蚀不仅可导致设备、管线等穿孔而破坏，严重的还会伴随晶间腐蚀、应力腐蚀以及腐蚀疲劳[11]。

从图 2.31 可以发现，在腐蚀环境下，内部钢绞线会发生孔蚀现象。在钢绞线暴露处，其镀锌层已完全腐蚀并且基质也有一定的腐蚀，可以明显看出钢绞线表面形成一个与 PE 护套破坏形状一致的蚀斑。不同加载状态下的点蚀现象并无太大差别，未暴露处也均存在腐蚀扩散的现象且扩散面积随腐蚀时间的增长而增加。

(a) 静态应力清洗前

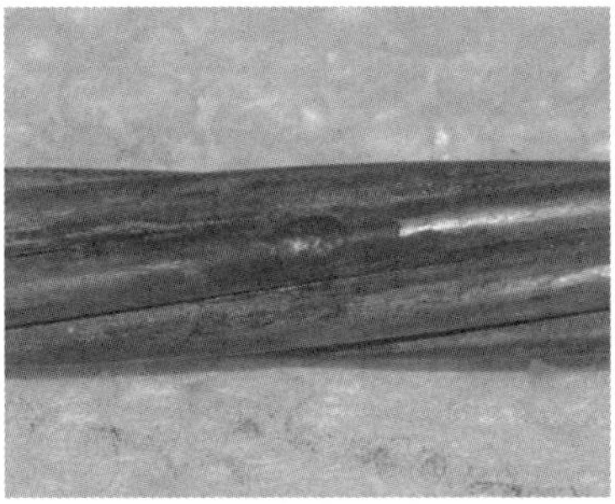

(b) 静态应力清洗后

(c) 交变应力清洗前

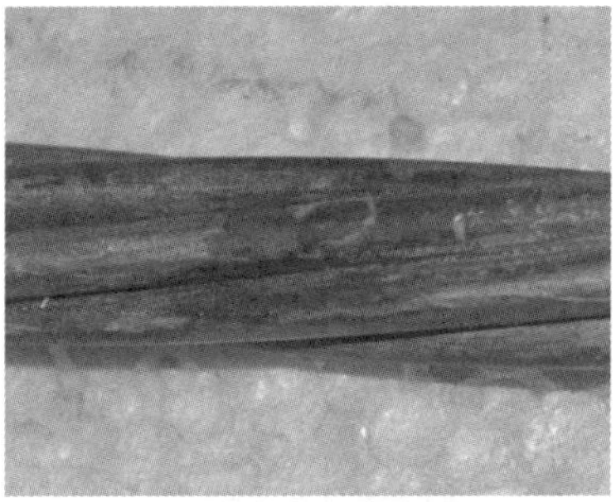

(d) 交变应力清洗后

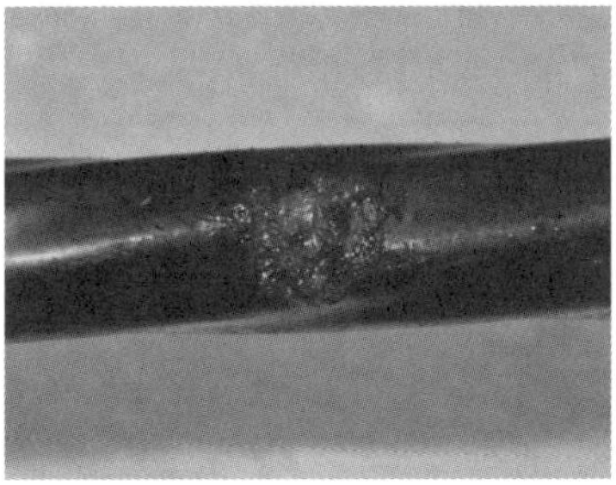

(e) 无应力清洗前

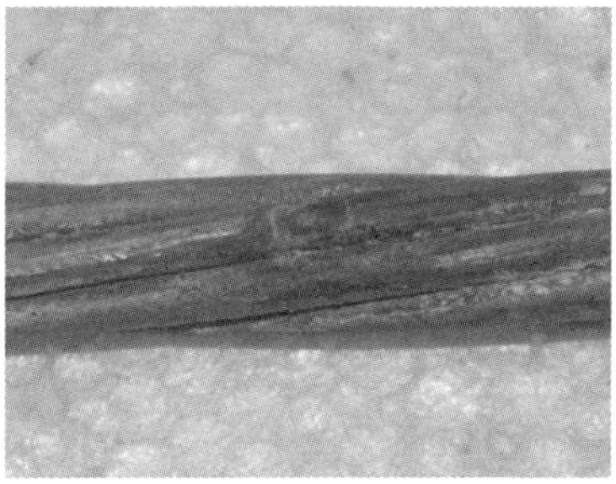

(f) 无应力清洗后

图 2.31　不同加载状态下拉索点破坏腐蚀(720h)

2) 裂纹破坏下的缝隙腐蚀

在实际工程中，最常见的 PE 护套破坏形式是环状开裂与纵向开裂，然而无论哪种开裂形式都会使腐蚀介质在缝隙内无法迁移，由此所引起的缝隙内金属的腐蚀称为缝隙腐蚀。几乎所有金属和腐蚀介质都有可能产生缝隙腐蚀。缝隙腐蚀可分为孔蚀型缝隙腐蚀和活化型缝隙腐蚀两种。孔蚀型缝隙腐蚀是由孔蚀起源的，在腐蚀过程中，使缝隙内金属表面钝化膜发生氧化性破坏，产生由孔蚀起源的缝隙腐蚀。活化型缝隙腐蚀是缝隙的存在使缝隙内溶液物质迁移产生困难所致。

图 2.32 反映了拉索在静态应力与交变应力下缝隙腐蚀的发展状况，上下两根钢绞线分别为裂纹破坏正面和背面。从图中可以看出，在静态应力下，腐蚀沿着钢绞线环状扩展，在拉应力的作用下，PE 护套与钢绞线的黏结力变小，腐蚀介质能够顺着裂缝进入深处。而在交变应力下，这种现象更加明显，交变应力的周期加载与卸载更加减小了护套与钢绞线之间的黏结力，使得护套与钢绞线之间产生极大的空间，允许腐蚀介质进入，从而使得交变应力下裂纹破坏处背面也存在大量腐蚀痕迹[12]。

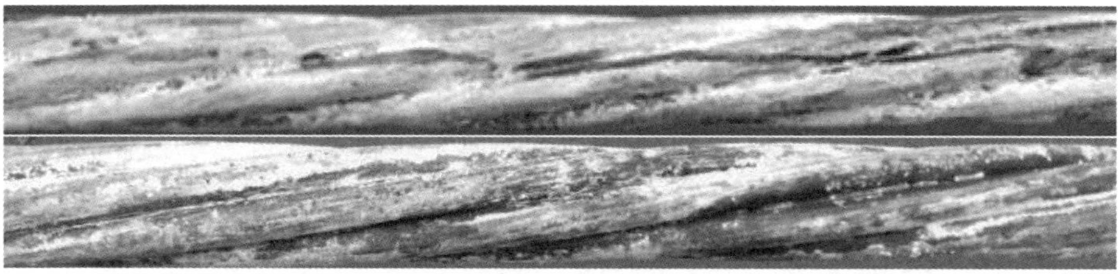

(a) 静态应力下拉索缝隙腐蚀

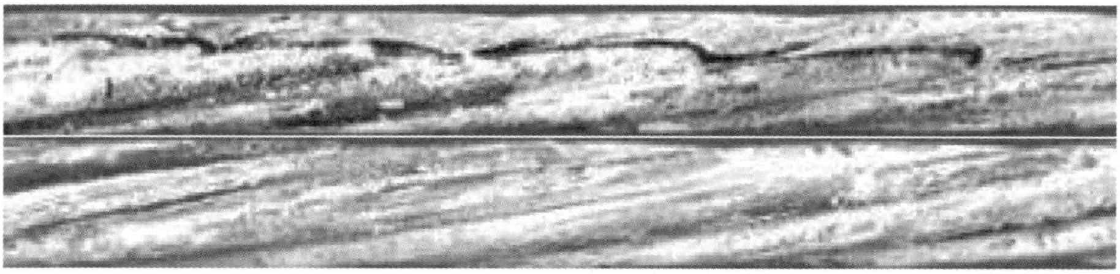

(b) 交变应力下拉索缝隙腐蚀

图 2.32　不同加载状态下拉索点缝隙腐蚀(360h)

2.3.5　腐蚀钢绞线的断口特征与断裂机理分析

静力拉伸曲线的分析表明，腐蚀钢绞线的受拉性能退化受到坑蚀效应的显著影响。因此，为了研究腐蚀钢绞线的断裂准则以及力学性能退化模型(应为概率模型)，有必要首先对腐蚀钢绞线的断口特征以及断裂机制进行研究。为此，本节对第三批试样各断裂钢丝断口特征进行宏观观察。结果表明，未腐蚀钢丝主要出现杯锥状断口和铣刀状断口两种基本断口形式以及它们的组合形式，但也出现了极少的劈裂状断口；腐蚀钢丝出现了杯锥状断口、铣刀状断口和劈裂状断口三种基本断口形式[13]以及它们的组合形式(图 2.33)。

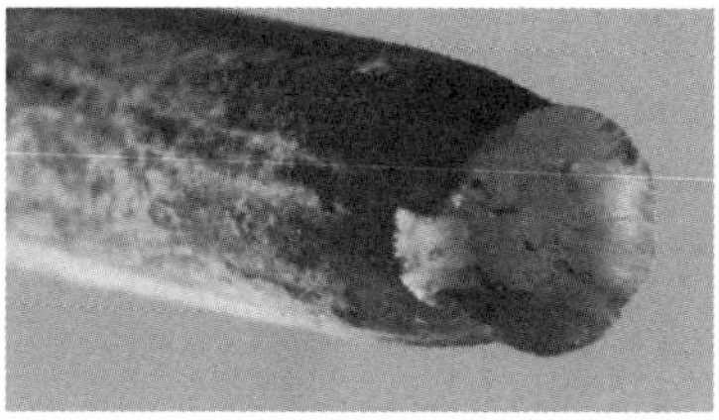

(a) 杯锥状断口

(b) 铣刀状断口

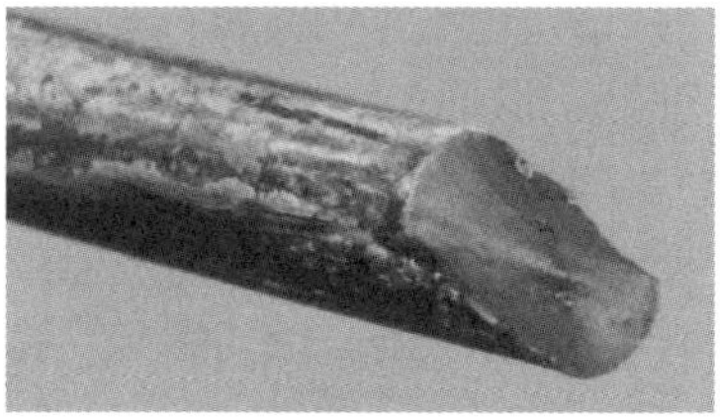

(c) 劈裂状断口

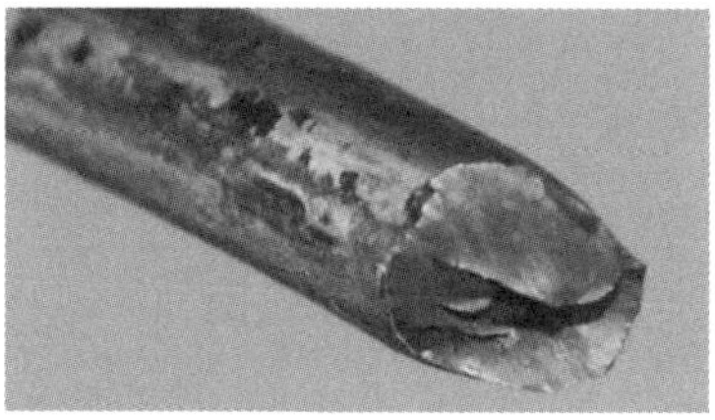

(d) 劈裂-铣刀状断口

图 2.33　腐蚀钢绞线钢丝断口示意图

从图 2.33(a)和(b)可以看出，杯锥状断口和铣刀状断口均出现了颈缩现象，而且杯锥状断口的颈缩现象更加明显，由这种颈缩现象可以推断以上两种断口形式属于宏观延性断口；而图 2.33(c)、(d)中，劈裂状断口和劈裂-铣刀状断口附近未出现明显的颈缩现象，由此推断为宏观脆性断口。

杯锥状断口由杯和锥相互组成，图中只给出断口一侧的杯状断口。杯由杯底和杯壁组成，杯底大多宽阔平坦，如图 2.33(a)所示，而杯壁则与钢丝纵轴成 20°～45°。

铣刀状断口由许多沿横断面半径方向呈辐射状排列的“山脊”组成，其两个小斜坡与钢丝纵轴成 10°～45°。

劈裂状断口由一个或多个劈裂面组成，各个劈裂面与钢丝纵轴成 20°～45°，断面处比较平整光滑，并可看见扇形“放射棱”。劈裂-铣刀状断口有铣刀状断口和劈裂状断口的共同特征。

从上述静力拉伸试验结果及断口形状分析可知，未腐蚀钢绞线断裂形式主要为延性断裂，而对于腐蚀钢绞线，脆性断裂更有发生的可能性。

腐蚀钢绞线钢丝不同的断裂形式主要取决于蚀坑的形状与微观组织结构特征。前者主要取决于蚀坑的几何特征，后者主要取决于蚀坑底部珠光体团的位向特征。

根据相关文献中关于蚀坑特性导致不同断口的描述，可以总结为，当蚀坑非常尖锐(如图 2.34 所示的横向尖锐缺口)时，缺口根部会出现高度应力集中现象，由此局部会产生过度的脆性变形以致其发生局部脆性断裂，断裂的微观机制为“解

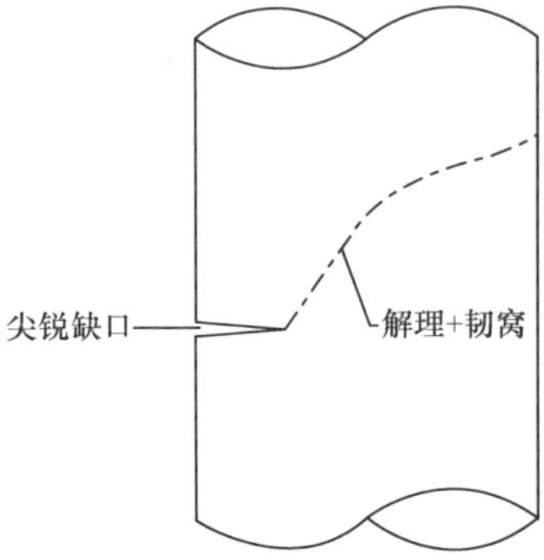

图 2.34　尖锐缺口断裂示意图

理”并伴随“韧窝”；该局部脆性断裂迅速失稳扩展，使全截面脆性断裂，断口形状为劈裂状。由于断裂时平行钢丝还未发生塑性变形，因而观察不到宏观颈缩现象。显然，这种脆性断裂主要是由蚀坑处的断裂效应特征所决定，与微观组织结构特征关系不大。当然，这种非常尖锐的蚀坑很少出现，但有些棱锥形蚀坑也可能会出现较高程度的应力集中，从而发生上述劈裂状断口。

大部分蚀坑具有钝型几何特征，因此蚀坑处的应力集中程度也不会很高，此时如果坑底的基质具有较好的顺力方向的塑性变形能力，蚀坑横截面会出现较大范围的塑性变形而颈缩，继而发生铣刀状或杯锥状的延性断口；反之，如果坑底基质没有较好的顺力方向的塑性变形能力，该横截面将会迅速开裂并失稳导致全截面断裂，最后出现脆性的劈裂状断口。由此看来，钝型蚀坑处的断裂方式取决于坑底材料的塑性变形能力，而该能力又取决于该处珠光体团的位向[14]。

当某个蚀坑底部珠光体团的排列平行于钢丝纵轴或二者之间的夹角较小时，如图 2.35(a)、(b)所示，该处珠光体团具有上述较好的顺力方向的塑性变形能力，使蚀坑处首先出现较大范围的塑性变形，继而在蚀坑处各截面内发生应力重分布，同时塑性变形扩展至整个横截面出现颈缩现象，颈缩现象的出现将会促使钢丝轴心处产生三轴拉应力，并导致钢丝内部的单孔洞发展、多孔洞连通等方式形成等轴韧窝状断裂区，最终以剪切滑移的断裂扩展机制形成铣刀状断口或杯锥状断口。

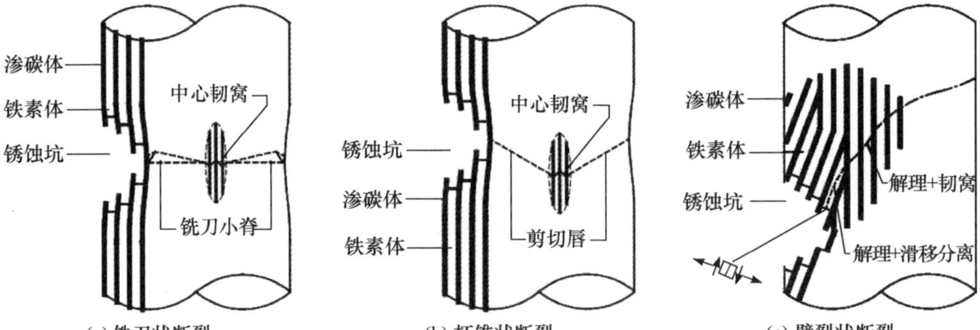

(a) 铣刀状断裂　(b) 杯锥状断裂　(c) 劈裂状断裂

图 2.35　断裂机制示意图

当某个蚀坑底部珠光体团的排列与钢丝纵轴线之间的夹角较大时，如图 2.35(c)

所示，在轴向拉应力的作用下，铁素体板将产生与其平行的剪应力和与其垂直的正应力，在二者作用下，珠光体团以解理与滑移分离的机制在钢丝断口处出现与铁素体板平行的开裂；当开裂扩展至与铁素体有一定夹角的渗碳体后，由于开裂的惯性，渗碳体将以原开裂方向被撕裂，直至断裂面贯通即钢丝断裂，最终以解理与韧窝断裂机制形成脆性的劈裂状断口。由于整个断裂过程属于脆性断裂，因而不会产生颈缩现象[15]。

钢绞线的最大抗拉强度受该股钢丝中抗拉强度最低的一根控制，这类似于“木桶原理”，实际上可以认为首根钢丝断裂时的抗拉强度就是这根钢绞线的极限抗拉强度。假如某根钢绞线中的钢丝蚀坑底部的珠光体团都与钢丝轴向平行，可以推断钢绞线在断裂时已发生充分的塑性变形，因此钢绞线的破断力与腐蚀前相比减小并不明显，其减小量主要是均匀腐蚀导致钢丝在断裂面处横截面的减少引起的。反之，一旦钢绞线中有一根外围钢丝存在某个蚀坑，其珠光体团排列与钢丝轴向夹角较大，这根钢丝将发生脆性断裂，以至于其余钢丝不能充分受拉，最终导致整根钢绞线破断力大幅减小。表 2.9 中的试验结果可以证明上述观点。

显然，钢绞线所有外围钢丝的蚀坑“遇见”倾斜珠光体团是一个概率问题。从定性角度来讲，对发生坑蚀的钢绞线而言，其总体腐蚀程度越大，蚀坑“遇见”倾斜珠光体团的概率越大，钢丝出现脆性断裂的概率也越大，整根钢绞线的脆性断裂特征也越明显。此结论也说明了试验中同批次钢绞线的抗拉强度、断裂强度存在差异的原因。

2.4　应力腐蚀与腐蚀疲劳裂纹扩展及有限元分析

由于裂纹尺寸较小，宽度与深度数量级均是微米级，给材料分析与力学性能研究带来一定的困难。近年来，随着计算机工程应用软件的发展，诞生了一系列能够进行微观水平分析的精细有限元软件。本节基于 ANSYS 有限元软件，对单根钢丝上的裂纹进行模拟分析，研究不同裂纹尺寸下钢丝的等效应力，并分析不同裂纹尺寸下裂纹尖端最大等效应力的变化情况。

1. 钢丝有限元模型建立

1) 材料参数

建模前首先定义材料的参数，模型相关参数参考 2.1 节腐蚀钢绞线试验结果，具体材料参数以及力学性能如表 2.11 所示。

表 2.11　材料力学性能参数

材料	钢丝长度/cm	钢丝直径/mm	弹性模量/MPa	泊松比	抗拉强度/MPa	屈服强度/MPa
腐蚀钢丝	10	5.2	2.05×10^5	0.3	1935	1600

2) 几何模型

根据试验观察，发现钢丝表面的裂纹在其尖端处呈现内嵌三角形形状，且大多数属于环向裂纹。因此，本节假设裂纹在钢丝环向表现为环状三角形切割形式，所建裂纹模型由不同三角形的尺寸来模拟，且假定腐蚀裂纹产生于钢丝中部。

本节通过控制裂纹深度、宽度以及长度 3 个变量来分析其对钢丝等效应力的影响，具体工况如表 2.12 所示。

表 2.12　裂纹模型工况

变量	宽度 W/mm				深度 D/mm				长度 L/mm			
宽度	0.1	0.2	0.3	0.4	0.4				0.4			
深度	0.1				0.1	0.2	0.3	0.4	0.1			
长度	2				2				1	2	3	4

3) 有限元模型

模型采用四面体实体单元 Solid95 划分，每个节点含有 X、Y、Z 三个方向自由度，且在裂纹处加密网格。裂纹模型与网格划分如图 2.36 和图 2.37 所示。

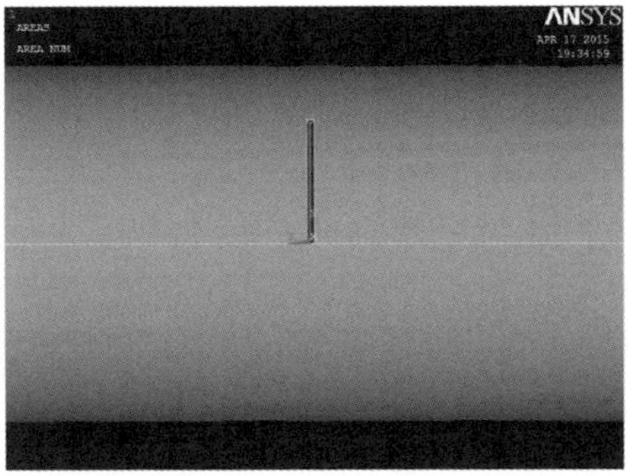

图 2.36　裂纹模型

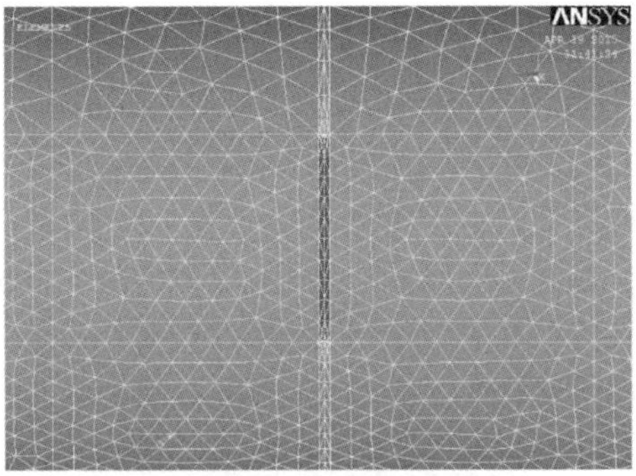

图 2.37　网格划分示意图

4) 边界条件

模型采用一端加载、另一端约束的加载方式，并根据上述原理对加载端施加 744MPa 的面荷载。

2. 裂纹宽度对钢丝等效应力的影响

为研究裂缝处等效应力与裂纹宽度之间的关系，本节拟建立局部裂纹宽度 W 分别为 0.1mm、0.2mm、0.3mm、0.4mm，而裂纹深度 D 与长度 L 为固定值 0.1mm 与 2mm 的腐蚀钢丝有限元模型，通过改变命令中的 W 值从而实现裂纹形状的变化，如图 2.38 所示。

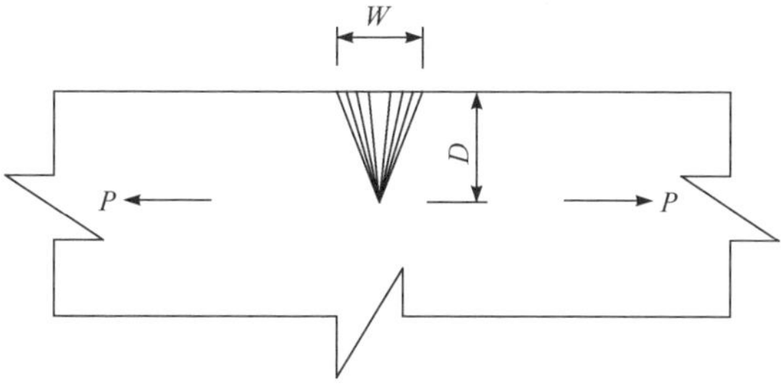

图 2.38　裂纹宽度变化示意图

不同裂纹宽度钢丝裂纹处等效应力云图如图 2.39 所示。由分析结果可知，在裂纹周围存在一个应力变化的现象，沿应力方向表现为应力下降，且应力下降的范围随裂纹宽度的增大而减小。无论裂纹宽度如何，最大等效应力均出现在裂纹尖端，且在裂纹边缘出现最小等效应力，这符合裂纹在扩展时的表现。将不同裂纹宽度下裂纹尖端最大等效应力趋势绘制成曲线，如图 2.40 所示。

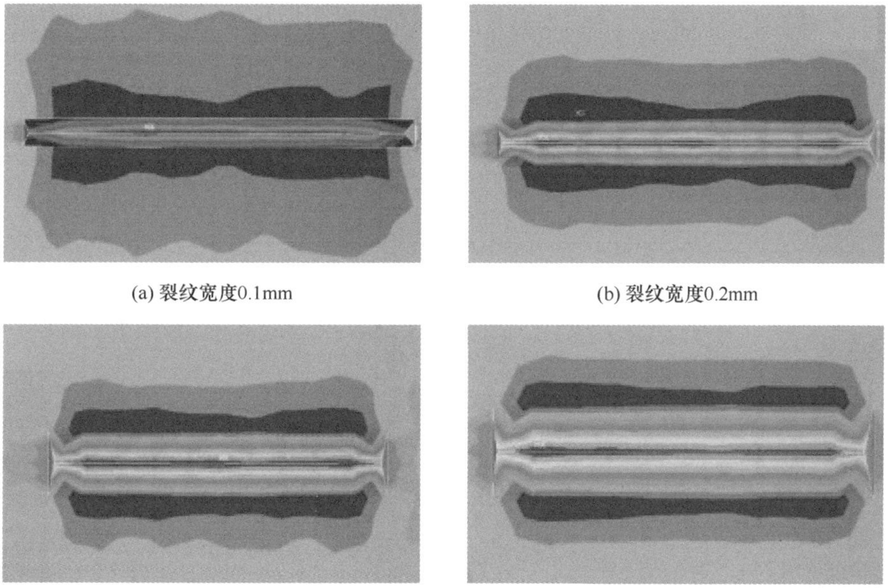

(a) 裂纹宽度0.1mm　(b) 裂纹宽度0.2mm

(c) 裂纹宽度0.3mm　(d) 裂纹宽度0.4mm

图 2.39　不同裂纹宽度钢丝裂纹处等效应力云图

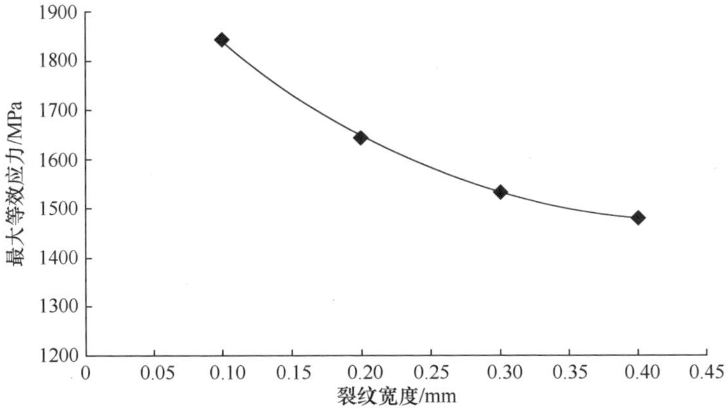

图 2.40　裂纹宽度与裂纹尖端最大等效应力关系曲线

由图 2.40 可知，裂纹尖端最大等效应力随着裂纹宽度的增大而减小，并且该趋势以某种方式收敛。这在工程实际中表现为当裂纹宽度增大时，裂纹扩展的能力随之下降。

3. 裂纹深度对钢丝等效应力的影响

以裂纹宽度与裂纹长度为常量,研究裂缝处等效应力与裂纹深度之间的关系。此时控制裂纹宽度 W 为 0.4mm，裂纹长度 L 为 2mm，裂纹深度 D 分别为 0.1mm、0.2mm、0.3mm、0.4mm。几何模型如图 2.41 所示。

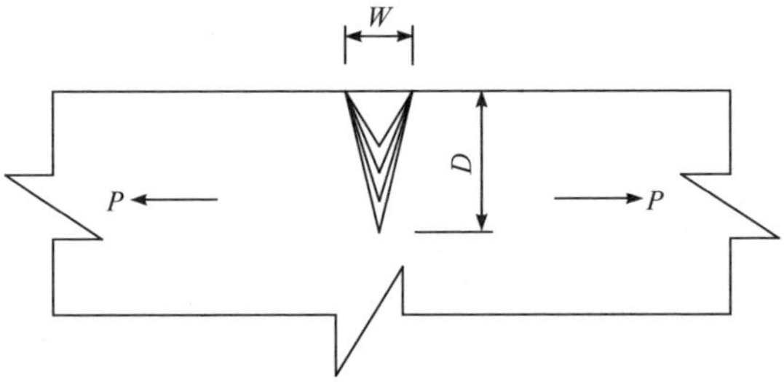

图 2.41　裂纹深度变化示意图

不同裂纹深度钢丝裂纹处等效应力云图如图 2.42 所示。由分析结果可知，环向裂纹在深度加大的过程中,裂纹周围的等效应力在钢丝轴向影响范围逐渐扩大；在裂纹内部，随着裂纹深度的增大，沿裂纹深度方向应力变化幅度也加大；虽然裂纹尖端最大等效应力随着裂纹深度的增大而增大，但是由图 2.42 可以发现，裂纹尖端等效应力最大处的面积逐渐变小。裂纹深度与裂纹尖端最大等效应力关系曲线如图 2.43 所示。

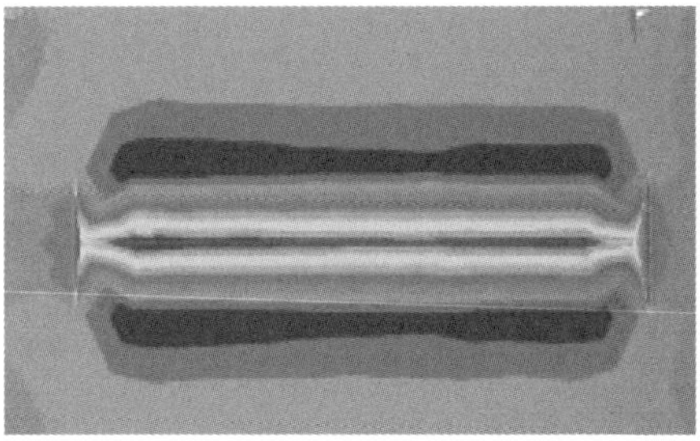
(a) 裂纹深度0.1mm

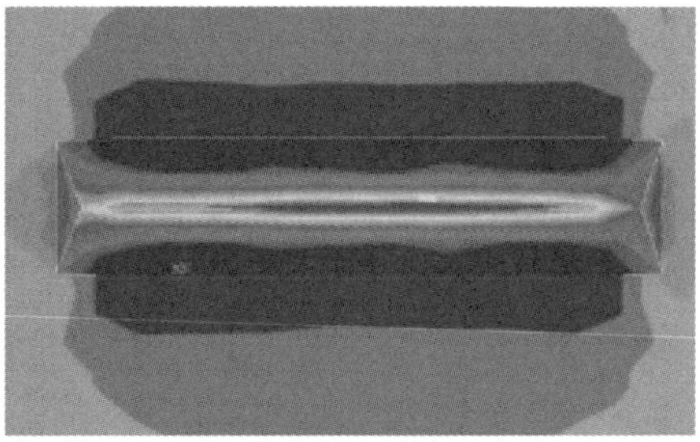
(b) 裂纹深度0.2mm

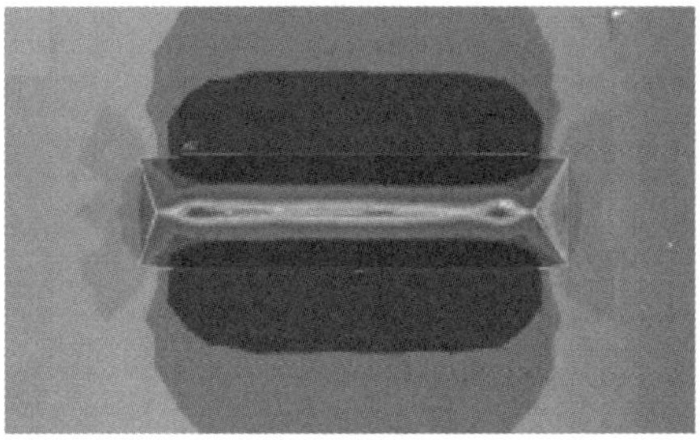
(c) 裂纹深度0.3mm

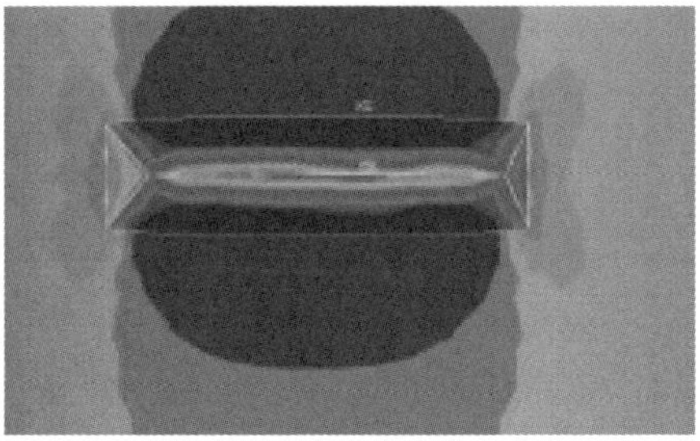
(d) 裂纹深度0.4mm

图 2.42　不同裂纹深度钢丝裂纹处等效应力云图

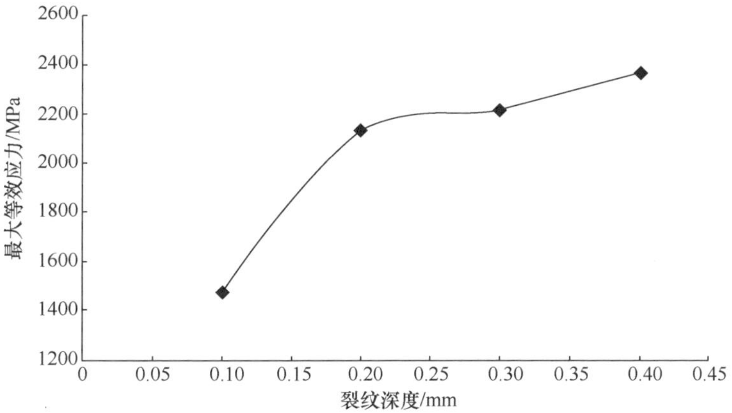

图 2.43　裂纹深度与裂纹尖端最大等效应力关系曲线

由图 2.43 可以看出，在裂纹深度从 0.1 增加到 0.2mm 的过程中，最大等效应力显著增长，而在裂纹深度达到 0.2mm 之后，最大等效应力的变化趋于平缓。由此可以看出，在裂纹扩展初期，裂纹尖端的最大等效应力对裂纹深度较敏感。

4. 裂纹长度对钢丝等效应力的影响

2.3 节对腐蚀钢绞线的微观观察发现，绝大多数的裂纹长度小于 1mm，但调查研究发现，通常情况下钢绞线长期受到腐蚀疲劳的作用，其裂纹的扩展要比实验室加速试验更加严重。因此，在关于裂纹长度对钢绞线等效应力影响的研究中，

将裂纹长度 L 分别设为 1mm、2mm、3mm、4mm 来进行分析，并控制裂纹宽度 W 为 0.4mm，裂纹深度 D 为 0.1mm。几何模型如图 2.44 所示。

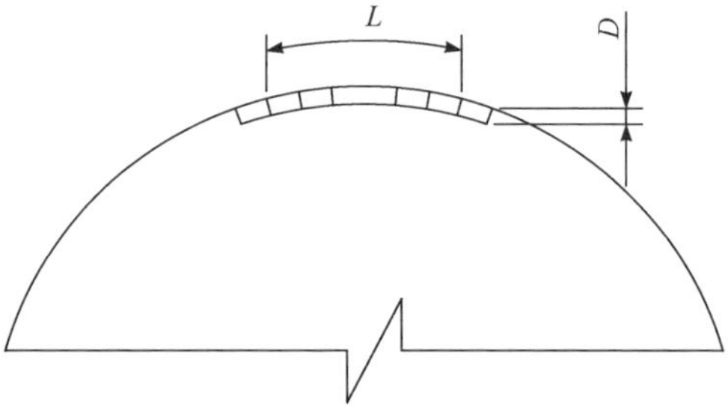

图 2.44　裂纹长度变化示意图

不同裂纹长度钢丝裂纹处等效应力云图如图 2.45 所示。由图可以得出，当裂纹长度较小时，裂纹尖端的等效应力较大并且最大等效应力分布在裂纹两端，此时裂纹属于成长阶段，在应力持续作用下裂纹将会向两端扩展；随着裂纹长度的扩展，裂纹尖端的等效应力逐渐减小，当裂纹扩展至图 2.45(b)时，裂纹尖端等效应力分布均匀且大小维持在 1400MPa 上下，此时若腐蚀介质与应力共同作用，则会导致裂纹向深度扩展；当裂纹长度继续增大时，裂纹尖端等效应力继续减小，如图 2.45(c)、(d)所示，当裂纹长度大于 3mm 时，整根钢丝模型最大等效应力并不在裂纹尖端，而是在锚固端某点处，且随着裂纹长度增大，锚固端的等效应力

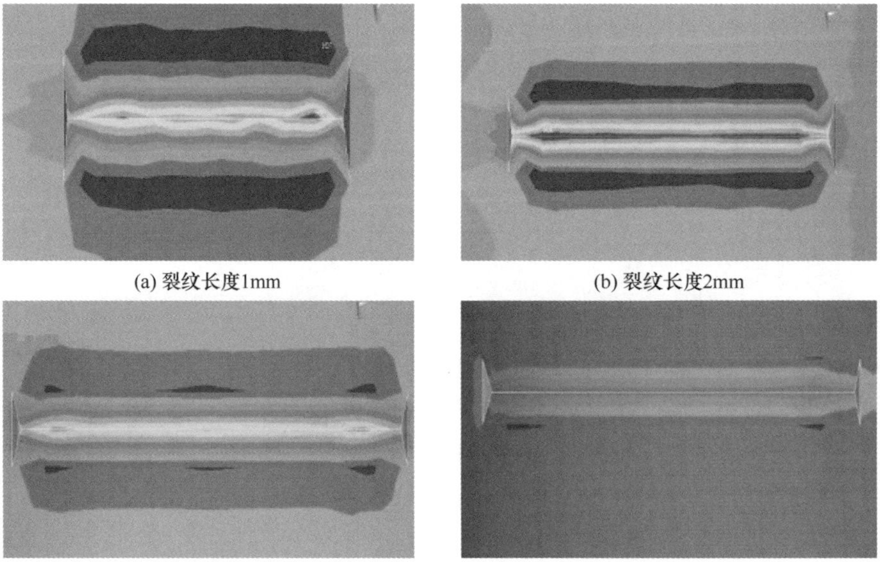

(a) 裂纹长度1mm　　(b) 裂纹长度2mm

(c) 裂纹长度3mm　　(d) 裂纹长度4mm

图 2.45　不同裂纹长度钢丝裂纹处等效应力云图

也增大。分析原因，可能是该模型控制裂纹深度与宽度不变，而实际上裂纹在长度方向扩展的同时，裂纹宽度与深度也在扩展，当裂纹长度不断加长而深度与宽度不变时，有可能会导致锚固端发生应力集中，从而出现屈服断裂的现象。由于该模型只研究裂纹尖端的等效应力，因此不考虑锚固端等效应力大小的影响[13]。

将裂纹尖端的最大等效应力与裂纹长度的关系绘成曲线，如图 2.46 所示。可以看出，在相同荷载作用下，裂纹尖端最大等效应力随着裂纹长度的增大而减小，与裂纹深度的扩展呈相反趋势。

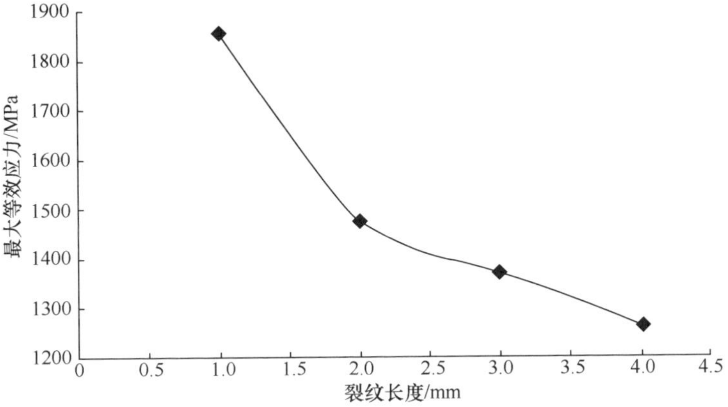

图 2.46　裂纹长度与裂纹尖端最大等效应力关系曲线

2.5　小　　结

本章介绍了盐雾环境下钢绞线拉索材料腐蚀、应力腐蚀、腐蚀疲劳试验，对试验结果进行分析，对钢绞线的腐蚀形态进行宏观与微观上的观察，采用工业数码显微镜并借助灰度处理的手段，讨论了钢丝蚀坑密度的统计方法。通过静力拉伸试验，获得不同腐蚀时间、不同加载状况下各个钢绞线的力学性能，并结合失重法分析评定钢绞线的腐蚀程度。随后探讨了 PE 护套在点破坏下的孔蚀现象与裂纹破坏下的缝隙腐蚀现象，分析这两种破坏下拉索的腐蚀状况。最后收集并分析由静力拉伸试验得到的不同断裂形式的断口，在此基础上，提出不同断口形状形成的原因与断裂机理。主要结论如下：

通过腐蚀试验发现，在腐蚀过程中由于电化学反应，腐蚀试样表面会产生一层氧化产物，它能对钢绞线起到保护作用，导致试验腐蚀中后期腐蚀速率呈下降趋势，从而无法用线性函数来表示加速试验的腐蚀速率与自然环境下的腐蚀速率。

将腐蚀钢绞线放置于工业数码显微镜下观察，发现不同的加载状况对腐蚀速率有很大的影响。根据灰度直方图，在腐蚀时间相同的情况下，腐蚀程度表现为无应力<静态应力<交变应力。

由静力拉伸试验得出，屈服强度在腐蚀初期并无太大变化，之后呈现上升的趋势，进入腐蚀试验尾期又开始下降。这是由于腐蚀与应力加载的过程中，对试样表面的晶体产生不规则的切应力，使晶体产生位错滑移，从而使试样中的原子或离子态的氧、氮、碳等杂质出现钉扎效应。杂质溶解增加了位错运动的阻力，从宏观反应来看就是提高了屈服限值。腐蚀后期由于均匀腐蚀，钢丝的截面积开始减小以及腐蚀程度的加深导致钉扎效应失效。

PE 护套点破坏与裂纹破坏会引起孔蚀与缝隙腐蚀，且在交变应力下腐蚀扩展最为严重。

影响钢丝断口形状的因素有两个，宏观上表现为蚀坑的几何特征，微观上表现为珠光体团的排列方式。钢绞线的极限抗拉强度是蚀坑的形态与蚀坑底部珠光体团的位向共同决定的。

裂纹深度是影响钢丝抗拉强度及屈服强度的主要因素，相同荷载作用下裂纹深度越深，裂纹尖端等效应力越大；而裂纹长度与宽度越大，裂纹尖端等效应力越小。

参 考 文 献

[1] Codaro E N, Nakazato R Z, Horovistiz A L, et al. An image processing method for morphology characterization and pitting corrosion evaluation[J]. Materials Science and Engineering A, 2022, 334(1-2): 298-306.

[2] Vermaas G, Betti R, Barton S C, et al. Corrosion and embrittlement of high-strength bridge wires[C]//Proceedings of the Durability Workshop, Berkeley, 2001: 85-96.

[3] Hopwood T, Havens J H. Inspection, prevention and remedy of suspension bridge cable corrosion problems[R]. Lexington: Kentucky Transportation Research Program, 1984.

[4] 徐俊, 陈惟珍, 刘学. 斜拉索退化机理及钢丝力学模型[J]. 同济大学学报(自然科学版), 2008, 36(7): 911-915.

[5] Paulson P J, Lambert G. The Determination of selenium and tellurium in stainless steel, white cast iron, and nickel base alloy standard reference materials by isotope dilution spark source mass spectrometry[J]. Applied Spectroscopy, 1984, 38(3): 385-389.

[6] 朱子昂. 平行钢丝拉索在荷载与电化学腐蚀耦合作用下的损伤机理试验研究[D]. 重庆: 重庆交通大学, 2018.

[7] Odnevall I, Herting G, Midander K, et al. Corrosion-induced metal release from stainless steel and its alloy constituents into different media[C]//The Second Baosteel Annual Academic Conference, Shanghai, 1984.

[8] 王鹏, 张力, 王福敏, 等. 钢绞线腐蚀时变效应对预应力混凝土梁桥影响研究[J]. 公路交通技术, 2015, 31(1): 66-72, 82.

[9] 杨世聪, 姚国文, 张劲泉, 等. 加速盐雾环境中钢绞线的腐蚀疲劳特征[J]. 材料导报, 2018,

32(12): 1988-1993.
[10] 杨世聪. 桥梁拉吊索腐蚀-疲劳问题及服役可靠性[D]. 重庆: 重庆交通大学, 2018.
[11] 杨世聪, 张劲泉, 姚国文. 基于图像灰度分析的腐蚀钢绞线细观损伤行为[J]. 固体力学学报, 2018, 39(3): 305-315.
[12] 杨世聪, 张劲泉, 姚国文. 在役桥梁拉吊索腐蚀-疲劳损伤与破断机理分析[J]. 公路交通科技, 2019, 36(3): 80-86.
[13] 朱子昂. 平行钢丝拉索在荷载与电化学腐蚀耦合作用下的损伤机理试验研究[D]. 重庆: 重庆交通大学, 2018.
[14] 黄娟. 模拟酸雨环境下拉索钢丝腐蚀发展规律研究[D]. 长沙: 长沙理工大学, 2017.
[15] Parsons M, Stepanov E V, Hiltner A, et al. Effects of strain rate on stepwise fatigue and creep slow crack growth in high density polyethylene[J]. Journal of Materials Science, 2000, 35(8): 1857-1866.

第 3 章 盐雾环境下平行钢丝束应力腐蚀与腐蚀疲劳试验

3.1 人工加速盐雾腐蚀试验

3.1.1 加速盐雾腐蚀试验介绍

本节使用酸性盐雾环境对拉索常用强度级别为 1860MPa、屈服强度 1660MPa、直径 5.2mm 的镀锌高强度钢丝进行加速腐蚀试验，交变应力和静态应力的加载力均为 1100MPa，已接近应力腐蚀阈值。并用 10%的稀硫酸对试验钢丝擦拭，去除表面腐蚀物，测出试验钢丝受腐蚀的质量损失，对加速腐蚀试件进行力学性能测试，讨论平行钢丝对腐蚀环境产生的力学性能响应，为评价钢丝锈蚀损伤及演化的研究提供试验数据基础。

1. 主要试验设备及材料

1) 主要试验设备

主要试验设备如表 3.1 所示。

表 3.1 主要试验设备表

设备名称	型号	技术参数	数量/台
盐雾腐蚀试验箱	YC-200	盐雾沉降速率 250mL/(m^2 · h)	1
电液伺服万能试验机	WAW-1000	最大荷载 1000kN	1
电子天平	SL500ZN	精度 0.01g	1
空气压缩机	VB-0.2/8	功率 2.2kW	1
空心千斤顶	ZKD	最大承载能力 20t	4
超高压电动油泵	DSS	功率 0.75kW	1
裂缝观测仪	SW-LW-101	—	1

2) 主要试验材料、试剂

试验材料、试剂如表 3.2 所示。

表 3.2　试验材料、试剂表

材料、试剂名称	规格参数	数量
钢丝	ϕ5.2mm	—
千分尺	最小分度值 0.01mm	1 个
卷尺	最大量程 5m	1 个
锚具	单孔夹片锚具	8 个
锚垫板	300mm×300mm×30mm 200mm×200mm×20mm	8 个
精密 pH 试纸	—	1 张
量杯	5000mL	1 个
浓硫酸	500mL	2 瓶
氯化钠	500mL	10 瓶

3.1.2　试验内容

1. 盐雾腐蚀试验

盐雾加速腐蚀试件材料为桥梁缆索用热镀锌高强钢丝，强度级别为 1860MPa，直径为 5mm。由于钢丝制作厂家未提供钢丝的相关数据，依据《桥梁缆索用热镀锌或铝合金钢丝》(GB/T 17101—2019)，表 3.3～表 3.5 给出了直径 5mm 高强镀锌钢丝的相关参数。

表 3.3　缆索高强钢丝的化学成分(质量分数)　　(单位：%)

C	Si	Mn	Cr	V	S	P
0.82	0.25	0.73	0.20	0.03	0.001	0.011

表 3.4　钢丝尺寸、重量及允许偏差

公称直径/mm	直径允许偏差/mm	不圆度/mm	公称截面积/mm^2	每米参考质量/g
5	± 0.06	≤ 0.06	19.6	163

注：钢丝的公称直径、公称截面积、每米参考质量均应包含锌层在内。

表 3.5　钢丝力学性能

公称直径/mm	强度级别/MPa	规定最小非比例延伸强度/MPa		断后伸长率/%
		无松弛或 I 级松弛	II 级松弛	
5	1670	1340	1490	4
	1770	1420	1580	
	1860	1490	1660	

2. 试验方法

1) 荷载的施加

试验中每一批次至少使用 5 根平行钢丝，其中两根施加交变应力、两根施加静态应力，其余为无应力钢丝。所施加应力峰值为 1100MPa，交变荷载加载图示如图 3.1 所示[1]。

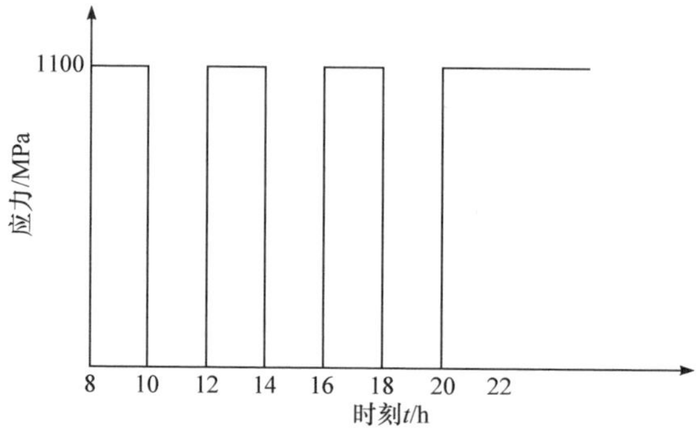

图 3.1　交变荷载加载图示

2) 盐溶液的配制和腐蚀环境

盐溶液采用 5%的 NaCl 溶液，在溶液中加入浓硫酸将 pH 调至 1。试验温度参考《人造气氛腐蚀试验 盐雾试验》(GB/T 10125—2012)，将温度定为 50℃±2℃，将气压控制在 70～170kPa。喷雾量参考该规范中的 CASS 试验标准，取为 250mL/(m^2 · h)。

3) 试验试件具体布置

钢丝分为交变应力批次、静态应力批次、无应力批次，试验时间为 48h，具体布置如图 3.2 所示(无应力腐蚀钢绞线并未示出)。

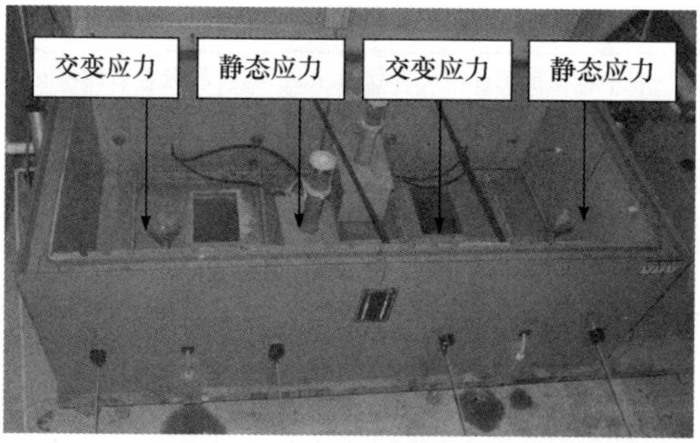

图 3.2　试验试件布置图

3. 试验实施步骤

(1) 配制 5%的 NaCl 溶液，并调节 pH 至 1，将配制好的溶液加入盐雾腐蚀试验箱中。

(2) 将 4 根 5.4m 和 2 根 1m 的钢绞线称重，精确测量其长度到 1mm，计算出平均每米的重量并做好记录。

(3) 分别将交变应力、静态应力和无应力批次的试件穿过盐雾腐蚀试验箱，按照图 3.1 进行加载和卸载。

(4) 试验完成后对试件进行表观检查和拍照，用切割机把试件腐蚀部分切出 1m 左右的小段，用蒸馏水冲洗表面锈蚀。

(5) 用 0.5mol/L 的稀硫酸清洗断丝表面锈蚀，然后用蒸馏水冲洗、电吹风烘干，完成后分别称重，做好记录并进行分析。

(6) 在电液伺服万能试验机上将腐蚀后的试件进行单向拉伸，记录其力学性能数据，完成后将每根试件的断丝打包并编号。

4. 试验成果整理

用电子天平对所有处理好的腐蚀试件进行称重，测量直径，记录原始数据，试验共安排 3 种加载方式：无应力、静态应力及交变应力。

无应力加载方式：把钢丝切割为 1.2m 段，标记好后直接放入盐雾腐蚀试验箱，24h 连续腐蚀，腐蚀时间为 5d、20d、35d、50d。试验结束后，先用稀硫酸清洗试件上的腐蚀产物，再用大量清水洗净试件，并用电吹风吹干。再次称重，每试样段随机测量 3 次直径，取其平均值并记录。然后对腐蚀后试件取中间 1m 段进行拉伸试验。

静态应力加载方式：把钢丝切割为 5.4m 段，标记好后穿过盐雾腐蚀试验箱和反力台预留孔，并用空心千斤顶张拉锚固。腐蚀时间为 5d、20d、35d、50d。其余工作与无应力加载方式相同。

交变应力加载方式：把钢丝切割为 5.4m 段，分别进行腐蚀时间为 5d、20d、35d、50d 的连续腐蚀试验。加载周期为 4h，即 2h 加载、2h 卸载。其余工作与无应力加载方式相同。每 24h 打开盐雾腐蚀试验箱，记录数据，配制溶液，拍照。

拉伸试验。进行正式拉伸试验前，先取 3 段 1m 长完好镀锌钢丝样品，用微机控制电液伺服万能试验机测量试样应力-应变曲线并获取试样弹性模量、屈服强度、抗拉强度等力学性能参数，确定完好试件的原始力学性能参数，作为腐蚀试验试件力学性能测试结果的参考。完好试件拉伸结果数据如表 3.6 所示。

表 3.6 镀锌钢丝静力性能试验数据

试件编号	弹性模量 E/GPa	抗拉强度 R_m/MPa	屈服强度 $R_{p0.2}$/MPa	断后伸长率 A/%
1	205.54	1915	1760	5.5
2	231.36	1910	1710	6
3	213.2	1910	1730	4.5

镀锌钢丝应力-应变曲线为试验过程中加载拉伸应力大小提供了依据。另外，为保证桥梁安全，考虑到斜拉桥所用钢丝的安全系数，其在运营过程中所受应力都要小于其屈服强度和抗拉强度，故在试验过程中为保证镀锌钢丝不发生屈服和断裂，对其施加的最大拉应力为 1100MPa 是合理的。

3.1.3 试验现象

在试验结束后，取出置于盐雾腐蚀试验箱中的各批次钢丝试件，观测腐蚀产物形态，然后去除腐蚀产物，干燥后再观察试件表面形态，得到以下结论：

在腐蚀溶液的侵蚀下，溶液中的腐蚀介质逐渐积累在镀锌层表面，镀锌层发生非均匀腐蚀并逐渐产生蚀坑。酸性腐蚀溶液渗入腐蚀孔，腐蚀孔不断向纵深发展，出现白锈，主要腐蚀产物是 $Zn(OH)_2 \cdot 3ZnSO_4 \cdot 5H_2O$。由于应力作用，镀锌钢绞线表面镀锌层的裂纹、腐蚀孔继续扩展、增多，表面破坏程度进一步加重，腐蚀性离子更易渗入镀锌层，镀锌钢绞线腐蚀程度加重，导致在其表面形成的腐蚀孔孔径变大，点蚀坑也比无加载试件细长。试件表面均比较光亮，腐蚀比较轻微(图 3.3(a))。

随着腐蚀加深，白锈增多，镀锌层腐蚀产物中零星可见红锈出现，蚀坑的面积和深度都随之增大。去除腐蚀产物后，可见镀锌层腐蚀孔位置被黑色氧化物覆盖，成分主要是 $Fe(OH)_3$、$Fe_2O_3 \cdot H_2O$ 和 $Fe_2(SO_4)_3 \cdot 8H_2O$。在蚀坑周围未腐蚀小区域内的钢丝表面仍然比较光亮，金属受腐蚀比较轻微。这些现象可以说明镀锌钢丝的腐蚀类型为阳极溶解型，镀锌层与周围腐蚀产物发生电化学反应，H^+被还原成原子态氢，通过浓度扩散逐步向基体深层迁移(图 3.3(b))。

当镀锌层耗尽时，白色腐蚀产物随之消失，取而代之的是较大面积的红锈，去除腐蚀产物后，整个金属表面也不再光亮[2]。许多蚀坑开始相互融合，连在一起，成为一个蚀坑或沟槽，深度较浅，蚀坑数量明显减少(图 3.3(c))。

在腐蚀后期，红锈已完全覆盖钢丝表面，去掉腐蚀产物后，可见大量铁基质外露，整个试件表面出现了肉眼可见的凹凸不平，几乎没有未被腐蚀的区域(图 3.3(d))。

3.1.4 试验数据及分析

1. 腐蚀失重数据及分析

为了方便数据处理，假设镀锌钢丝的密度在长度方向上是均匀的，把腐蚀前 5.4m 和 1.2m 长试件的重量均换算为每米重，同样的方法处理腐蚀后的试件。试件腐蚀前后失重数据如表 3.7 所示(注：此处失重为单位面积的失重量)。

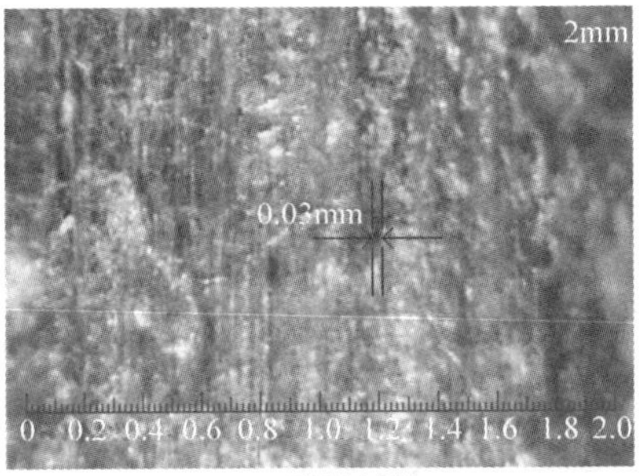

(a) 5d腐蚀试件

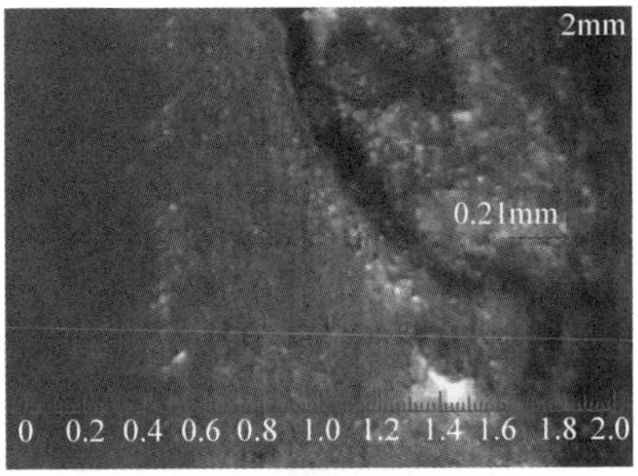

(b) 20d腐蚀试件

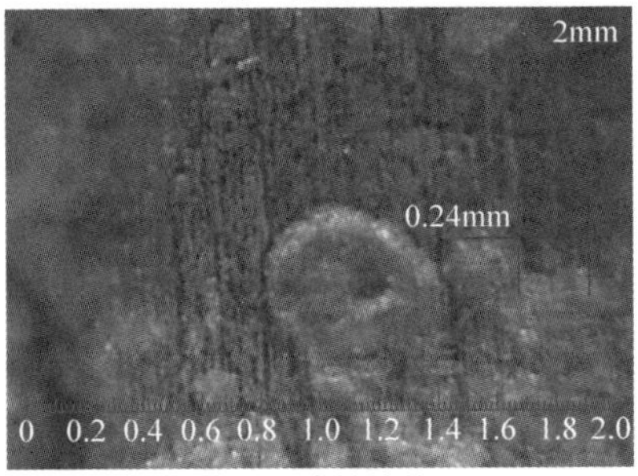

(c) 35d腐蚀试件

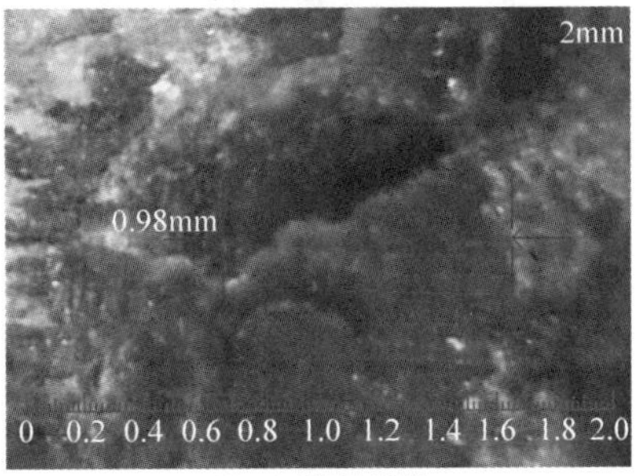

(d) 50d腐蚀试件

图 3.3　腐蚀试件表面形态

表 3.7　镀锌钢丝腐蚀失重数据

组别	腐蚀时间 /h	编号	加载方式	初始重量 /(g/m)	腐蚀后重量 /(g/m)	失重/(g/m^2)	腐蚀后直径 /mm	平均直径 /mm
1	120	1	交变应力	166.840	164.795	125.141	5.233	5.232
		2	静态应力	167.059	165.390	102.212	5.230	
		3	无应力	166.697	165.290	86.122	5.233	
2	240	1	交变应力	167.080	163.255	234.1429	5.183	5.187
		2	交变应力	167.108	163.706	208.2258	5.183	
		3	静态应力	167.141	164.830	141.5255	5.177	
		4	静态应力	166.985	164.186	171.3507	5.203	
		5	无应力	167.070	164.824	137.4374	5.190	
3	360	1	无应力	166.739	163.323	209.0767	5.197	5.197
4	480	1	交变应力	166.890	162.462	271.0315	5.169	5.175
		2	静态应力	166.863	162.563	263.2129	5.180	
		3	无应力	166.600	162.396	257.3320	5.177	

续表

组别	腐蚀时间 /h	编号	加载方式	初始重量 /(g/m)	腐蚀后重量 /(g/m)	失重/(g/m²)	腐蚀后直径 /mm	平均直径 /mm
5	840	1	交变应力	166.800	160.795	367.5432	5.140	5.176
		2	静态应力	167.379	161.921	334.0535	5.197	
		3	无应力	166.842	161.667	316.8244	5.203	
		4	无应力	166.928	161.815	312.9768	5.163	
6	1200	1	交变应力	166.972	159.873	434.5751	5.110	5.156
		2	静态应力	167.159	160.968	378.987	5.143	
		3	无应力	167.199	161.574	344.3481	5.190	
		4	无应力	167.050	161.486	340.5618	5.180	
7	1560	1	无应力	166.667	159.333	448.8986	5.140	5.129
		2	无应力	166.903	159.612	446.3099	5.123	
		3	无应力	166.619	157.804	539.5973	5.123	

通过对比发现，本次试验结果与文献试验数据吻合较好，将不同加载状态下试件的腐蚀数据随腐蚀时间的变化以散点图的形式呈现，如图 3.4 所示。

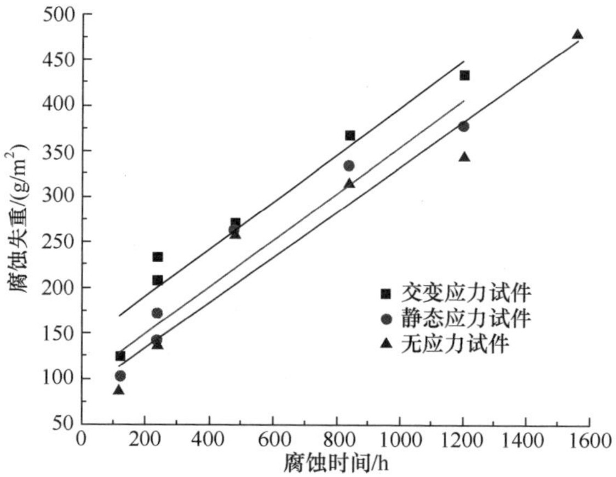

图 3.4　腐蚀时间与腐蚀失重关系曲线

由试验测点数据及其拟合曲线可知，加速腐蚀试验中的钢丝在腐蚀过程中单位面积的失重量随时间而增加，不同应力状态的钢丝增长趋势基本相同，增长的速率基本一致；在三种应力状态中，虽然单位面积损失的重量在特定时刻并无较强的规律性(如 450h 时刻三种应力状态的失重量基本相同)，但从其各自的变化趋势看，整体上仍遵循这样的规律：无论腐蚀时间长短，三种应力状态失重量之间的关系为递减趋势，受力复杂的构件在腐蚀环境中更易遭受腐蚀。考虑到金属结构的疲劳效应，交变应力不仅易造成金属的疲劳破坏，在腐蚀环境中还有可能通过加速其表面的化学腐蚀造成钢丝截面积减小，加大钢丝所受应力，降低拉索的安全系数[3]。

不考虑钢丝的应力状态，将腐蚀后的钢丝直径与腐蚀时间的关系绘制于图 3.5 中。从图中可以看出，腐蚀钢丝直径呈线性减小。

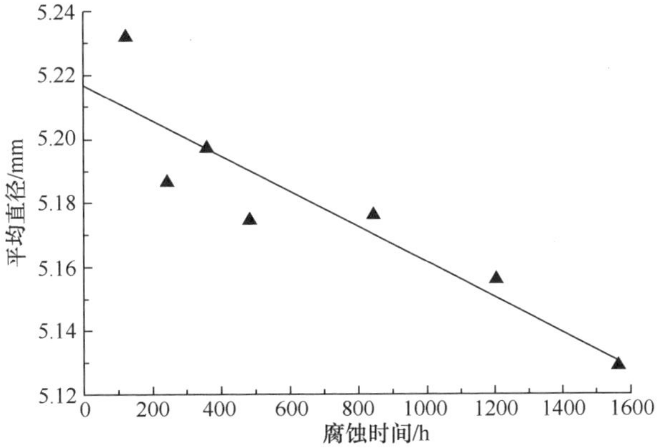

图 3.5　腐蚀时间与每组平均直径关系曲线

腐蚀时间为 120h 的钢丝直径为 5.232mm，大于钢丝标定直径 5.2mm，这是由于厂家为了保障钢丝质量，锌层厚度会稍高于规定值。腐蚀前实测试验钢丝直径都在 5.23～5.25mm，且 120h 腐蚀对直径的影响并不显著，用千分尺测量时也会产生一定的误差。

2. 腐蚀钢丝力学性能数据及分析

选用钢丝腐蚀后长度为 1m 的中间段作为试验段进行拉伸试验，将试验段拉断前测得的所承受的最大荷载与其公称面积的比值作为抗拉强度，即为名义抗拉强度。不同腐蚀时间的试件力学性能数据如表 3.8 所示。

表 3.8　镀锌钢丝力学性能数据

组别	腐蚀时间/h	编号	弹性模量 E/GPa	平均弹性模量/GPa	抗拉强度 R_m/MPa	平均抗拉强度/MPa	屈服强度 $R_{p0.2}$/MPa	平均屈服强度/MPa	断后伸长率 A/%	平均断后伸长率/%
1	120	1	209.66	211.95	1890	1890	1615	1653	6.5	5.5
		2	210.21		1880		1625		5.5	
		3	215.97		1900		1720		4.5	

续表

组别	腐蚀时间/h	编号	弹性模量 E/GPa	平均弹性模量/GPa	抗拉强度 R_m/MPa	平均抗拉强度/MPa	屈服强度 $R_{p0.2}$/MPa	平均屈服强度/MPa	断后伸长率 A/%	平均断后伸长率/%
2	240	1	208.19	213.01	1905	1902	1610	1636	5.0	4.6
		2	208.72		1905		1625		2.0	
		3	214.14		1900		1610		4.5	
		4	216.22		1895		1620		5.5	
		5	217.78		1905		1715		6.0	
3	360	1	213.31	213.31	1900	1900	1730	1730	5.0	5.0
4	480	1	225.97	229.32	1900	1897	1595	1623	4.5	4.7
		2	303.75		1905		1585		5	
		3	232.67		1885		1690		4.5	
5	840	1	222.61	216.04	1880	1868	1585	1656	5.0	4.5
		2	214.79		1865		1650		4.5	
		3	215.77		1865		1690		4.5	
		4	211		1860		1700		4.0	
6	1200	1	184.77	206.89	1905	1883	—	1690	2	4.0
		2	214.15		1895		1690		5.5	
		3	209.43		1860		1685		4	
		4	219.2		1870		1695		4.5	
7	1560	1	208.83	208.89	1825	1802	1670	1653	3.5	3.0
		2	209.48		1815		1655		3.0	
		3	208.37		1765		1635		2.5	

腐蚀时间为 1560h 的试件，其平均抗拉强度小于自身强度等级 1860MPa，平均断后伸长率小于规范规定的 4%的限值。断后伸长率与延性密切相关，当锈蚀让镀锌钢丝的延性降低时，斜拉索本身的安全性也会随之降低。

由于腐蚀失重与时间是线性相关的，由图 3.6 可知：①交变应力、静态应力、无应力加载状态的试件弹性模量随腐蚀时间的变化不大；②三种加载方式之间的差异并不明显。由此可见，腐蚀对弹性模量的影响并不显著。

由图 3.7 可知：①在腐蚀前期，应力腐蚀和腐蚀疲劳对抗拉强度的影响较小，三种加载状态之间的抗拉强度并无明显差异，且抗拉强度大小也未出现明显下降。②在腐蚀中后期，抗拉强度开始急剧下降，交变应力加载试件和静态应力加载试件会出现抗拉强度短暂提高的现象。这是一种危害性的提高，应引起足够重视，

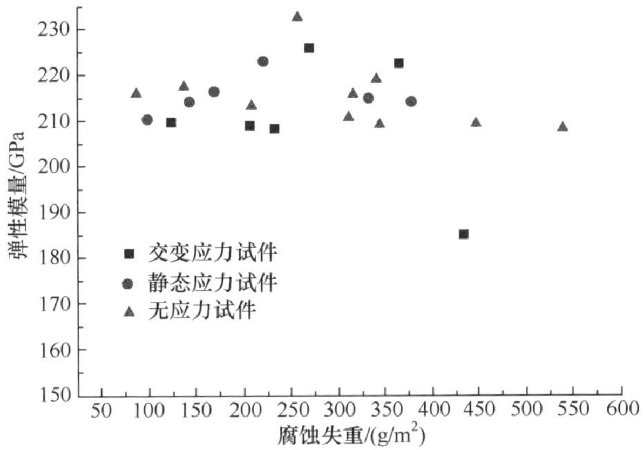

图 3.6　腐蚀失重与弹性模量关系曲线

它从侧面反映了钢丝延性的下降。③在腐蚀后期，钢丝的抗拉强度小于其自身强度等级 1860MPa。

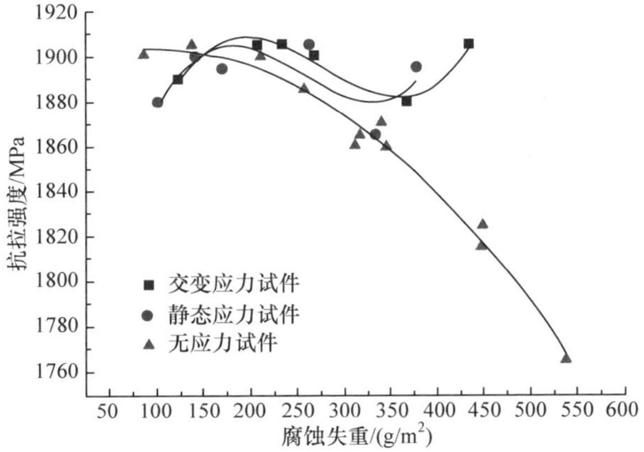

图 3.7　腐蚀失重与抗拉强度关系曲线

腐蚀失重与断后伸长率关系曲线如图 3.8 所示。由图可知：①抛开个别奇异点后，随腐蚀时间的增加，三种加载状态的断后伸长率下降趋势明显；②根据《桥梁缆索用热镀锌或铝合金钢丝》(GB/T 17101—2019)规定，1860 级镀锌钢丝断后伸长率不得低于 4%，而在腐蚀后期，三种加载状态的钢丝断后伸长率下降到 4%以下；③在腐蚀后期，交变应力加载让拉索产生腐蚀疲劳损伤，其断后伸长率明显低于另两种加载模式下的钢丝，这说明交变荷载降低了钢丝的韧性。

综上所述，随着腐蚀时间的增加，不同加载作用下的试件力学性能均受到了影响，弹性模量、屈服强度、抗拉强度及断后伸长率基本都在下降。其中，抗拉强度和断后伸长率对腐蚀最为敏感，而弹性模量对腐蚀的敏感程度不高。抗拉强

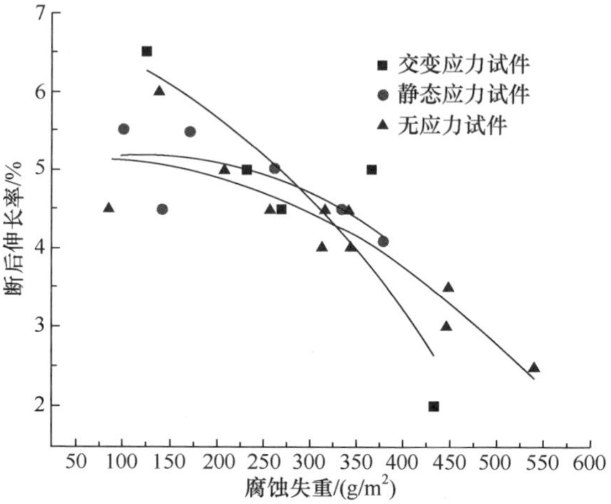

图 3.8　腐蚀失重与断后伸长率关系曲线

度在腐蚀前期下降较慢，进入腐蚀中后期，呈跳跃式下降，对锈蚀更为敏感，而加载方式的不同对屈服强度的影响较大[4]。

3. 镀锌钢丝拉伸试验数据

将腐蚀后的钢丝置于电液伺服万能试验机上进行拉伸试验，具体加载方式如下。

预加载部分：作用是把钢丝拉直并在拉直后夹持引伸计。在命令行第 1 行选择预加载，控制通道为荷载的驱动信号，目标通道为荷载的目标信号，目标值为 5kN，到达目标值后选择等待。

加载部分：为了得到精确的数据，我们将采用夹持引伸计的方法来测定钢丝的变形，但是由于钢丝的突然断裂将有可能毁坏引伸计，在加载到一定状态时要取掉引伸计，试验中设定为达到屈服点后手动取掉引伸计。在命令行第 2 行选择定位移动控制，控制通道为荷载，目标通道为位移，加载速率为 0.5mm/min，到达目标后选择保持[5]。

保持阶段：由于电液伺服万能试验机上油缸的张拉作用到达目标后并不能立即保持拉力不变，而是先会超过设定拉力后再下降回来，所以需要缓冲时间来取引伸计。在命令行第 3 行选择目标通道保持，保持时间为 40s，到达目标后选择继续加载。

拉断部分：由于取掉引伸计后试验曲线已经无意义，而系统会自动记录最后破断强度和抗拉强度，所以后半段只需要将其拉断即可。在命令行第 4 行选择定向移动控制，控制通道位移，控制速度为 2mm/min，最后一栏选择判断破坏。试验所得不同腐蚀时间的应力-应变曲线如图 3.9 所示。

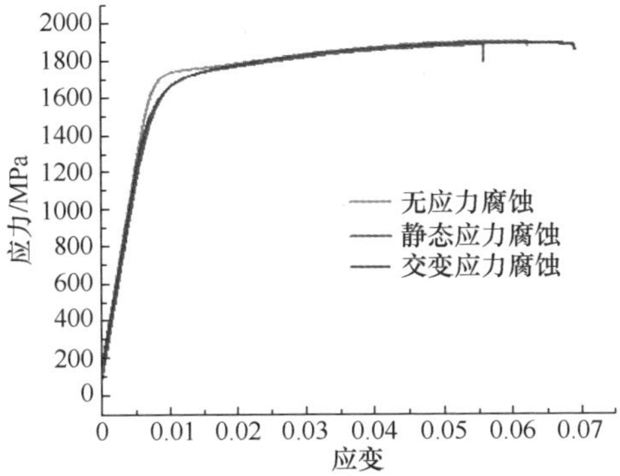

(a) 腐蚀5d

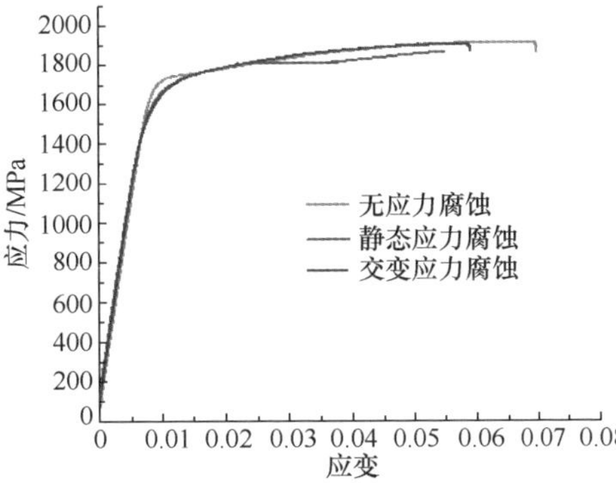

(b) 腐蚀10d

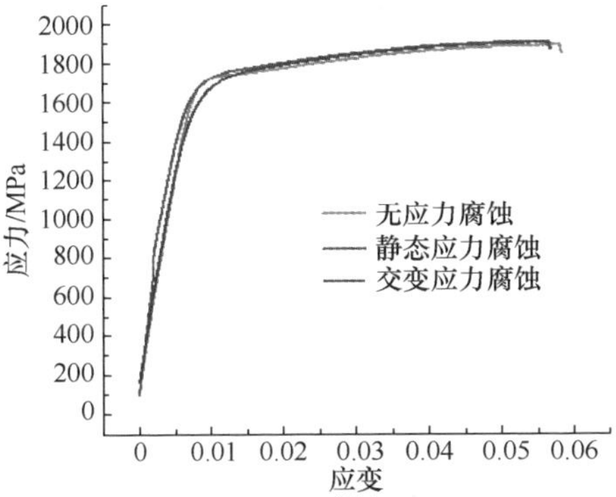

(c) 腐蚀20d

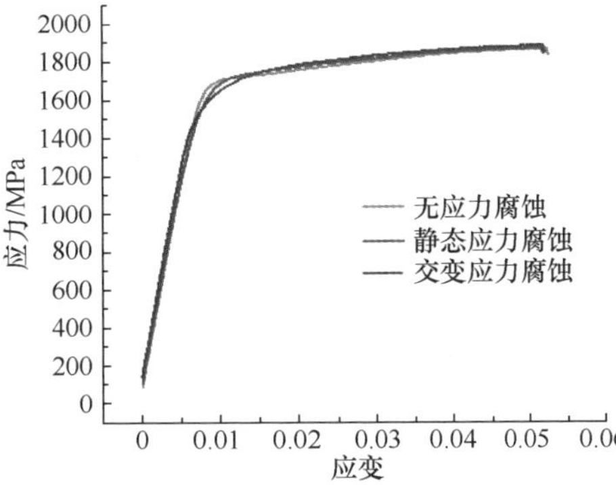

(d) 腐蚀35d

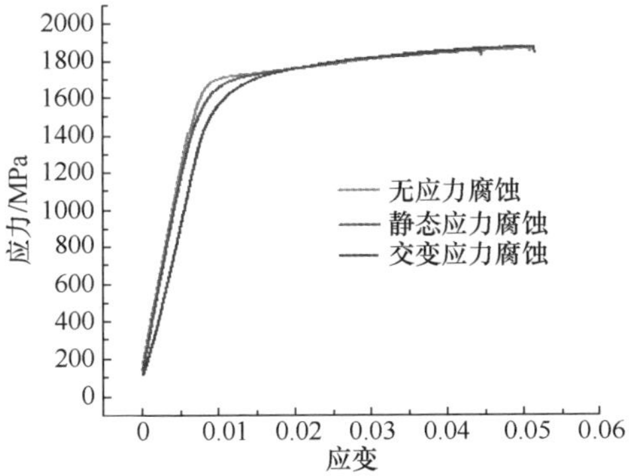

(e) 腐蚀50d

图 3.9　钢丝不同腐蚀时间的应力-应变曲线

由试件的本构关系曲线可看出，不同应力状态的钢丝腐蚀后，其弹性模量及屈服强度变化较小，直观上只有断后伸长率有明显区别。通过试验，本节得到以下结论：

对镀锌钢丝试样材料进行了力学性能测试，结果表明，所选用的镀锌钢丝材料的力学性能符合国家标准。根据力学性能测试结果，确定后续盐雾试验加载的荷载为 1100MPa。

为研究镀锌钢丝应力和腐蚀环境共同作用下的损伤行为，对镀锌钢丝进行了连续酸性盐雾加速腐蚀试验。腐蚀溶液为 5%的 NaCl 溶液，加入浓硫酸调节至 pH=1，测量在交变应力、静态应力及无应力三种状态下不同腐蚀时间的腐蚀失重。对三者进行比较分析，在腐蚀前期，三者腐蚀速率相差不大，而随着腐蚀加深，交变应力对腐蚀速率的加速作用越明显。

对腐蚀后的试件进行拉伸试验，比较不同腐蚀程度下的力学性能试验数据，可以得出，试件经过腐蚀后，腐蚀失重、弹性模量、抗拉强度及断后伸长率均有下降。

酸性盐雾加速腐蚀试验及拉伸试验为从损伤角度研究腐蚀介质和荷载共同作用对镀锌钢丝力学性能的影响提供了重要的数据基础。

3.2 斜拉索腐蚀有限元分析

由前述可知，斜拉索的腐蚀一方面可造成拉索有效直径的整体减小，即拉索表面的均匀腐蚀可导致拉索变得更细；另一方面，局部的错位、缺陷导致拉索在经受均匀腐蚀的基础上，某些“敏感”区域还会发生局部腐蚀，即还会有蚀坑的存在，蚀坑深度、形状及密集程度的不同会导致拉索不同的受力状态。显然，蚀坑的存在会使拉索出现应力集中现象。在交变应力及腐蚀环境的作用下，这些高应力区域的疲劳寿命会急剧下降，而局部破坏可直接导致整根拉索失效[5]。本节拟采用数值模拟方法分析拉索在均匀腐蚀及不同蚀坑深度、形状和密集程度状况下的受力性能与疲劳寿命，为掌握受损拉索的力学性能提供相关参考。

3.2.1 有限元模型的建立

1. 软件简介

自 ANSYS 7.0 开始，ANSYS 公司推出了 ANSYS 经典版(Mechanical APDL)和 ANSYS Workbench 版两个版本，并且目前均已开发至 15.0 版本。ANSYS Workbench 是新一代的 CAE 分析环境和应用平台，它提供了统一的开发和管理 CAE 信息的工作环境，提供高级功能的易用性，大大缩短了像经典版本那样处理模型需要的时间；另外一点就是网格划分功能变得更加强大，结构复杂的模型画出的网格也挺漂亮，如建立的带蚀坑的钢丝模型，在蚀坑附近单元尺寸约为 0.03mm，而钢丝的其他区域单元尺寸为 1mm(图 3.10)，相比于经典版的产品，ANSYS Workbench 在网格划分、界面友好度、操作便易度等方面相当具有优势。

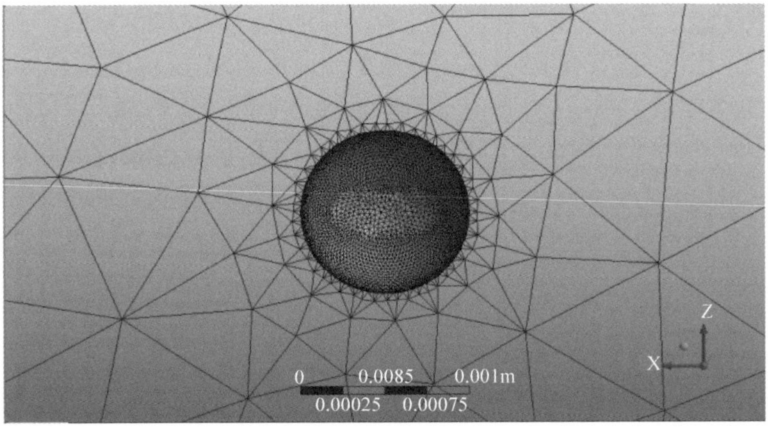

图 3.10 钢丝蚀坑有限元模型

2. 建模方法

模型的建立在 AutoCAD2012 中进行，作为土木工程行业的一款较普遍的绘图软件，AutoCAD2012 在三维建模模块有很大的提升，其功能并不亚于一些专业的三维建模软件(如 SolidWorks、ProE、UG 等)。由于土木工程领域的大多实物均是棱角分明的“块体”，并不像机械、汽车行业那样有较多的曲面存在，所以熟练地掌握 AutoCAD2012 的三维建模功能可满足土木工程绝大多数实体建模的需要。由于本节所关注区域主要集中在蚀坑附近，而蚀坑的最大直径不超过 2mm，根据圣维南原理，取 40mm 长的钢丝建立实体模型。

ANSYS Workbench 具有良好的接口，AutoCAD2012 中建立的模型可导入 ANSYS Workbench 中进行加载、网格划分和分析，分析时所涉及的材料参数如表 3.9 所示。

表 3.9 材料力学性能参数

材料	弹性模量/MPa	泊松比	抗拉强度/MPa	屈服强度/MPa
腐蚀钢丝	2.05×10^5	0.3	1896	1600

3. 仿真分析内容

(1) 全面腐蚀对钢丝受力性能的影响。对发生不同程度的均匀腐蚀钢丝，分别建立不同直径的带蚀坑的实体模型，研究分析蚀坑附近的等效应力分布规律及其对拉索寿命的影响。即建立直径分别为 5.2mm、5.0mm、4.8mm、4.6mm、4.4mm、4.2mm 的钢丝，并用半径为 0.5mm 的球体与钢丝相割实现蚀坑的模拟，蚀坑深度均为 0.5mm。

(2) 蚀坑深度对钢丝受力性能的影响。分别建立蚀坑深度不同、直径相同的钢丝有限元模型，分析不同蚀坑深度造成的等效应力变化。即首先以 5.2mm 作为直径建立钢丝模型，通过与半径为 1mm 的球体不同部位切割，可以建立深度分别为 0.1mm、0.2mm、0.4mm、0.6mm、0.8mm、1.0mm 的蚀坑，探究不同的蚀坑深度对等效应力及拉索寿命的影响。

(3) 蚀坑形状对钢丝受力性能的影响。为研究蚀坑处等效应力与蚀坑形状之间的关系，拟建立局部腐蚀深度分别为 0.3mm、0.5mm、0.8mm 的腐蚀钢丝有限元模型。通过用不同直径的球体与钢丝相割实现蚀坑形状的变化，如图 3.11 所示。为保持蚀坑深度不变，改变球体直径来改变蚀坑宽度。

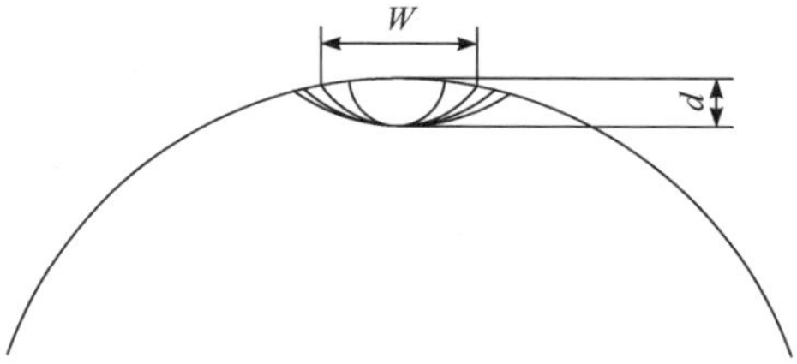

图 3.11　蚀坑形状变化示意图

(4) 蚀坑纵向净间距对钢丝受力性能的影响。蚀坑作为腐蚀钢丝的应力集中源，对钢丝的安全性和使用寿命有显著影响。在腐蚀环境中，蚀坑往往会从钢丝的表面开始衍生。但如果蚀坑之间的距离较近，其产生的应力集中现象必然会相互干涉。为此本节建立蚀坑净间距分别为–0.4mm、–0.2mm、0mm、0.2mm、0.4mm、0.6mm、1.0mm、1.4mm、1.8mm、2.0mm(负值表示相交)的腐蚀钢丝模型，研究分析不同蚀坑净间距时的等效应力分布规律及其对拉索寿命的影响。

3.2.2　全面腐蚀对钢丝受力性能的影响

本节共建立六个不同的钢丝模型，其直径以 0.2mm 的变化量依次从 5.2mm 减小至 4.2mm，采用半径为 0.5mm 的球体与钢丝相割来建立深度均为 0.5mm 的蚀坑[6]。

1. 全面腐蚀对钢丝等效应力的影响

均匀腐蚀时钢丝等效应力云图如图 3.12 所示。由分析结果可知，无论均匀腐蚀程度如何，蚀坑附近的等效应力分布规律大致相同，等效应力集中区域为从蚀坑边缘横穿整个蚀坑。沿钢丝纵向的蚀坑边缘区域应力小于钢丝的平均应力，即蚀坑的存在使沿蚀坑横向区域得到保护，而使蚀坑纵向区域的受力状况更加恶化。

将不同直径钢丝表面由于蚀坑的存在而导致的最大等效应力绘制成曲线，如图 3.13 所示。由图可知，蚀坑边缘最大等效应力与均匀腐蚀程度大致呈线性关系。

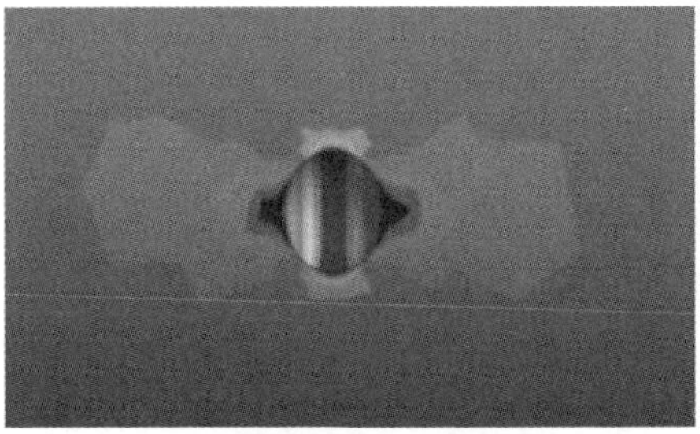

(a) 钢丝直径为5.2mm

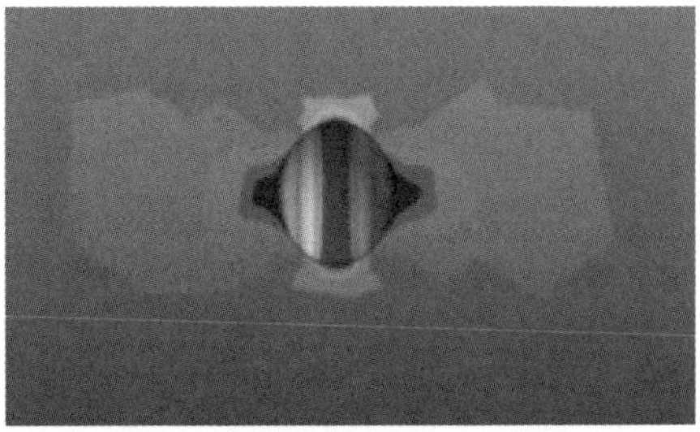

(b) 钢丝直径为5.0mm

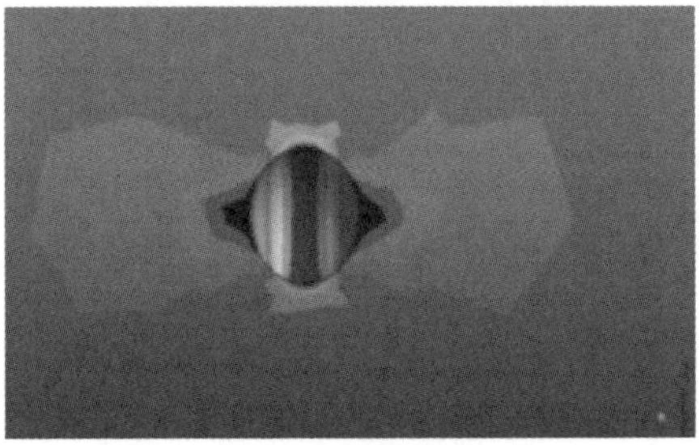

(c) 钢丝直径为4.8mm

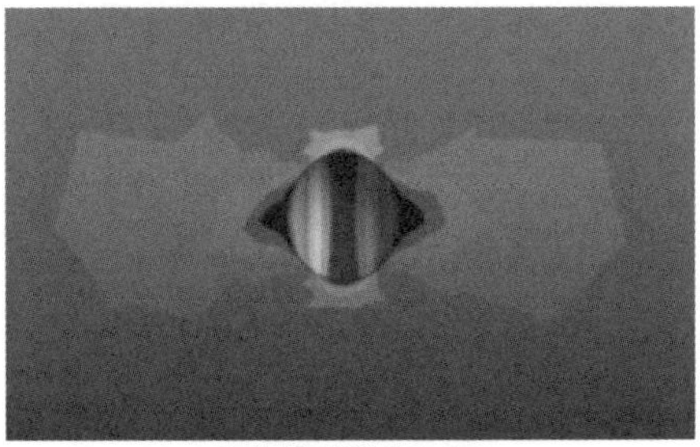

(d) 钢丝直径为4.6mm

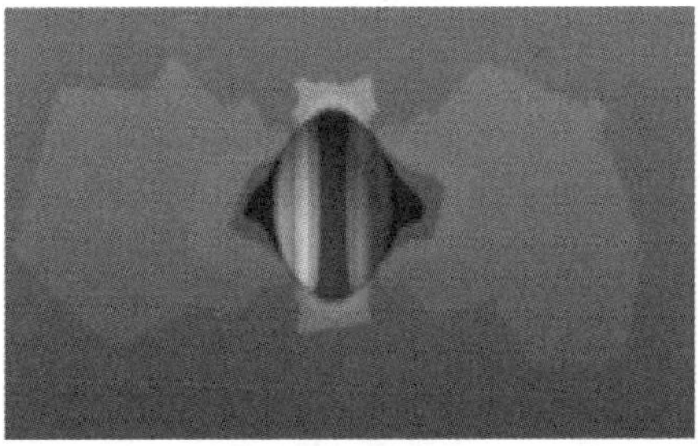

(e) 钢丝直径为4.4mm

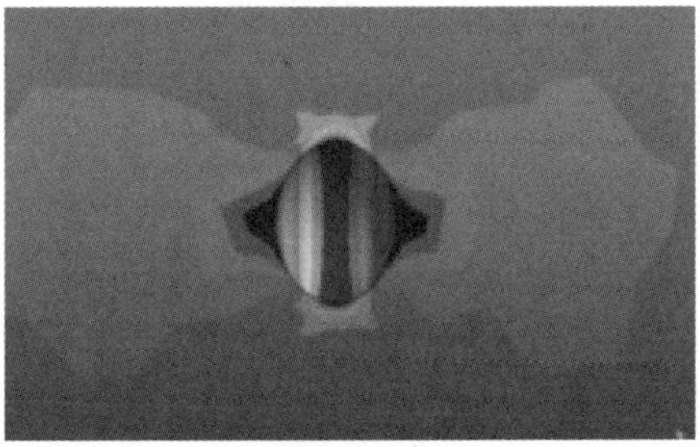

(f) 钢丝直径为4.2mm

图 3.12　均匀腐蚀时钢丝等效应力云图

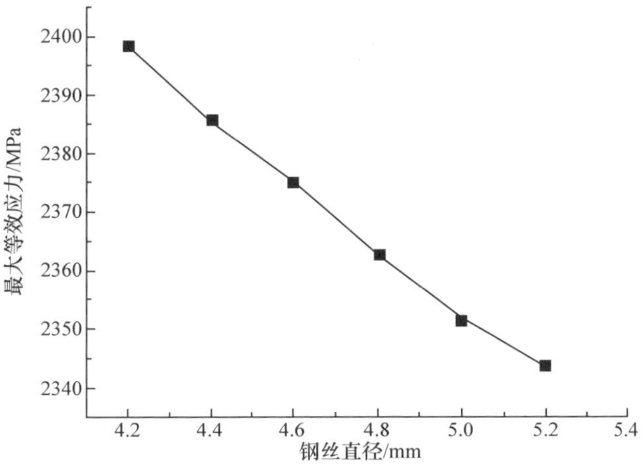

图 3.13　蚀坑处最大等效应力与腐蚀钢丝直径关系

2. 全面腐蚀对钢丝疲劳寿命的影响

均匀腐蚀时蚀坑处疲劳寿命云图如图 3.14 所示。由图可知，疲劳寿命与等效应力有大致相同的分布规律。将各个模型分析结果的最小疲劳寿命绘制成曲线，如图 3.15 所示。由图可知，蚀坑附近最小疲劳寿命与均匀腐蚀程度呈负相关，钢丝直径越大，蚀坑附近的疲劳寿命越大，说明均匀腐蚀的程度越小[5]。

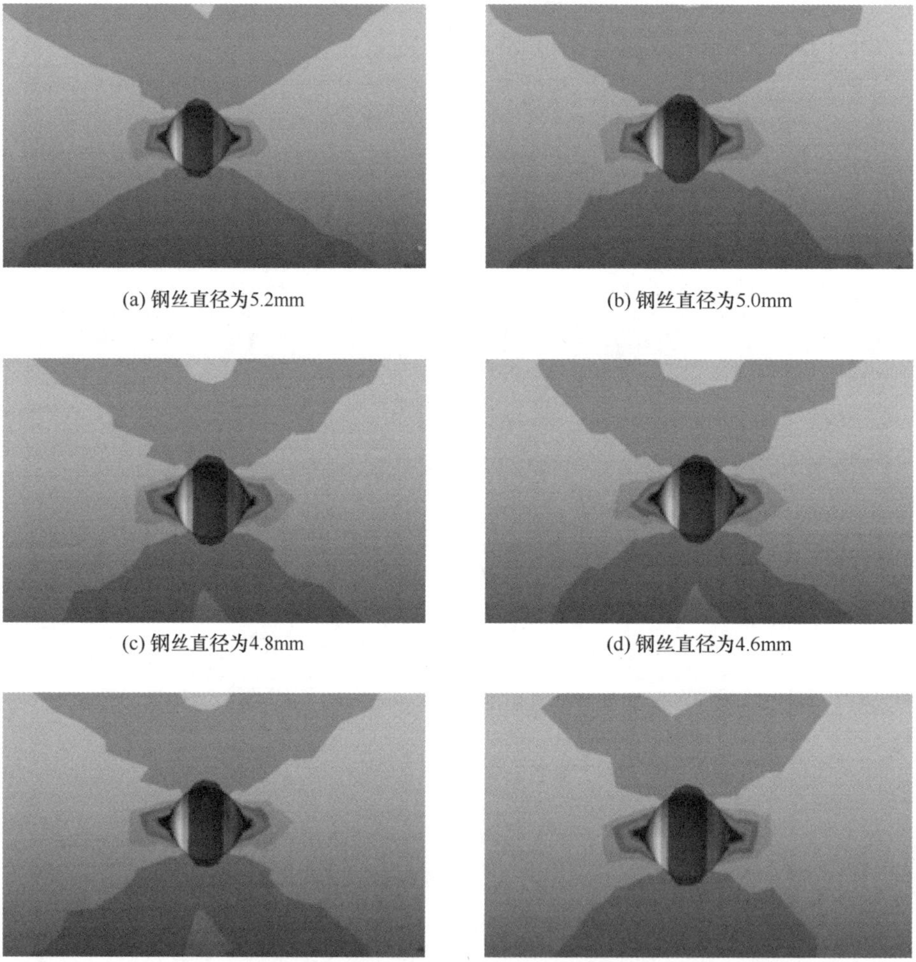

(a) 钢丝直径为5.2mm　(b) 钢丝直径为5.0mm

(c) 钢丝直径为4.8mm　(d) 钢丝直径为4.6mm

(e) 钢丝直径为4.4mm　(f) 钢丝直径为4.2mm

图 3.14　均匀腐蚀时蚀坑处疲劳寿命云图

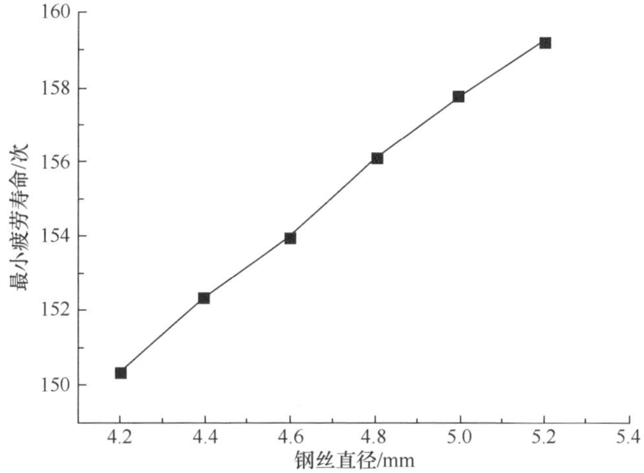

图 3.15　最小疲劳寿命与钢丝直径关系

3.2.3　蚀坑深度对钢丝受力性能的影响

按照前述的建模方法建立不同蚀坑深度的有限元模型，分析结果如下。

1. 蚀坑深度对钢丝等效应力的影响

不同蚀坑深度时钢丝等效应力云图如图 3.16 所示。由计算结果可知，当蚀坑

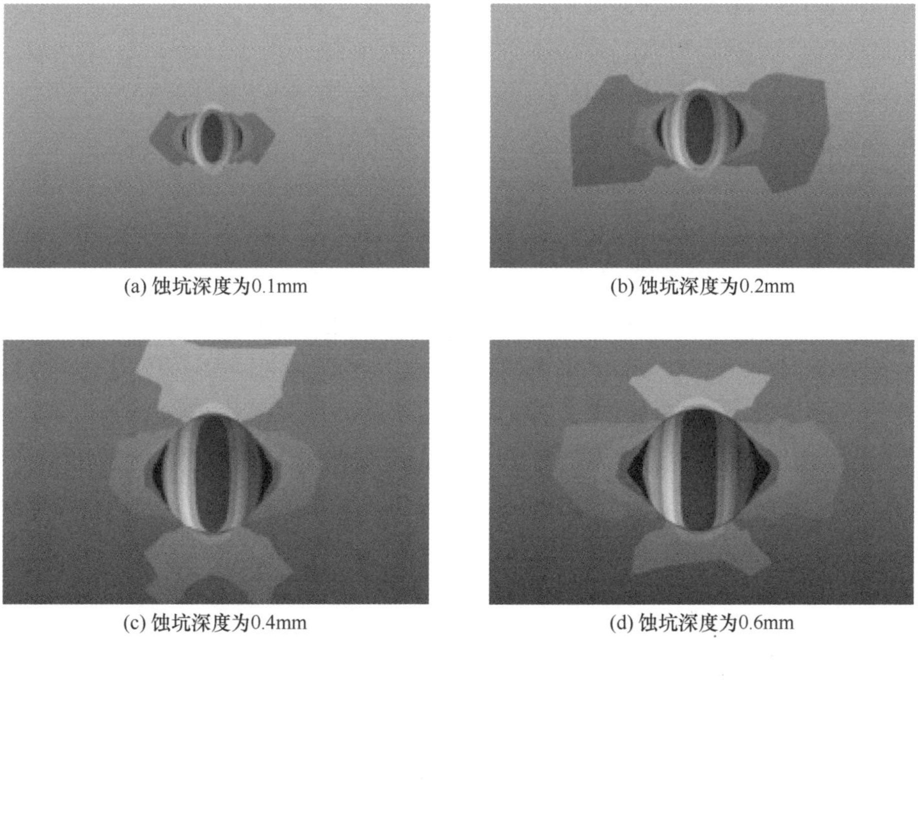

(a) 蚀坑深度为0.1mm　(b) 蚀坑深度为0.2mm

(c) 蚀坑深度为0.4mm　(d) 蚀坑深度为0.6mm

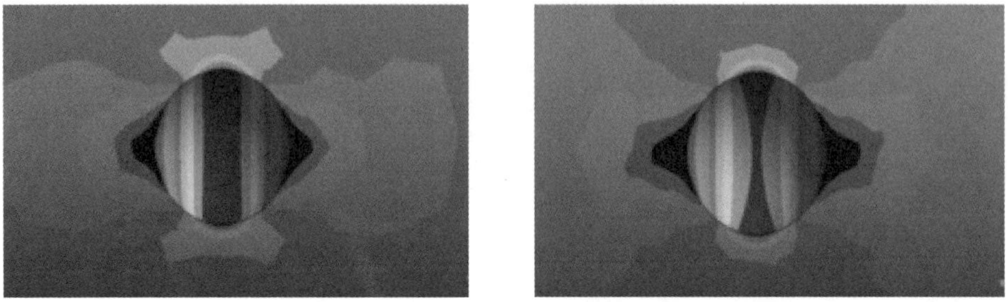

(e) 蚀坑深度为0.8mm　　(f) 蚀坑深度为1.0mm

图 3.16　不同蚀坑深度时钢丝等效应力云图

深度较小时(d<0.6mm)，等效应力的最大值出现在蚀坑底部；随着蚀坑深度的增加，高应力区域逐渐向蚀坑的横向边缘转移，蚀坑底部逐渐成为非危险区域。由此可知，当腐蚀程度较轻、蚀坑较浅时，钢丝表面易出现裂纹的部位位于蚀坑底部；而当腐蚀严重、蚀坑较深时，易开裂区域位于蚀坑的横向边缘[6,7]。将不同蚀坑深度的最大等效应力计算结果绘制成曲线，如图 3.17 所示。

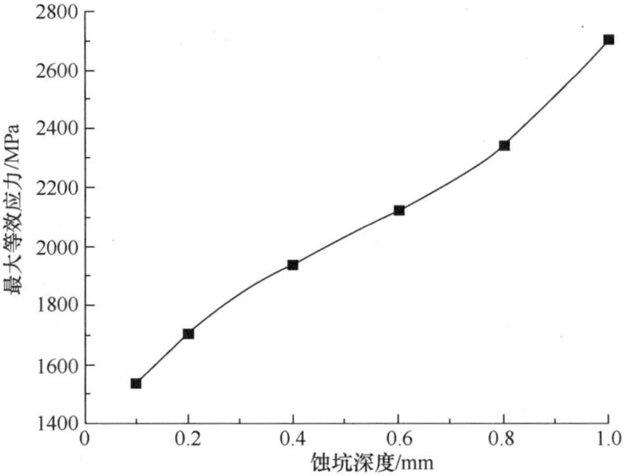

图 3.17　最大等效应力与蚀坑深度关系

由图 3.17 可知，在一定范围内，蚀坑处最大等效应力与蚀坑深度基本呈线性关系。这一规律在实际工程表现为：腐蚀越严重的钢丝，其在服役状态时钢丝表面上的蚀坑附近的应力就越大。考虑到被腐蚀钢丝本身有效截面积会减小，且蚀坑的存在使局部应力又进一步增大，因此腐蚀对在役钢丝具有双重不利影响。

2. 蚀坑深度对钢丝疲劳寿命的影响

不同蚀坑深度时蚀坑处疲劳寿命云图如图 3.18 所示。

(a) 蚀坑深度为0.1mm

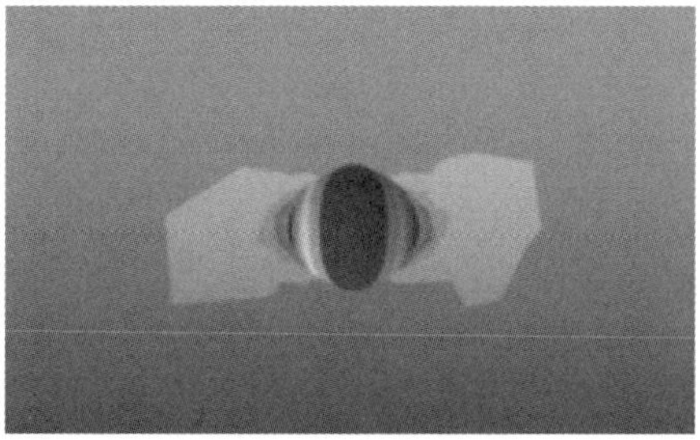

(b) 蚀坑深度为0.2mm

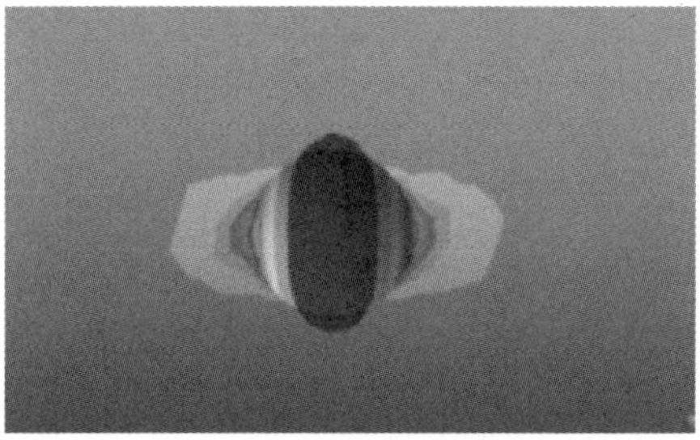

(c) 蚀坑深度为0.4mm

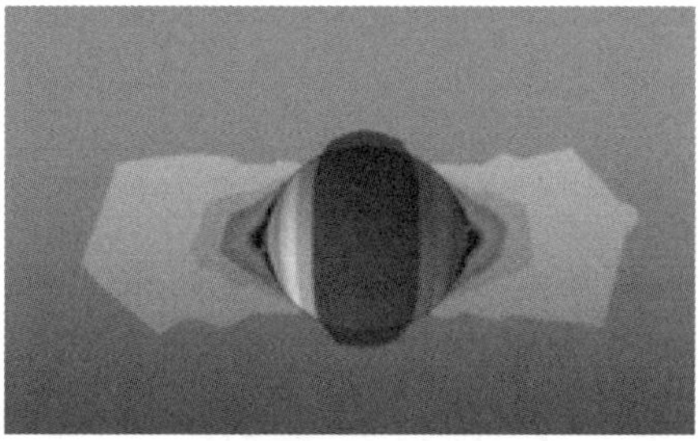

(d) 蚀坑深度为0.6mm

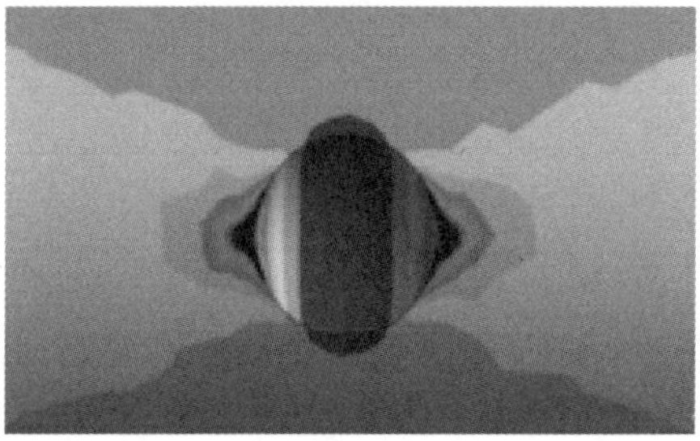

(e) 蚀坑深度为0.8mm

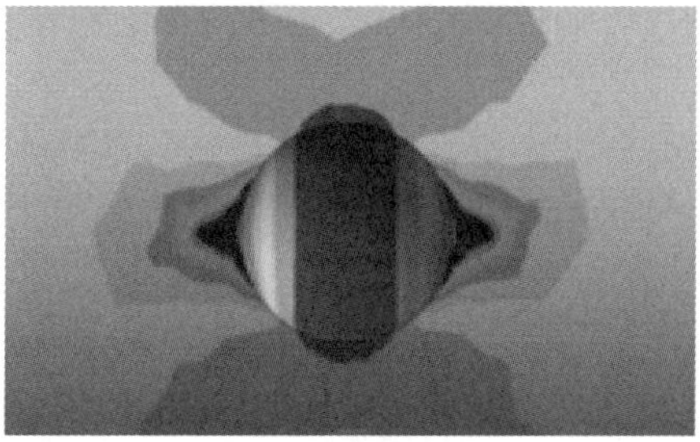

(f) 蚀坑深度为1.0mm

图 3.18　不同蚀坑深度时蚀坑处疲劳寿命云图

将蚀坑处最小疲劳寿命随蚀坑深度的变化绘制成曲线，如图 3.19 所示。由图可知，在蚀坑深度较小时，蚀坑附近最小疲劳寿命对蚀坑深度较敏感，疲劳寿命随蚀坑深度的增大而急剧减小；而当蚀坑深度大于 0.4mm 时，疲劳寿命下降的速率基本保持不变[8]。

3.2.4　蚀坑形状对钢丝受力性能的影响

1. 蚀坑形状对钢丝等效应力的影响

为简明起见，图 3.20 仅示出蚀坑深度 0.3mm 时，不同形状蚀坑的等效应力云图，蚀坑深度为 0.5mm 和 0.8mm 的计算结果仅绘制于相关曲线中(图 3.21)。

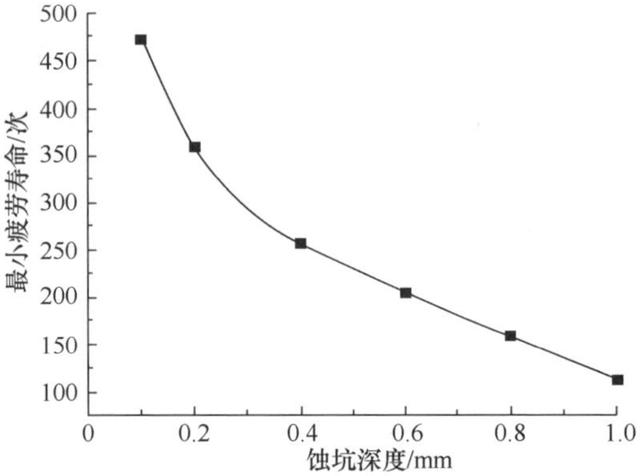

图 3.19　最小疲劳寿命与蚀坑深度关系

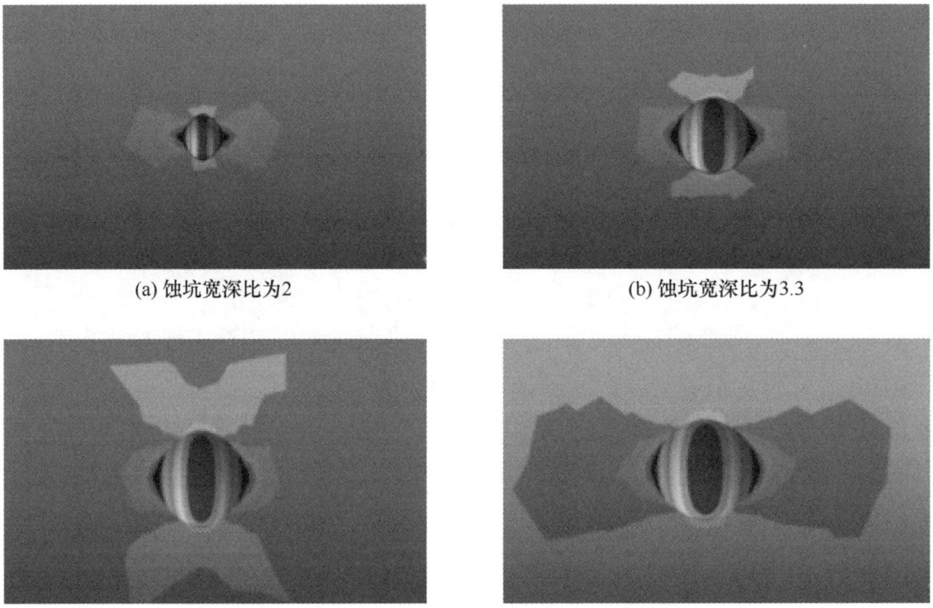

(a) 蚀坑宽深比为2　(b) 蚀坑宽深比为3.3

(c) 蚀坑宽深比为4　(d) 蚀坑宽深比为4.5

图 3.20　蚀坑不同宽深比时等效应力云图

由分析结果可知，随着宽深比的增大，高应力区域逐渐向蚀坑底部区域收缩，但蚀坑处的最大等效应力却逐渐减小[9]。这一规律的极端情况便是宽度无限大，即转化为钢丝全面腐蚀的情况，此时钢丝表面不会出现应力集中区域。由图 3.21 可知，最大等效应力随蚀坑宽深比的增大而减小的趋势大致相同，但相同状况下蚀坑较深的腐蚀钢丝蚀坑处等效应力较大。

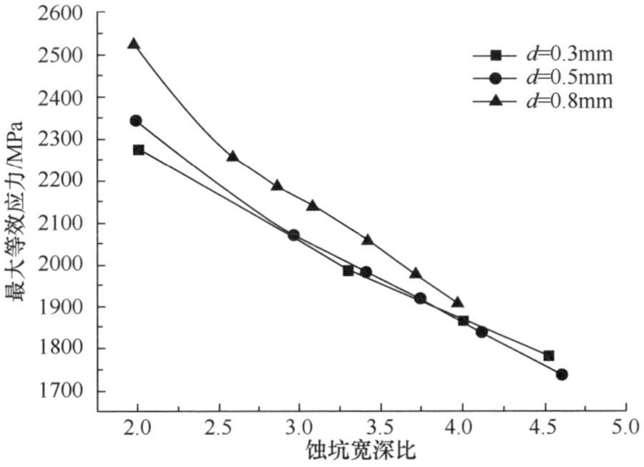

图 3.21　最大等效应力与蚀坑形状关系

2. 蚀坑形状对钢丝疲劳寿命的影响

最小疲劳寿命与蚀坑形状关系如图 3.22 所示。由图可知，腐蚀钢丝蚀坑处最小疲劳寿命随蚀坑宽深比的增大而增大，且其变化趋势与最大等效应力的变化趋势相反，这说明所建模型中腐蚀钢丝等效应力集中在疲劳寿命曲线的线性部分，疲劳寿命随应力的增大而减小，且二者呈线性负相关[10]。

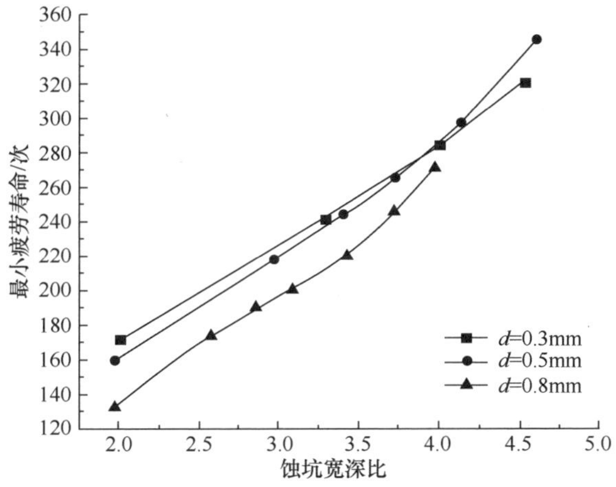

图 3.22　最小疲劳寿命与蚀坑形状关系

3.2.5 蚀坑净间距对钢丝受力性能的影响

1. 蚀坑净间距对钢丝等效应力的影响

不同蚀坑净间距时钢丝等效应力云图如图 3.23 所示。由图可知，高等效应力区域主要集中在蚀坑的横向贯穿区域，这一规律并不随蚀坑净间距的变化而改变；多个蚀坑存在时的最大等效应力均小于单个蚀坑存在时的最大等效应力，这说明多个蚀坑的存在会使钢丝表面的应力集中效应得到一定程度的减弱，从这一角度来说，钢丝表面较密集的蚀坑对钢丝的安全性是有利的。从图 3.24 可以看出，蚀坑净间距越大，最大等效应力会相应增大；随着蚀坑净间距的增大，应力增大的速率会逐渐下降，直到应力达到单个蚀坑时的应力时保持不变，此时蚀坑之间的相互影响可认为很小[11]。

(a) 蚀坑净间距为−0.4mm

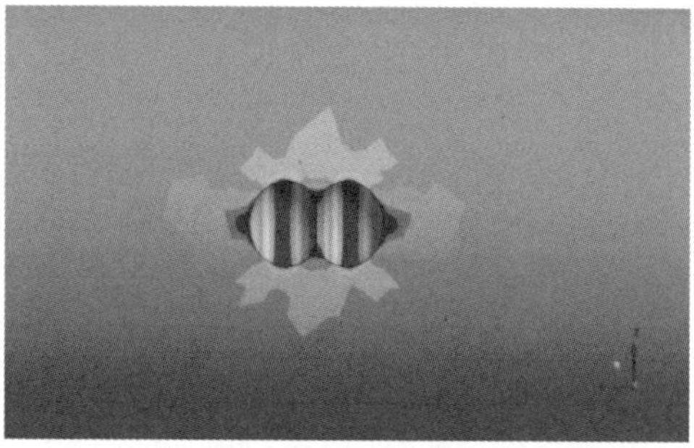

(b) 蚀坑净间距为−0.2mm

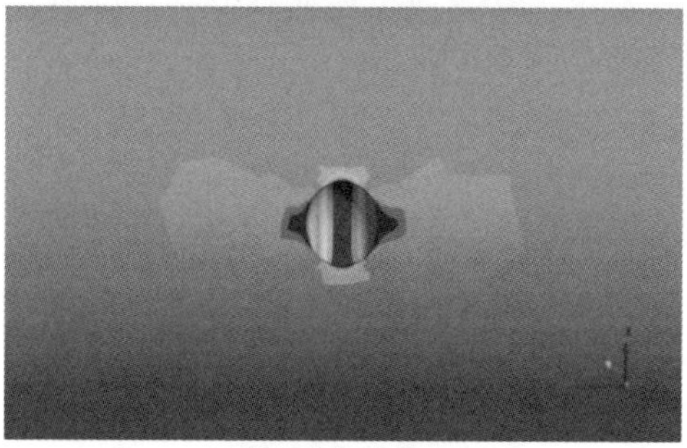

(c) 蚀坑净间距为0mm

(d) 蚀坑净间距为0.2mm

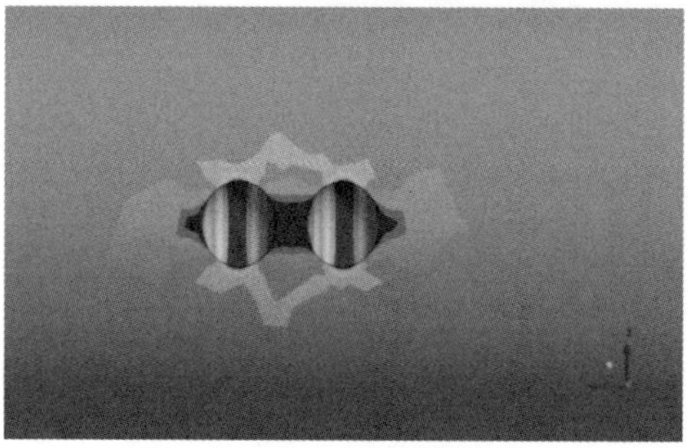

(e) 蚀坑净间距为0.4mm

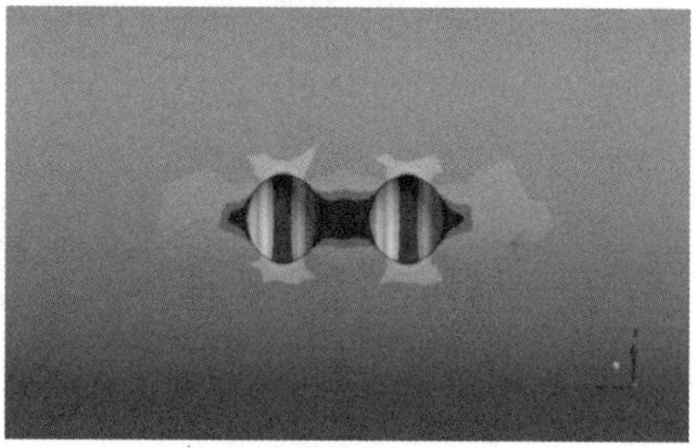

(f) 蚀坑净间距为0.6mm

(g) 蚀坑净间距为1.0mm

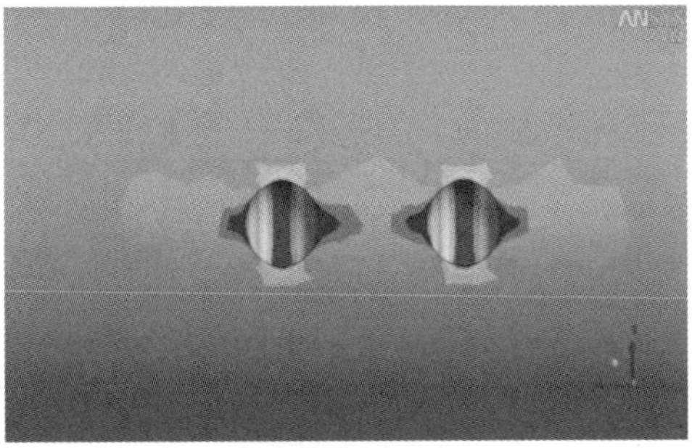

(h) 蚀坑净间距为1.4mm

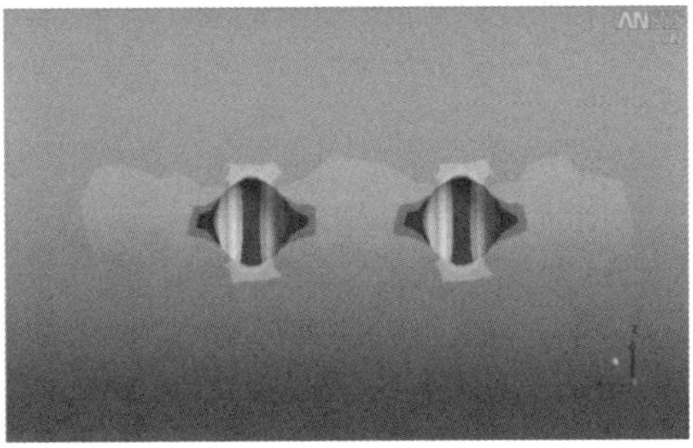

(i) 蚀坑净间距为1.8mm

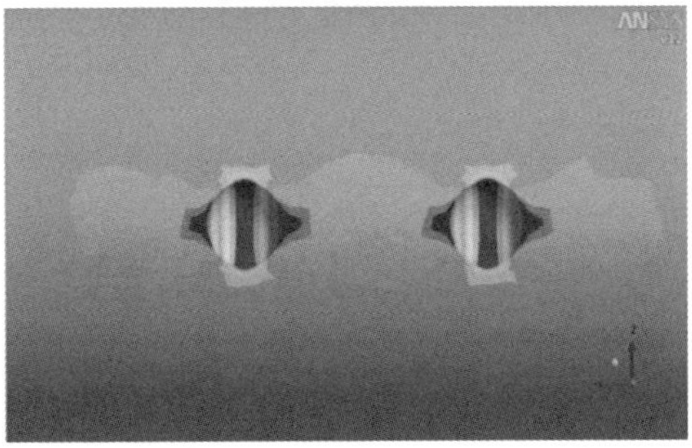

(j) 蚀坑净间距为2.2mm

图 3.23　不同蚀坑净间距时钢丝等效应力云图

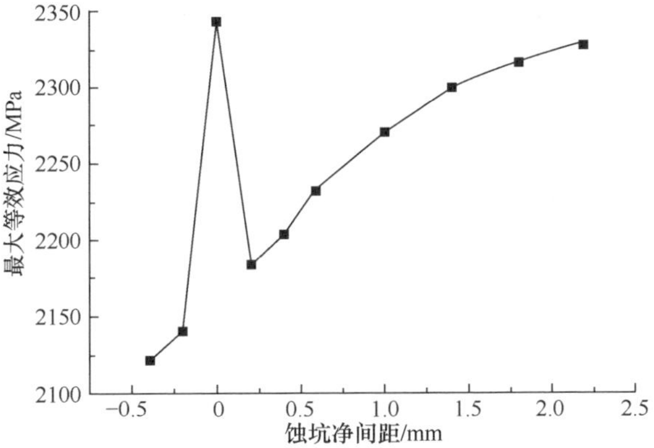

图 3.24　最大等效应力与蚀坑净间距关系

2. 蚀坑净间距对钢丝疲劳寿命的影响

最小疲劳寿命与蚀坑净间距的关系如图 3.25 所示。多个蚀坑的存在将会对蚀坑周围区域产生较为明显的应力扰动，进而降低应力集中系数。当蚀坑净间距达到 2.2mm 时，相邻蚀坑间的相互作用对疲劳寿命的影响基本可忽略[12]。

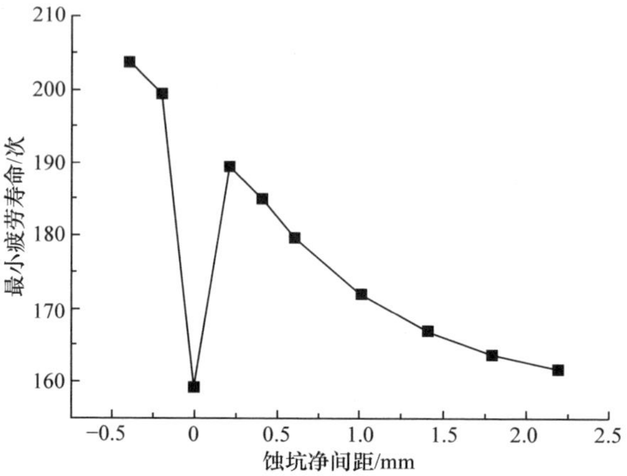

图 3.25　最小疲劳寿命与蚀坑净间距关系

3.3 小　结

本章通过试验研究了不同腐蚀阶段下镀锌钢丝的腐蚀形态，分析了在无应力状态、静力状态、交变荷载作用下钢丝的腐蚀规律，得到了不同腐蚀程度下钢丝力学性能指标的时变规律。研究表明，荷载对钢丝的腐蚀会产生一定的影响，在交变荷载作用下，钢丝的腐蚀速率最大，其次是静力作用下，无应力状态下钢丝的腐蚀速率最小。其各项力学性能指标均出现了下降的趋势，尤其是断后伸长率的下降较为明显。此外，通过电子显微镜观察了镀锌钢丝表面蚀坑的发展规律，并通过数值模拟的方法，建立了三维蚀坑数值模型。通过在钢丝两端施加拉应力，发现蚀坑位置处会产生显著的应力集中现象，并通过线性回归的分析方法，得到了蚀坑深度与应力的关系。

参 考 文 献

[1] 吴国强. 酸雨环境下斜拉索应力腐蚀与腐蚀疲劳试验研究[D]. 重庆: 重庆交通大学, 2015.

[2] 顾嘉懿. 不同应力状态下拉索自然环境点蚀实验研究[D]. 长沙: 长沙理工大学, 2015.

[3] 陈金巧. 系杆拱桥短拉吊索空间受力特性与损伤机理研究[D]. 重庆: 重庆交通大学, 2013.

[4] 武新军, 王峻峰, 杨叔子. 斜拉桥缆索缺陷检测系统的研制[J]. 机械科学与技术, 2001, 20(6): 901-903, 796.

[5] 李涛. 交变应力与环境耦合作用下拉索腐蚀疲劳损伤机理研究[D]. 重庆: 重庆交通大学, 2014.

[6] 陈大华. 桥梁拉索钢丝模拟酸雨溶液中腐蚀行为研究及拉索寿命预测[D]. 重庆: 重庆大学, 2009.

[7] 喻宣瑞, 姚国文. 基于 Gumbel 极值理论的钢绞线腐蚀疲劳寿命预测[J]. 沈阳建筑大学学报(自然科学版), 2020, 36(3): 483-490.
[8] 蒋磊. 拉索钢丝腐蚀形貌演化的实验研究与仿真模拟[D]. 长沙: 长沙理工大学, 2020.
[9] 许红胜, 胡亚斯, 颜东煌. 既有腐蚀拉索钢丝蚀坑形态参数的分布特征[J]. 中外公路, 2020, 40(1): 80-84.
[10] 朱子昂. 平行钢丝拉索在荷载与电化学腐蚀耦合作用下的损伤机理试验研究[D]. 重庆: 重庆交通大学, 2018.
[11] 李文治. 盐雾环境下斜拉索应力腐蚀与腐蚀疲劳试验研究[D]. 重庆: 重庆交通大学, 2015.
[12] 梁雄. 斜拉桥拉索腐蚀行为及使用寿命预测研究[D]. 重庆: 重庆交通大学, 2008.

第 4 章　酸雨环境下斜拉桥拉索应力腐蚀与腐蚀疲劳试验

4.1　酸雨环境下斜拉桥拉索的人工加速腐蚀试验

4.1.1　酸雨与荷载耦合作用下的人工加速试验

酸雨人工加速试验是以盐雾腐蚀试验箱为主要试验设备，该试验以日常大气中酸雨组成成分为腐蚀气体组成依据，但腐蚀气体的浓度是日常大气中酸雨组成成分浓度的几倍甚至几十倍，极大地提高了腐蚀速率，室外暴露试验需要进展几年的工作成果在人工加速试验箱中可能几十天就完成了。

盐雾腐蚀试验箱的工作原理是外置空气压缩机的空气管与腐蚀试验箱的进气管相连，空气压缩机产生的压缩空气经进气管通过气压控制装置，气压控制装置控制进气管中的气压以达到恒定气压，进气管进入盐雾腐蚀试验箱后敷设在饱和加热装置中以加温预处理进气管中的高压空气，腐蚀液进入盐雾腐蚀试验箱中，经过减压装置压缩空气处理后进入喷嘴，酸雨补给系统将溶液箱中配制好的酸雨溶液供给喷嘴吸水管。如图 4.1 所示，喷雾时，压缩空气冲出喷嘴，在吸水管上方产生负压，溶液在负压作用下，经过玻璃喷嘴射向顶端锥形喷雾塔，在锥形喷雾塔上将液滴打碎产生雾气，并扩散到整个盐雾腐蚀试验箱内，形成弥漫状态，以模拟酸雨状态。

酸雨加速腐蚀试验在国内外还没有相关的标准，其温度设置只能参照盐雾腐蚀试验相关的温度设置，盐雾腐蚀试验箱底部设置加热水槽(图 4.2)，用于装水加

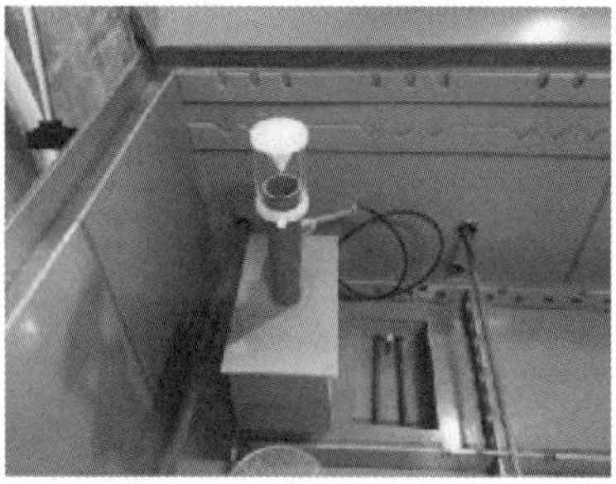

图 4.1　喷雾装置仓

图 4.2　加热水槽

热保持试验箱的温度恒定，水槽内设置水位浮球，当水槽内水位低于水位浮球时就会自动报警，同时切断电源，以保证水槽内加热装置不会空烧而损坏[1]。

4.1.2　试件材料及物理性能

本次试验所用试件为无黏结预应力钢绞线，它是外包高密度聚乙烯挤塑成型的塑料管，塑料管与钢绞线之间有防锈、防腐的润滑油脂涂层，该试件类似于斜拉桥上带 PE 外套的镀锌钢绞线斜拉索系统(图 4.3 和图 4.4)。

图 4.3　钢绞线外观图

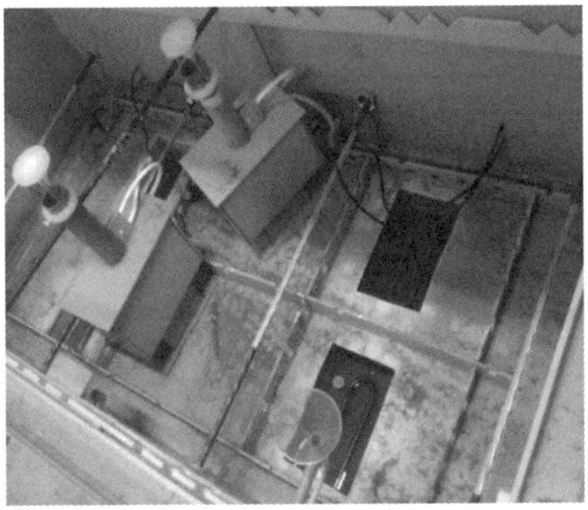

图 4.4　盐雾腐蚀试验箱内钢绞线

本次试验试件的物理性能由厂家给出，根据《非广播磁带录像机可靠性要求和试验方法》(GB/T 5524—1995)的规定对试件的各项指标进行校对，校对后厂家给出的数据符合规范要求，表 4.1 和表 4.2 给出了 A15.2mm 高强镀锌钢绞线的相关参数。

表 4.1　钢绞线尺寸及允许偏差

钢绞线结构	公称直径 /mm	直径允许偏差 /mm	钢绞线公称截面积 /mm^2	每 1000m 的理论质量 /kg	中心钢丝加大范围 /%
1×7 型	15.2	±0.40	139	1101	2

表 4.2　钢绞线的力学性能

钢绞线结构	公称直径 /mm	强度级别 /MPa	整根钢绞线的最大负荷 /kN	屈服荷载 /kN	伸长率 /%
1×7 型	15.2	1860	259	220	3.5

4.1.3　试验设备

本次试验所用设备如表 4.3 所示。

表 4.3　试验设备表

设备名称	型号	技术参数	数量/台
盐雾腐蚀试验箱	YC-200	盐雾沉降速率 250mL/(m² · h)	1
电液伺服万能试验机	WAW-1000	最大荷载 1000kN	1
数字化扫描电子显微镜	KYKY-2800B	最大倍数 10000	1
电子天平	SL500ZN	精度 0.01g	1
空气压缩机	VB-0.2/8	功率 2.2kW	1
空心千斤顶	ZKD	最大承载能力 20t	4
超高压电动油泵	DSS	功率 0.75kW	1
工业数码显微镜	SK2700H	电子倍率 135 倍	1
裂缝观测仪	SW-LW-101	—	1

4.1.4　酸雨腐蚀溶液

根据西南地区某一年降雨的雨水成分分析，得知其中含有 SO_4^{2-} 、Cl^- 、NO_3^- 、F^- 、NH_4^+ 、Ca^{2+} 、Mg^{2+} 、K^+ 、Na^+，具体成分组成如表 4.4 所示。

表 4.4　西南地区酸雨成分组成表

离子名称	SO_4^{2-}	Cl^-	NO_3^-	F^-	NH_4^+	Ca^{2+}	Mg^{2+}	K^+	Na^+
含量/(mg/L)	18.79	1.16	3.6	0.39	2.78	4.49	0.33	0.84	0.56

根据西南地区酸雨成分组成表组合化学试剂，化学试剂有 NaF 、 Na_2SO_4 、KNO_3 、$(NH_4)_2SO_4$ 、 $MgSO_4$ 、 $MgCl_2 \cdot 6H_2O$ 、 $CaCl_2$ 、 $Ca(NO_3)_2 \cdot 6H_2O$ ，用电子天平依次称取物品 0.60g、0.20g、2.00g、10.20g、12.30g、0.30g、2.0g、3.40g，称取误差为 ± 0.10g，称取化学试剂于 100mL 的量筒中，加入 50mL 的水完全溶解，移取液体到 4L 的容器中，加水至 4L，用精密 pH 试纸测定溶液 pH，用浓 H_2SO_4 调节 pH 至 2.5，溶液化学组成如图 4.5 所示。

4.1.5　试验实施内容

根据《人造气氛腐蚀试验　盐雾试验》(GB/T 10125—2012)中的规定，本次试验温度设定为 50℃±2℃、气压设定为 70～170kPa 时，试验结果可靠性更高。为

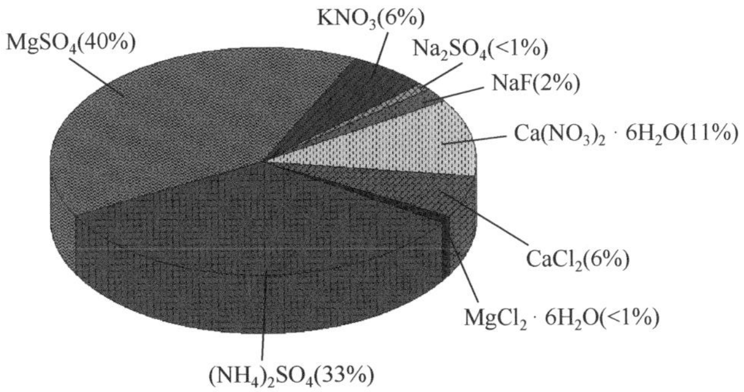

图 4.5　溶液化学组成

保证试验的准确性，喷雾量则根据该规范中的铜盐加速醋酸盐雾试验标准进行选定，最终以 250mL/(m^2 · h)作为试验的盐雾沉降速率。

本次试验一批次采用 6 根高强度镀锌钢绞线，其中两根为交变荷载状态、两根为静态荷载状态、两根为无荷载状态，交变荷载采用空心千斤顶施加，最大峰值荷载为 130kN，最小峰值荷载为 65kN，荷载幅值为 65kN，应力幅值为 464MPa，大于镀锌钢绞线抗疲劳应力幅值 20MPa。交变荷载施加图示如图 4.6 所示。

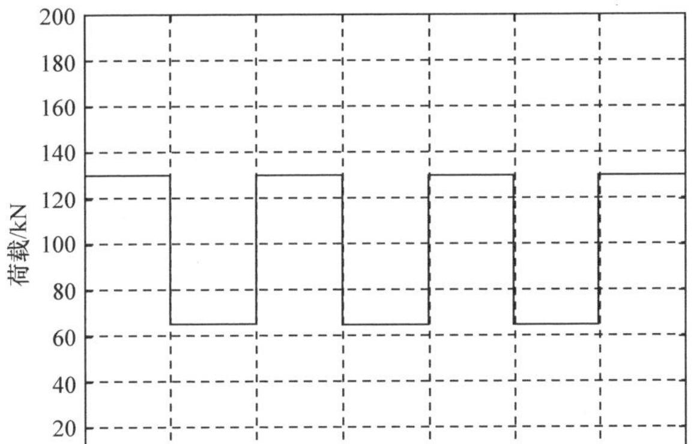

图 4.6　交变荷载施加图示

空心千斤顶油表读数与施加荷载值不统一，所以必须经过测力计标定后才能准确换算出力与油压的关系，空心千斤顶加载值与油压换算关系及拟合曲线如图 4.7 所示。

试验步骤如下：

(1) 准备 4 根外包高密度聚乙烯挤塑成型外套的钢绞线，并切成 5.4m 长的试件，长度误差在±1mm，作为交变荷载与静态荷载的试件，中间 1m 长的部分去除高密度聚乙烯外套(即穿入试验箱的钢绞线去除高密度聚乙烯外套)，称重后穿入

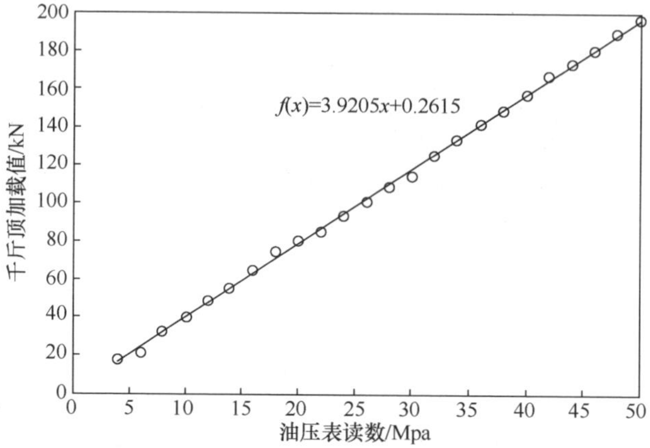

图 4.7 空心千斤顶加载值与油压换算关系及拟合曲线

试验箱，另准备 2 根 1m 长的去除高密度聚乙烯外套后称重作为无荷载的试件，对所有试件编号，做好数据记录并拍照，最后交变荷载与静态荷载试件穿入腐蚀试验箱[2]，如图 4.8 所示。

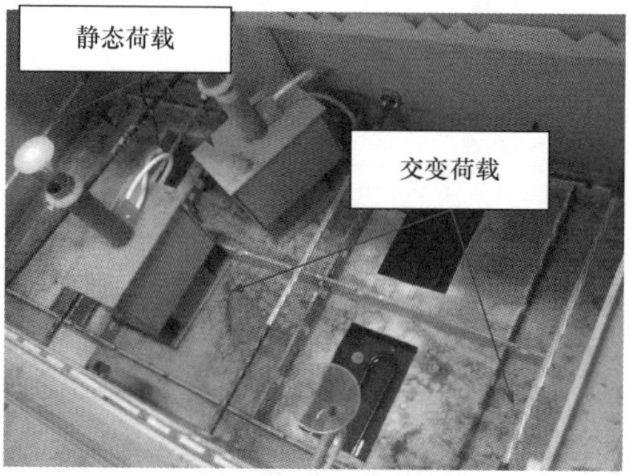

图 4.8 试件大体布置图

(2) 配制好 pH 为 2.5 的酸雨溶液并加入盐雾腐蚀试验箱内的溶液储存箱中。

(3) 按图 4.6 进行加载，加载误差控制在±0.1kN，并开启盐雾腐蚀试验箱控制开关，将温度控制在 50℃±1℃，将喷雾量控制在 $250mL/(m^2 \cdot h)$。

(4) 定期对盐雾腐蚀试验箱内的溶液储存箱中溶液的剩余量进行检查，并对试件的腐蚀情况进行拍照以掌握腐蚀的进程。

(5) 阶段试验完成后对试件进行检查和拍照，对腐蚀部位用钢丝刷在 0.5mol/L 的稀硫酸溶液中进行清洗，并用高温吹风筒烘干，分别称量试件记录失重数据。

(6) 取出 1cm 以内的试样，用于扫描电子显微镜的观测。

(7) 将试件中间 1m 段用切割机切断，编号，用于试件力学强度试验。

(8) 将编号的试件在电液伺服万能试验机上进行拉伸试验，记录各试件的应力-应变曲线，并记录抗拉强度。

4.1.6　试验结果与结论

1. 腐蚀过程现象

每天对试件进行拍照并对腐蚀现象进行采集，用工业数码显微镜对腐蚀细微现象进行观测，工业数码显微镜参数如表 4.5 所示。

表 4.5　工业数码显微镜参数

名称	平台尺寸/mm×mm×mm	工作距离/mm	变焦物镜	变倍比	电子倍率	工作半径/mm	物件最大高度/mm
数值	280×250×25	95～100	0.67～4.6	1∶6.9	19～135	130	80

通过空心千斤顶对盐雾腐蚀试验箱中的钢绞线进行加载，盐雾腐蚀试验箱内温度的升高会引起钢绞线的膨胀，溶液降落在钢绞线上，在钢绞线上形成一层溶液薄膜，薄膜中的SO_4^{2-}会与镀锌层发生溶解反应，镀锌层开始溶解时处于钝化状态，所以在腐蚀刚开始时试件表面只存在薄层，并没有出现腐蚀产物，也没有锈蚀现象的产生；随着溶液腐蚀的镀锌层越来越多，Zn 容易失去电子，成为阳极，没有破坏的镀锌层容易吸附SO_4^{2-}、Cl^-，成为阴极，最终形成原电池。试件表面会出现白锈，随着交变荷载的施加，钢丝表面出现裂缝，腐蚀溶液会带着阴离子进入裂缝，加速裂缝中铁基质的溶解，铁基质溶解后与腐蚀离子结合生成腐蚀产物，所以白锈出现一定阶段后会出现红锈，具体如图 4.9～图 4.12 所示。

图 4.9　5d 腐蚀试验白锈产生

图 4.10　15d 腐蚀试验白锈产生

2. 腐蚀产物

腐蚀过程中不同时段的腐蚀产物不同，由试件的自身性质所决定。在镀锌层

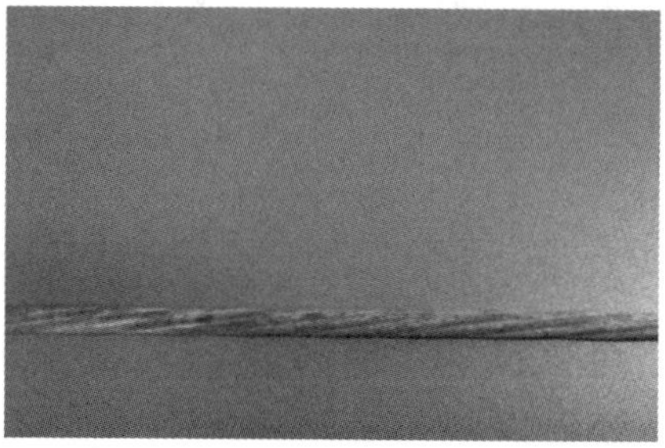

图 4.11　30d 腐蚀试验有部分红斑

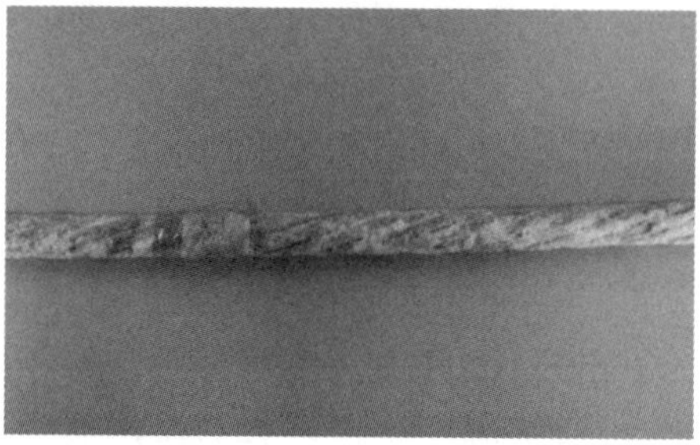

图 4.12　30d 腐蚀试验红锈产生

钢绞线腐蚀过程中，最外层的镀锌层最早参与腐蚀过程，所以先产生的腐蚀产物含有 Zn 成分，当部分镀锌层被腐蚀后，钢绞线的本质铁基质就会裸露在腐蚀离子中，与腐蚀离子进行反应，进而产生 Fe 的氧化物，从而会出现红色的腐蚀产物，通过工业数码显微镜观察 30d 腐蚀试件的腐蚀产物形态[3]，如图 4.13～图 4.15 所示。

图 4.13　30d 无荷载试件表面腐蚀产物形态

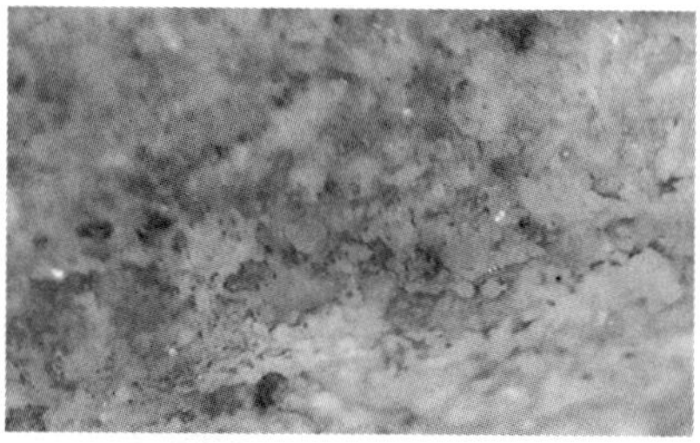

图 4.14　30d 静态荷载试件表面腐蚀产物形态

图 4.15　30d 交变荷载试件表面腐蚀产物形态

通过工业数码显微镜观察，在无荷载试件上，腐蚀产物在试件表面呈白色晶体状，细微处有针状形态，局部有裂缝出现，说明在腐蚀阶段，腐蚀产物的产生会在试件表面引起张力；在静态荷载试件上，可见红色锈蚀产物产生，红色锈蚀物部分覆盖在白色腐蚀产物下，而有的红色点状产物在白色产物上，产物呈白色晶粒状，可见微小的点状坑；在交变荷载试件上，红色锈蚀产物明显，呈片状，晶粒比无荷载试件与静态荷载试件上的腐蚀产物小，微小孔洞也更多，大片红色斑状腐蚀产物覆盖于白色产物之下，白色腐蚀产物层厚度比前两者都要薄。白色腐蚀产物是 $(Zn(OH)_2)_3 \cdot ZnSO_4 \cdot 5H_2O$ ，而红色锈蚀产物是 $Fe_2(SO_4)_3$ 、 $Fe_2O_3 \cdot 3H_2O$ 。综合对比无荷载试件、静态荷载试件和交变荷载试件三种腐蚀产物的状态，发现交变荷载试件出现红锈的时间要大于静态荷载试件，而静态荷载试件出现红锈的时间又大于无荷载试件，而从红锈出现的面积区域来比较，30d 后，交变荷载试件出现红锈的面积大于静态荷载试件，而此时无荷载试件还没有出现红锈，表明交变荷载试件在镀锌层的腐蚀速率要大于静态荷载试件，而静态荷载试件又大于无荷载试件。腐蚀产物上微小的孔洞表明在腐蚀过程中，腐蚀产物不是全部覆盖在试件表面，从而隔断腐蚀溶液中腐蚀离子进入蚀坑中来钝化腐蚀过程，腐蚀离子的迁移会顺着孔洞进入试件中与铁基质接触产生腐蚀，但腐蚀产物覆盖在材料表面，也会影响腐蚀过程中发生电化学反应的离子的迁移过程，致使阳极与阴极中的得失电子失衡，影响腐蚀液的 pH，会对腐蚀速率有一定的延缓。

3. 腐蚀速率分析

试验中采集无荷载试件、静态荷载试件和交变荷载试件在酸雨溶液下 5d、15d 和 30d 的腐蚀数据，通过失重法对数据进行分析，如表 4.6 所示，由表可知，在交变荷载作用下，5d 腐蚀速率为 31.9 $mg/(dm^2 \cdot d)$ ，15d 腐蚀速率为 64.0 $mg/(dm^2 \cdot d)$ ，30d 腐蚀速率为 65.6 $mg/(dm^2 \cdot d)$ 。《中国腐蚀调查报告》给出了不同地区酸雨环境下的腐蚀数据，其中西南地区的年腐蚀速率达到了 32.94 $mg/(dm^2 \cdot d)$ ，通过对比发现，在交变荷载作用下 5d 后就能达到处于实际大气暴晒 1 年的腐蚀速率；在交变荷载作用下 15d 后就能达到处于实际大气暴晒 1.94 年的腐蚀速率；在交变荷载作用下 30d 后就能达到处于实际大气暴晒 2 年的腐蚀速率。

表 4.6　酸雨环境下人工加速试验腐蚀数据

试验阶段	腐蚀时间/d	加载方式	试件编号	试件长度/cm	初始重量/g	腐蚀后重量/g	腐蚀速率/[$mg/(dm^2 \cdot d)$]	平均腐蚀速率/[$mg/(dm^2 \cdot d)$]	对比无荷载倍数
1	5	交变荷载	1#	70.00	783.05	781.98	31.3	31.9	0.930
			2#	70.00	783.05	781.95	32.4		
		静态荷载	3#	70.00	783.05	781.91	33.4	32.8	0.956
			4#	70.00	783.05	781.96	32.1		
		无荷载	5#	70.00	783.05	781.87	34.5	34.3	1.000
			6#	70.00	783.05	781.89	34.1		
2	15	交变荷载	1#	120.00	1342.37	1336.96	63.0	64.0	1.350
			2#	130.00	1454.24	1448.19	65.0		

续表

试验阶段	腐蚀时间/d	加载方式	试件编号	试件长度/cm	初始重量/g	腐蚀后重量/g	腐蚀速率/[mg/(dm²·d)]	平均腐蚀速率/[mg/(dm²·d)]	对比无荷载倍数
2	15	静态荷载	3#	110.50	1236.10	1231.83	54.0	53.5	1.129
			4#	110.90	1240.58	1236.37	53.0		
		无荷载	5#	110.80	1239.46	1235.61	48.5	47.4	1.000
			6#	112.00	1252.88	1249.17	46.3		
3	30	交变荷载	1#	100.05	1108.58	1102.56	63.5	65.6	1.358
			2#	99.10	1111.26	1104.64	67.6		
		静态荷载	3#	101.00	1118.64	1114.04	46.1	53.6	1.110
			4#	100.00	1119.20	1112.47	61.0		
		无荷载	5#	99.34	1115.51	1110.37	43.0	48.3	1.000
			6#	99.72	1113.05	1106.43	53.5		

钢丝在腐蚀 5d 时腐蚀速率较低，是因为镀锌层处于钝化状态。但随着时间的推移，镀锌层渐渐活化，同时交变荷载的施加会拉裂镀锌层，腐蚀介质更容易进入镀锌层中，与铁基质接触，腐蚀速率加快。通过对比 15d 与 30d 时的腐蚀速率，可以发现二者数值接近，由此说明腐蚀速率变化稳定的时间点处于 15d 后。图 4.16 给出了在交变荷载作用下腐蚀速率的变化情况。

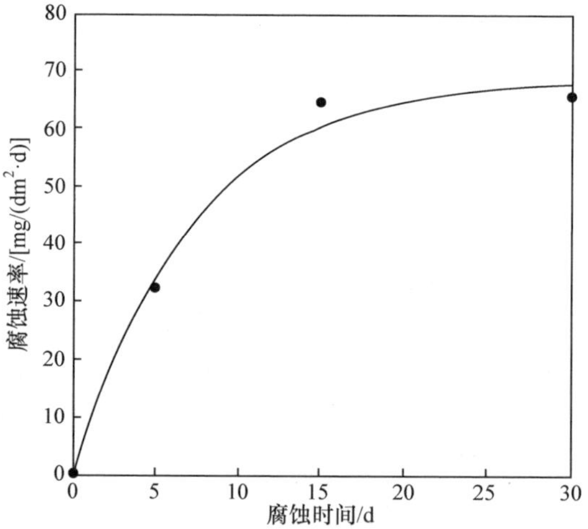

图 4.16　交变荷载作用下腐蚀速率变化情况

通过对数据的分析，拟合出交变荷载作用下材料腐蚀速率与腐蚀时间的关系，即

$$v = 68.7472 \times \left(1 - 1.011\mathrm{e}^{-0.1402d}\right) \tag{4.1}$$

式中，v 为腐蚀速率，$mg/(dm^2 \cdot d)$；d 为腐蚀时间，d。

在静态荷载作用下，5d 腐蚀速率为 32.8 $mg/(dm^2 \cdot d)$，15d 腐蚀速率为 53.5$mg/(dm^2 \cdot d)$，30d 腐蚀速率为 53.6 $mg/(dm^2 \cdot d)$。根据《中国腐蚀调查报告》中所列地区大气腐蚀速率数据，西南地区的年腐蚀速率为 32.94 $mg/(dm^2 \cdot d)$，静态荷载下 5d 后的腐蚀速率为实际大气暴晒下 1 年的腐蚀速率，15d 后的腐蚀速率为实际大气暴晒下 1.62 年的腐蚀速率，30d 的腐蚀速率为实际大气暴晒下 1.63 年的腐蚀速率。在酸雨环境下，人工加速试验在 5d 时腐蚀速率较低，是因为镀锌层处于钝化状态，随着时间的推移，镀锌层渐渐活化，腐蚀速率加快。不难发现，当腐蚀时间达到 15d 时，材料的腐蚀速率不再出现明显变化，逐步趋于稳定。图 4.17 给出了在静态荷载作用下腐蚀速率的变化情况。

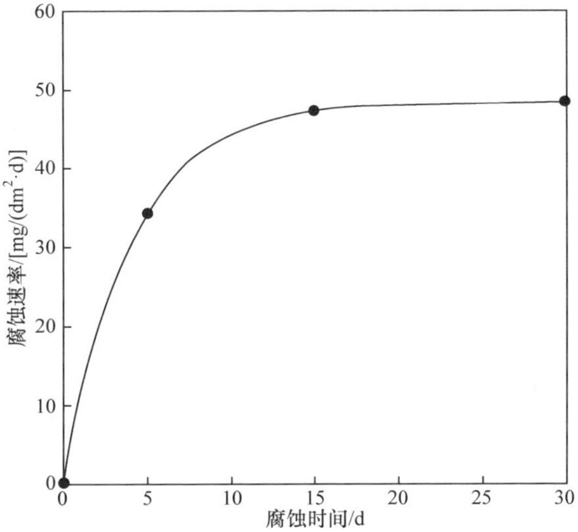

图 4.17　静态荷载作用下腐蚀速率变化情况

通过对数据的分析，拟合出静态荷载作用下材料腐蚀速率与腐蚀时间的关系，即

$$v = 54.9248 \times \left(1 - 1.0034e^{-0.1894d}\right) \tag{4.2}$$

在无荷载作用下，5d 腐蚀速率为 34.3 $mg/(dm^2 \cdot d)$，15d 腐蚀速率为 47.4$mg/(dm^2 \cdot d)$，30d 腐蚀速率为 48.3 $mg/(dm^2 \cdot d)$。根据《中国腐蚀调查报告》中所列地区大气腐蚀速率数据，西南地区的年腐蚀速率为 32.94 $mg/(dm^2 \cdot d)$，无荷载下 5d 后的腐蚀速率为实际大气暴晒下 1 年的腐蚀速率，15d 后的腐蚀速率为实际大气暴晒下 1.46 年的腐蚀速率，30d 后的腐蚀速率为实际大气暴晒下 1.47 年的腐蚀速率。在 5d 时腐蚀速率较低，15d 和 30d 腐蚀速率相近，表明在 15d 后腐

蚀速率逐渐趋于稳定。图 4.18 给出了无荷载作用下腐蚀速率变化情况[4]。

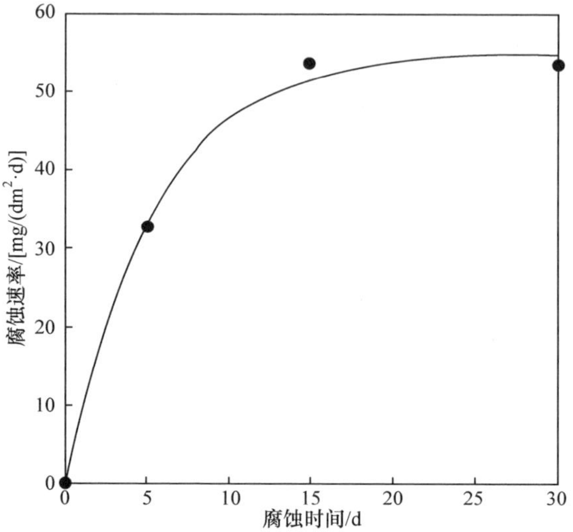

图 4.18　无荷载作用下腐蚀速率变化情况

通过对数据的分析，拟合出无荷载作用下材料腐蚀速率与腐蚀时间的关系，即

$$v = 48.2609 \times \left(1 - 1.0004\mathrm{e}^{-0.2491d}\right) \tag{4.3}$$

将交变荷载、静态荷载和无荷载三种状态的腐蚀速率进行对比，如图 4.19 所示。

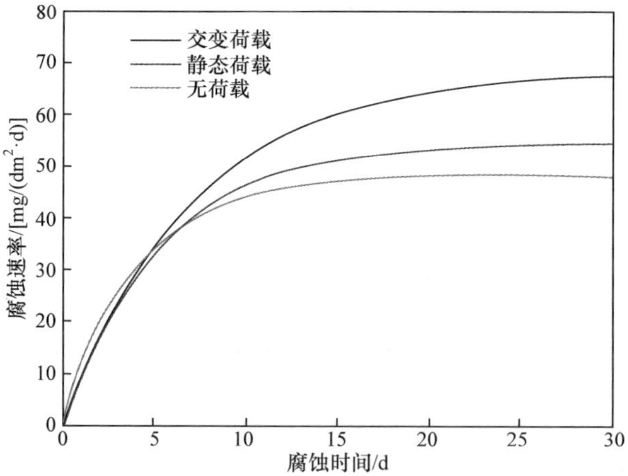

图 4.19　三种状态的腐蚀速率对比

综合以上数据分析，在 5d 时，交变荷载、静态荷载和无荷载三种状态下腐蚀速率相近；在 15d 时，交变荷载的腐蚀速率是无荷载腐蚀速率的 1.350 倍，静态荷载腐蚀速率是无荷载腐蚀速率的 1.129 倍；在 30d 时，交变荷载的腐蚀速率是

无荷载腐蚀速率的 1.358 倍，而静态荷载的腐蚀速率是无荷载腐蚀速率的 1.110 倍。在腐蚀开始时，交变荷载、静态荷载和无荷载状态的腐蚀速率相同，这是因为腐蚀开始时，镀锌层处于钝化状态，腐蚀处于萌发阶段，而后，镀锌层渐渐活化，交变荷载试件镀锌层在应力的作用下开始拉裂，腐蚀介质进入镀锌层中与铁基质接触，发生溶解电化学反应，而经过交变荷载作用，交变荷载试件逐渐进入疲劳状态，出现微裂纹的应力阈值降低，试件出现微裂纹，腐蚀溶解介质进入微裂纹中，而溶液介质溶解了微裂纹中的铁基质使微裂纹不会处于闭合状态[5]，所以在腐蚀前期，交变荷载作用下的试件腐蚀效应不明显，但后期镀锌层的开裂和微裂纹的出现会加大腐蚀速率。而静态荷载试件在应力腐蚀的作用下，镀锌层开始从点溶解到大片溶解，镀锌层开始处于活化状态，由于点蚀的形成，溶液介质顺着点蚀通道进入铁基质中与铁基质发生电化学反应，由于点蚀孔较小，阻挡了腐蚀中电化学的阴阳离子的交换，试件表面的阴极不断放出电子，而阳极溶解铁离子的速度跟不上阴极放出电子的速度，所以形成小阳极和大阴极。小阳极和大阴极的形成促使电化学中离子的加速运动，从而促使电流增大，所以静态荷载作用下试件的初始腐蚀速率较小，而后渐渐增大。

根据试件中的应力与腐蚀速率的关系，查阅有关酸雨腐蚀下斜拉桥拉索腐蚀钢绞线的腐蚀速率，得出应力与腐蚀速率的关系，如图 4.20 所示。

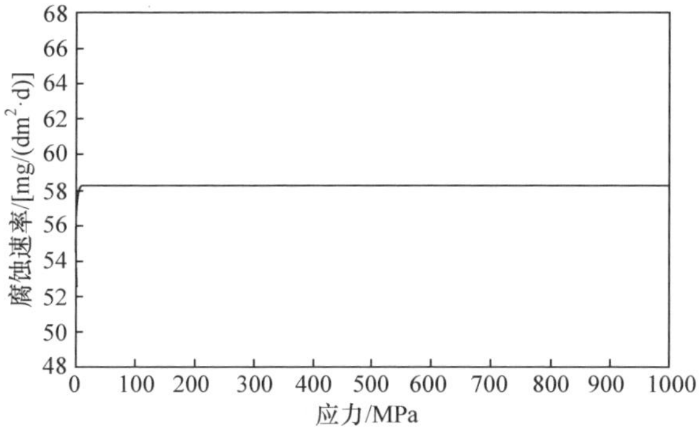

图 4.20　应力与腐蚀速率关系

通过对数据的分析，拟合出腐蚀速率与应力的关系，即

$$v = 58.2312 \times \left(1 - 0.172e^{-\sigma}\right) \tag{4.4}$$

式中，v 为腐蚀速率，$mg/(dm^2 \cdot d)$；σ 为应力，MPa。

4. *疲劳腐蚀与应力腐蚀分析*

钢丝的腐蚀形态主要采用 KYKY-2008B 型数字化扫描电子显微镜进行扫描，它是一种研究微观结构的大型精密电子光学仪器,用电子束在试样表面逐点扫描，接收激发出的物理信号，形成图像。它主要由电子光学镜筒、样品室、真空系统和电器柜控制室等部分组成，如图 4.21 所示。

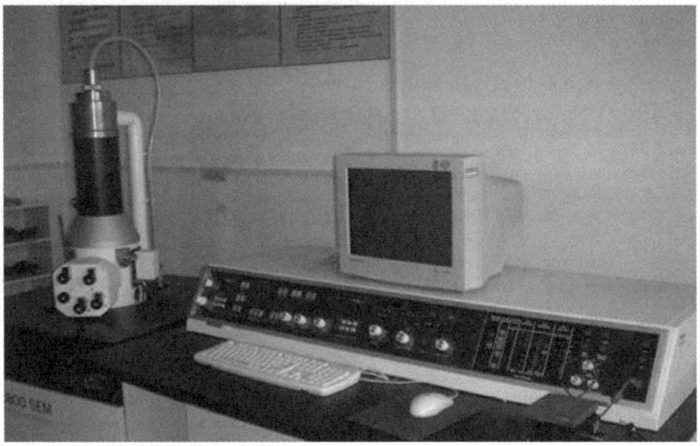

图 4.21　KYKY-2008B 型数字化扫描电子显微镜

在取样时，先对试样上锈蚀部分进行清洗，清洗干净确保无腐蚀残留物后进行烘干，烘干后进行样品放样处理，在样盘上放好试样后，对样品进行标记，以便在观测时准确找到样品位置，将样盘放入样品室中，密封好样品室，开始进行抽真空操作[6]。当样品室处于真空状态时，开始打开电子阀，发射电子，电子束射到样品上会反馈该处样品图像，进行粗调，找到样品后，启动倍率器进行倍率放大。

对 30d 静态荷载作用和交变荷载作用的试件进行观测，在扫描电子显微镜观察下，交变荷载作用下的试件属于疲劳腐蚀试件，而静态荷载作用下的试件属于应力腐蚀试件，疲劳腐蚀和应力腐蚀下的微裂纹形态如图 4.22～图 4.26 所示[7]。

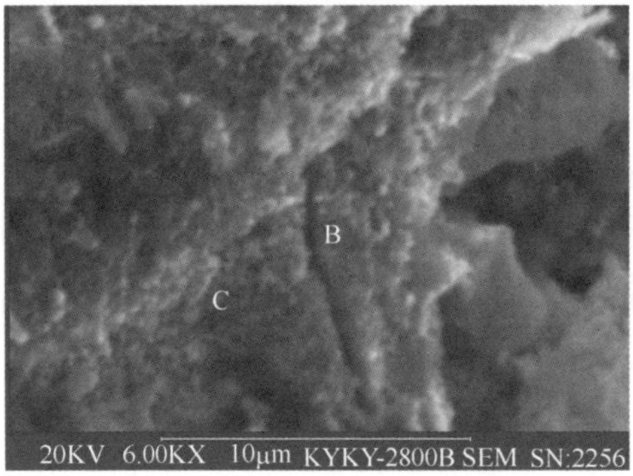

图 4.22　交变荷载作用下微裂纹扩展图(6000 倍)

图 4.23　静态荷载作用下微裂纹扩展图(6000 倍)

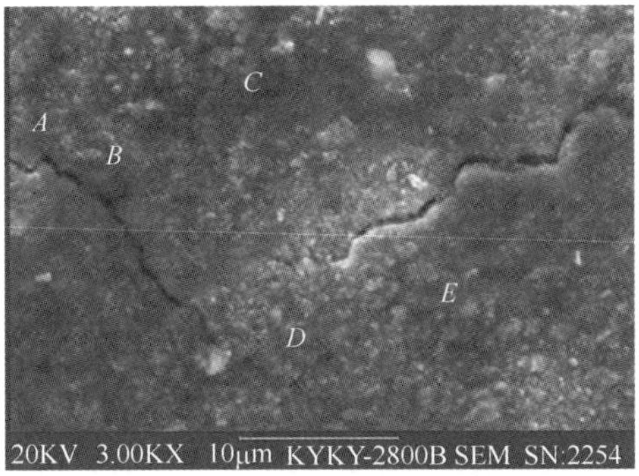

图 4.24　交变荷载作用下微裂纹扩展图(3000 倍)

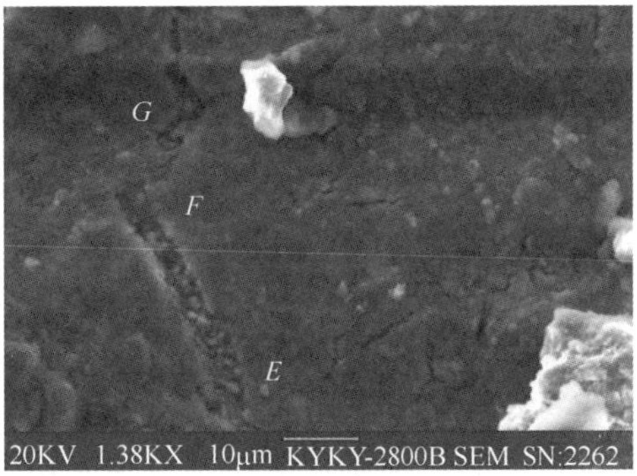

图 4.25　静态荷载作用下微裂纹扩展图(1380 倍)

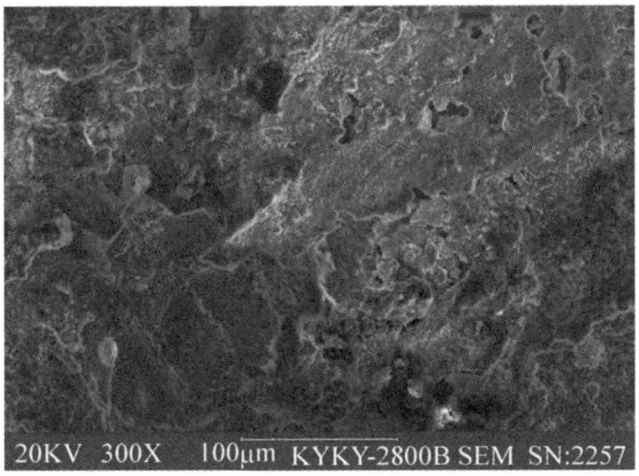

图 4.26　交变荷载作用下点蚀形貌图(300 倍)

在交变荷载作用下，裂纹形成后会转为纳米级裂纹，纳米级裂纹经过不断的疲劳应力作用扩展为微裂纹，从图 4.24 可以看出，在微裂纹最大宽度为 0.9 μm 时，图上出现了两条主裂纹、两条次裂纹，选取其中一条微裂纹进行分析，主微裂纹从 *A* 点开始扩展，到达 *B* 点后向 *D* 点扩展，其间，次裂纹 *BC* 向里发展，而后次裂纹 *DE* 向里发展，疲劳腐蚀的微裂纹并不是顺着位错带发展，而是呈 Z 字形在位错发射，同时形成向里发展的次裂纹是疲劳腐蚀的特点。观测到的主微裂纹并不闭合，边缘也有被腐蚀掉的痕迹，溶液中腐蚀介质的存在会溶解裂纹里的铁基质，裂纹尖端也会经受腐蚀介质的洗刷，形成不能闭合的微裂纹，不闭合的微裂纹会加速裂纹的发展，同时，开裂应力阈值也会降低。观测应力腐蚀图 4.25，微裂纹有 6 μm，微裂纹从 *E* 发展到 *F*，再次扩展到 *G*，在裂纹的两侧边缘出现高低不平的现象，形成了滑移台阶，裂纹出现了“择优溶解”现象。并在大裂纹旁边伴随有许多小裂纹，小裂纹并不与大裂纹贯通，小裂纹之间也不连接，大裂纹的发展也呈 Z 字形，但比疲劳腐蚀更加有规律性，裂纹中间充斥着腐蚀产物，更能抑制裂纹的闭合，小微裂纹呈无规律扩展，这样损伤的疏密度会加大，损伤的级别会更高，同时也会出现无征兆的破坏。

对比两种损伤形式的微观结构，它们有共同点也有不同点。疲劳腐蚀与应力腐蚀微观结构共同点在于：疲劳腐蚀施加疲劳荷载的频率低于一定值时就成为应力腐蚀；二者都经历裂纹形核的形成、纳米级裂纹的扩展、微裂纹的扩展阶段；两种裂纹都会在裂纹尖端前方形成塑性区[8]。不同点在于：疲劳微裂纹有主裂纹和次裂纹，次裂纹垂直于主裂纹并向里发展，而应力腐蚀微裂纹没有次裂纹，而是出现小裂纹且不与主裂纹相连接，小裂纹与小裂纹之间也不会互相连接，应力腐蚀的小裂纹密集程度比疲劳腐蚀要大，说明应力腐蚀的损伤严重；在破坏临界点时，疲劳腐蚀会有预兆，但应力腐蚀无预兆。

将 30d 交变荷载下的腐蚀试件在电液伺服万能试验机上进行拉伸试验，拉断后取断口试样在 KYKY-2008B 型数字化扫描电子显微镜上扫描，观测断口的微观形貌，如图 4.27～图 4.30 所示。放大到 23 倍时观测到断口呈解理状，断口边缘呈整齐形态，可见部分边缘疲劳源，在断口中心出现了类似韧窝的断口。放大到 1700 倍时，“鱼眼”洞清晰可见，“鱼眼”洞是疲劳源的体现，解理断口的微观形态是贝壳状，断裂的断口是顺着主裂纹的扩展而形成的，在断裂后支裂纹的形态也展现出来。放大到 5000 倍时，可观测到微小的“鱼眼”洞大量分布在断面上，且洞外表面较为光滑[9]。

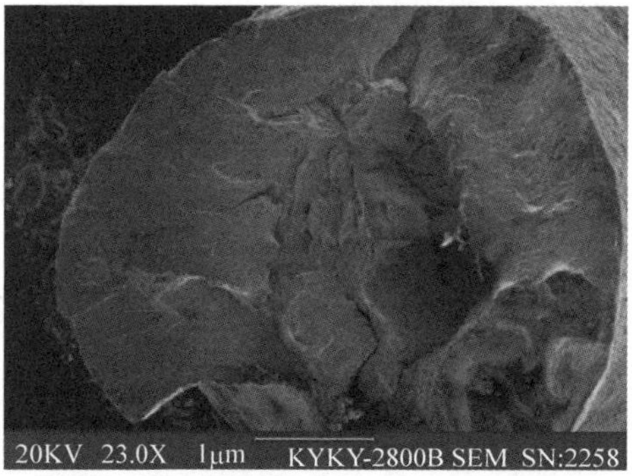

图 4.27　交变荷载作用下断口形貌图(23 倍)

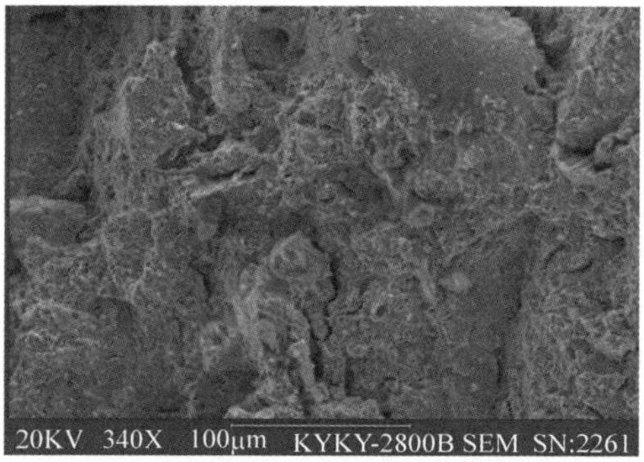

图 4.28　交变荷载作用下断口形貌图(340 倍)

5. 力学性能分析

将 5d、15d 和 30d 的交变荷载、静态荷载和无荷载试件在重庆交通大学结构工程实验室 WAW-1000 电液伺服万能试验机上进行拉伸试验，对其抗拉强度与屈服强度进行分析。三种状态的试件抗拉强度如图 4.31 所示。在交变荷载与静态荷

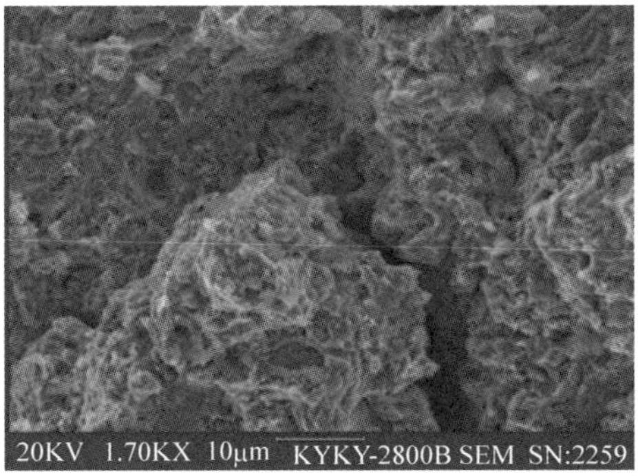

图 4.29　交变荷载作用下断口微观图(1700 倍)

图 4.30　交变荷载作用下断口微观图(5000 倍)

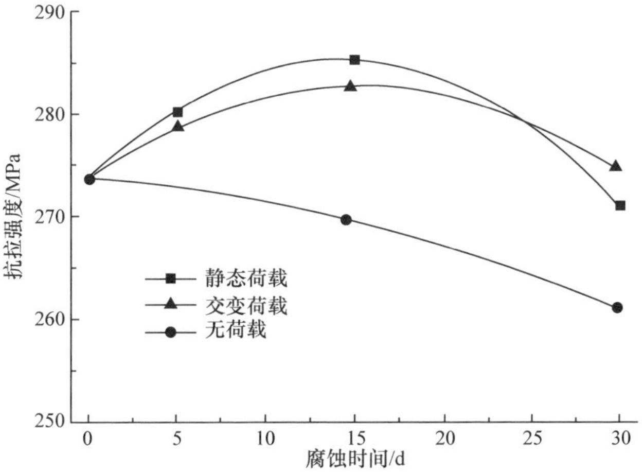

图 4.31　三种状态的试件抗拉强度

载作用下，5d 和 15d 腐蚀试件的抗拉强度有所提高，30d 腐蚀试件的抗拉强度有所下降，而无荷载试件的抗拉强度是一直下降的。

6. 结论

本次试验根据西南地区的环境特点，选取具有典型代表的重庆地区酸雨环境，通过收集重庆地区一年中酸雨的化学成分，作为腐蚀溶液配制的依据，对施加交变荷载、静态荷载和无荷载的试件进行 5d、15d 和 30d 的人工加速腐蚀试验，在试验中对试件的腐蚀情况进行定期的观测。待阶段试验完成后，用失重法对试件的腐蚀情况进行数据采集，通过工业数码显微镜对试件外表的腐蚀情况进行观测，同时取出微小试样并在扫描电子显微镜下对试件的微观腐蚀情况进行观测。用失重法算出交变荷载、静态荷载和无荷载状态下试件的腐蚀速率。经过数据分析得到在交变荷载作用下，5d 腐蚀速率为 31.9 mg/(dm^2·d)，15d 腐蚀速率为 64.0 mg/(dm^2·d)，30d 腐蚀速率为 65.6 mg/(dm^2·d)；在静态荷载作用下，5d 腐蚀速率为 32.8 mg/(dm^2·d)，15d 腐蚀速率为 53.5 mg/(dm^2·d)，30d 腐蚀速率为 53.6 mg/(dm^2·d)；而在无荷载作用下，5d 腐蚀速率为 34.3 mg/(dm^2·d)，15d 腐蚀速率为 47.4 mg/(dm^2·d)，30d 腐蚀速率为 48.3 mg/(dm^2·d)。将上述腐蚀速率与《中国腐蚀调查报告》中西南地区大气暴露试验站所采集的腐蚀速率相比较，得到交变荷载下 5d 后的腐蚀速率为实际大气暴晒下 1 年的腐蚀速率，15d 后的腐蚀速率为实际大气暴晒下 1.94 年的腐蚀速率，30d 后的腐蚀速率为实际大气暴晒下 2 年的腐蚀速率；静态荷载下 5d 后的腐蚀速率为实际大气暴晒下 1 年的腐蚀速率，15d 后的腐蚀速率为实际大气暴晒下 1.62 年的腐蚀速率，30d 后的腐蚀速率为实际大气暴晒下 1.63 年的腐蚀速率；无荷载下 5d 后的腐蚀速率为实际大气暴晒下 1 年的腐蚀速率，15d 后的腐蚀速率为实际大气暴晒下 1.46 年的腐蚀速率，30d 后的腐蚀速率为实际大气暴晒下 1.47 年的腐蚀速率。重庆交通大学土木工程学院结构工程实验室 KYKY-2008B 型数字化扫描电子显微镜扫描结果显示，疲劳腐蚀与应力腐蚀微观结构共同点在于：疲劳腐蚀施加疲劳荷载的频率低于一定值时就成为应力腐蚀；二者都经历裂纹形核的形成、纳米级裂纹的扩展、微裂纹的扩展阶段；两种裂纹都会在裂纹尖端前方形成塑性区。其不同点在于：相互垂直的次裂纹和主裂纹向里发展是疲劳微裂纹的典型特征，对于应力腐蚀微裂纹，主要有小裂纹与主裂纹，并不存在次裂纹，小裂纹之间不会互相连接，也不会和主裂纹相连接；应力腐蚀损伤的严重性在于其小裂纹密集程度比疲劳腐蚀要大，同时疲劳试件在达到破坏临界点时会有一定的预兆，但是应力腐蚀没有预兆。

4.2　斜拉桥拉索的损伤有限元分析

斜拉桥拉索在腐蚀过程中会经历均匀腐蚀及局部腐蚀，这两种腐蚀在拉索承受荷载时会同时出现，均匀腐蚀会使斜拉桥拉索有效截面积减小，从而使拉索在减小后的截面上产生更大的应力。同时因受到无规律的疲劳荷载作用，缩短其使用寿命。而局部腐蚀会从材料的点蚀慢慢扩展成坑蚀，坑蚀的形成会在蚀坑周围产生应力集中。经过疲劳荷载的作用，单根拉索钢丝会很快退出工作，出现破断即断丝，导致整根斜拉索寿命结束，因此在时变荷载作用下，基于斜拉索的受力机理对拉索的内在寿命进行有限元分析具有一定的研究价值。

4.2.1　有限元模型的建立

采用双线性随动强化模型，拉索用 Solid95 单元模拟。双线性随动强化模型有如下特点：

(1) 采用 Mises 准则和随动强化准则。

(2) 以两条直线描述应力-应变关系。

(3) 可定义 6 种温度下的曲线；切线模量不能小于 0，也不能大于弹性模量。

斜拉桥拉索力学性能参数如表 4.7 所示，有限元施加函数荷载图示如图 4.32 所示。

表 4.7　材料力学性能参数

材料	弹性模量/MPa	泊松比	抗拉强度/MPa	屈服强度/MPa
腐蚀钢丝	2.05×10^{5}	0.3	1860	1600

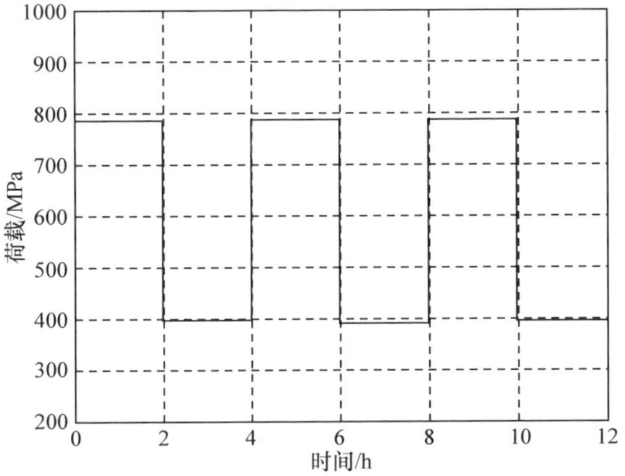

图 4.32　有限元施加函数荷载图示

采用 ANSYS12.0 建立有限元模型，采用映射网格划分，全部模型共 3416 个单元，单端锚固，在另一端施加图 4.32 所示的函数荷载，有限元模型如图 4.33 所示。

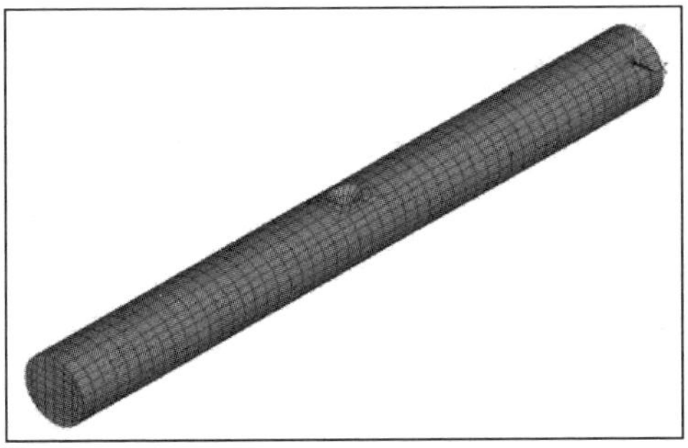

图 4.33　有限元模型

(1) 均匀腐蚀状态下钢绞线的受力分析。拉索在均匀腐蚀状态下，其有效截面积会减小，分析中拉索所有断面上的有效截面积相同，蚀坑深度相同，即 h=1mm，分别建立直径为 15.2mm、15.0mm、14.8mm、14.6mm、14.4mm 的有限元模型。

(2) 局部腐蚀状态下钢绞线的受力分析。金属受到的腐蚀不仅有全面腐蚀，还面临着局部腐蚀,分析中钢绞线直径15.2mm不变,建立蚀坑深度分别为1.0mm、1.2mm、1.4mm、1.6mm 的有限元模型，研究各个模型的应力规律。

(3) 蚀坑纵向净间距对钢绞线受力性能的影响。材料受到腐蚀后由点蚀到坑蚀的过程中，不同的蚀坑位置会对材料受力有着不同的影响，而且出现的蚀坑位置是随机的，分别建立 2 个蚀坑模型进行受力分析，这 2 个模型的蚀坑净距分别为 0mm、1mm、3mm、5mm、7mm、10mm。

(4) 均匀腐蚀与局部腐蚀复合状态下钢绞线的受力分析。采用 MATLAB 中元胞自动机分析的 5d、15d 和 30d 的模型，将交变荷载下模型 5d、15d 和 30d 的全面腐蚀与局部腐蚀相结合，得到交变荷载下 5d、15d 和 30d 的复合腐蚀损伤模型并进行应力分析。

4.2.2 均匀腐蚀状态下钢绞线的受力分析

建立直径分别为 15.2mm、15.0mm、14.8mm、14.6mm、14.4mm 的钢绞线模型，蚀坑深度均为 1mm，提取最大拉应力点的时程曲线，计算结果如图 4.34～图 4.43 所示。

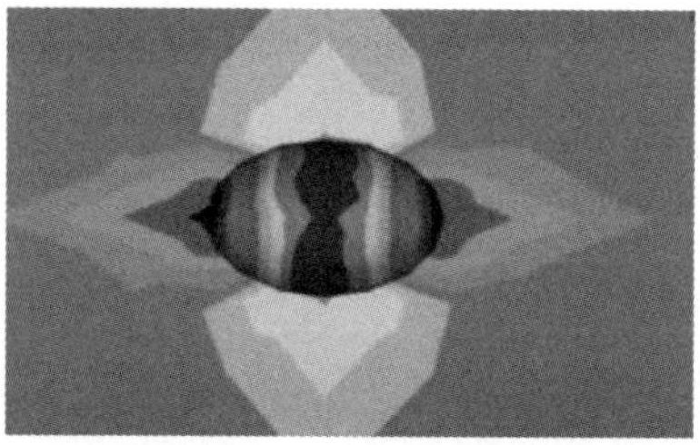

图 4.34 直径 15.2mm 钢绞线应力云图

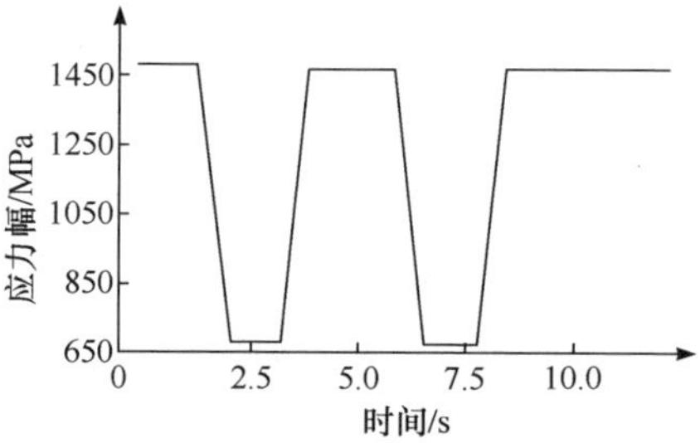

图 4.35 直径 15.2mm 变量点时程曲线

对于发生均匀腐蚀和局部腐蚀(即蚀坑)的直径为 15.2mm 的钢绞线，经过有限元分析，最大拉应力发生在蚀坑中央横向区域，为 1349MPa，而取蚀坑中央的变量点作为分析点时，拉应力在 0～2s 为 1270MPa，在 2～4s 为 650MPa，在 4～6s 为 1270MPa，在 6～8s 为 650MPa，在 8～10s 为 1270MPa。对于发生均匀腐蚀和局部腐蚀的直径为 15.0mm 的钢绞线，经过有限元分析，最大拉应力发生在蚀坑中央区域，为 1391MPa，而取蚀坑中央的变量点作为分析点时，拉应力在 0～2s

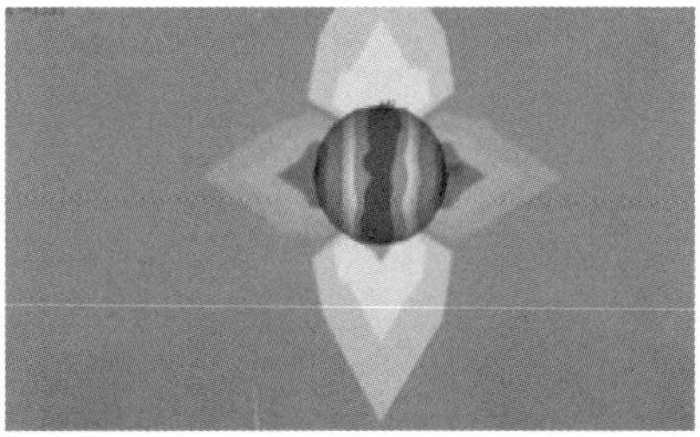

图 4.36　直径 15.0mm 钢绞线应力云图

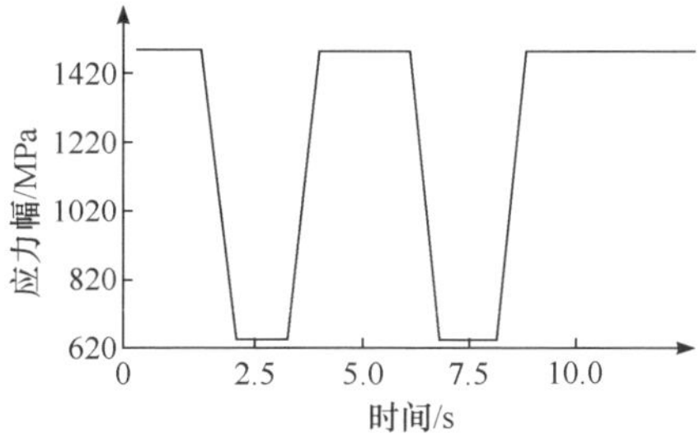

图 4.37　直径 15.0mm 变量点时程曲线

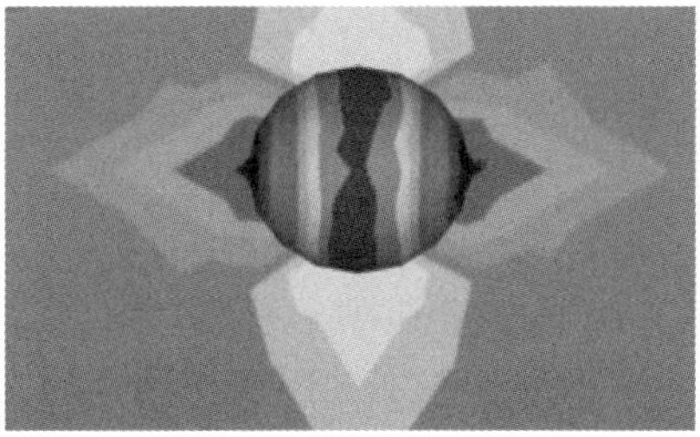

图 4.38　直径 14.8mm 钢绞线应力云图

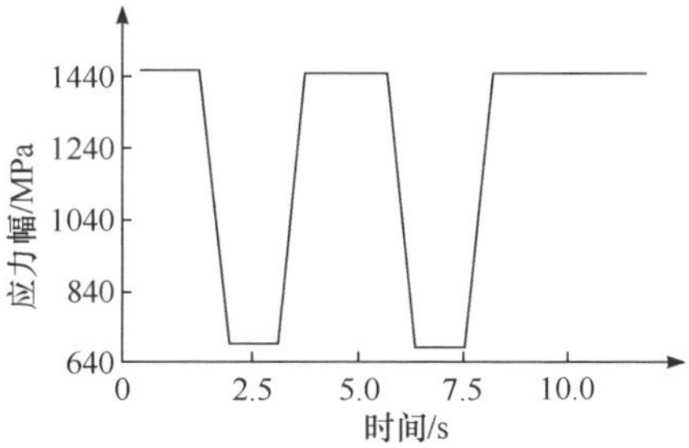

图 4.39　直径 14.8mm 变量点时程曲线

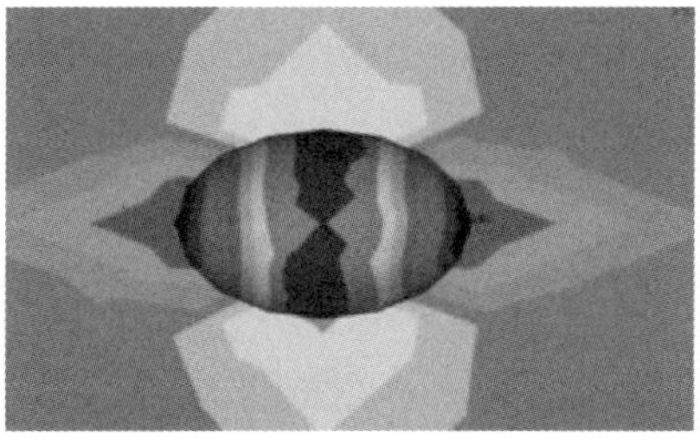

图 4.40　直径 14.6mm 钢绞线应力云图

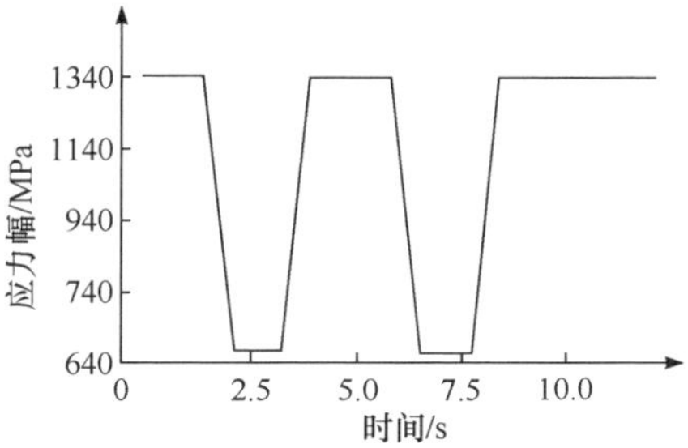

图 4.41　直径 14.6mm 变量点时程曲线

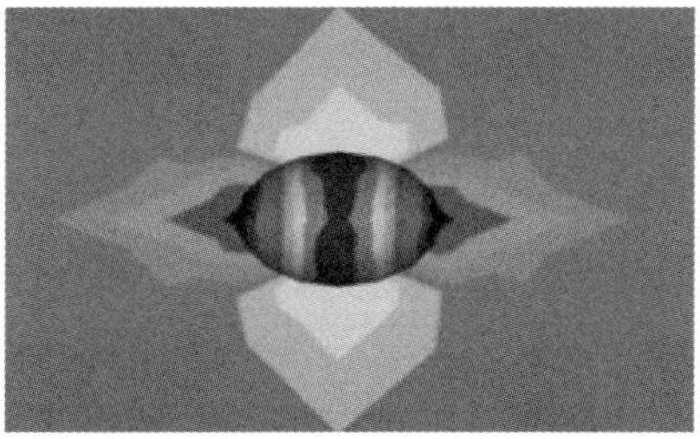

图 4.42　直径 14.4mm 钢绞线应力云图

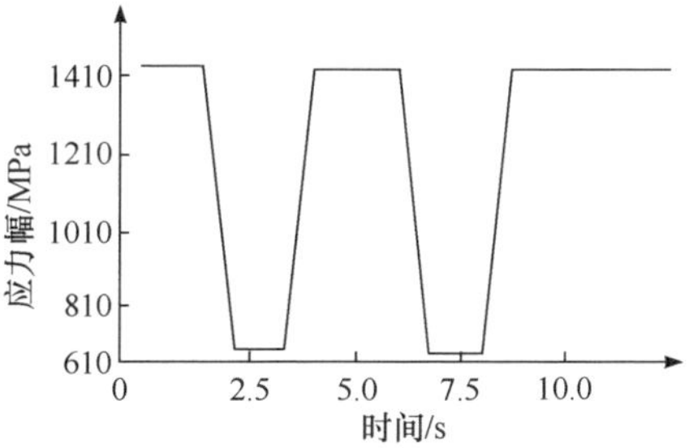

图 4.43　直径 14.4mm 变量点时程曲线

为 1380MPa，在 2～4s 为 720MPa，在 4～6s 为 1380MPa，在 6～8s 为 720MPa，在 8～10s 为 1380MPa。对于发生均匀腐蚀和局部腐蚀的直径为 14.8mm 的钢绞线，经过有限元分析，最大拉应力发生在蚀坑中央区域，为 1467MPa，而取蚀坑中央的变量点作为分析点时，拉应力在 0～2s 为 1400MPa，在 2～4s 为 700MPa，在 4～6s 为 1400MPa，在 6～8s 为 700MPa，在 8～10s 为 1400MPa。对于在发生均匀腐蚀和局部腐蚀的直径为 14.6mm 的钢绞线，经过有限元分析，最大拉应力发生在蚀坑中央区域，为 1484MPa，而取蚀坑中央的变量点作为分析点时，拉应力在 0～2s 为 1380MPa，在 2～4s 为 680MPa，在 4～6s 为 1380MPa，在 6～8s 为 680MPa，在 8～10s 为 1380MPa。对于发生均匀腐蚀和局部腐蚀的直径为 14.4mm 的钢绞线，经过有限元分析，最大拉应力发生在蚀坑中央区域，为 1539MPa，而取蚀坑中央的变量点作为分析点时，拉应力在 0～2s 为 1450MPa，在 2～4s 为 725MPa，在 4～6s 为 1450MPa，在 6～8s 为 725MPa，在 8～10s 为 1450MPa[10]。计算分析结果表明：

(1) 在蚀坑大小相等的条件下，钢绞线承受荷载时会在蚀坑中央区域出现应力集中。

(2) 在蚀坑大小相等的条件下，钢绞线腐蚀后直径不断减小，应力集中区域的面积减小，应力最大值也变大，而在不同腐蚀直径、相同荷载作用下，同一点的应力增大。

(3) 对钢绞线直径与最大等效应力的关系进行拟合(图 4.44)，拟合方程为

$$\sigma = -236.5d + 4946.2 \tag{4.5}$$

式中，σ 为钢绞线最大等效应力，MPa；d 为全面腐蚀后钢绞线的直径，mm。

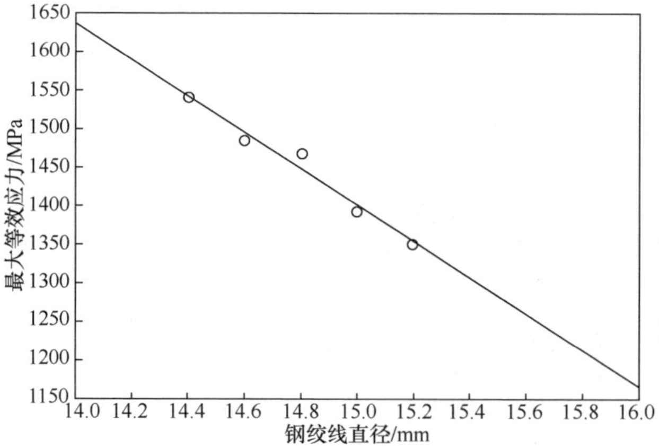

图 4.44　钢绞线直径与最大等效应力关系曲线

4.2.3　局部腐蚀状态下拉索的受力分析

建立直径为 15.2mm 带蚀坑的钢绞线模型，分别以 1.0mm、1.2mm、1.4mm、1.6mm 直径的球体与直径 15.2mm 的钢绞线相割，蚀坑深度为 1.0mm、1.2mm、1.4mm 和 1.6mm，并提取蚀坑中心点的拉应力时程曲线，计算结果如图 4.45～图 4.52 所示。由图可知，在蚀坑深度为 1.0mm、1.2mm、1.4mm 和 1.6mm 时，钢绞线没有发生均匀腐蚀。

对于蚀坑深度为 1.0mm 的钢绞线，应力集中出现在蚀坑中央区域，最大拉应力为 1349MPa，选取蚀坑中心点作为变量点，变量点的应力为 1300MPa；当蚀坑

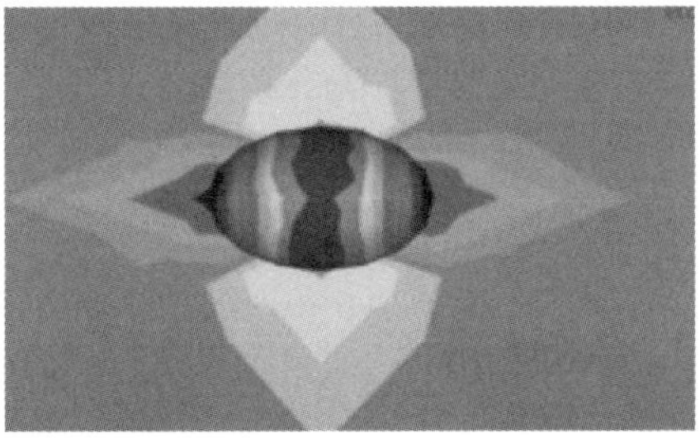

图 4.45　蚀坑深度为 1.0mm 钢绞线应力云图

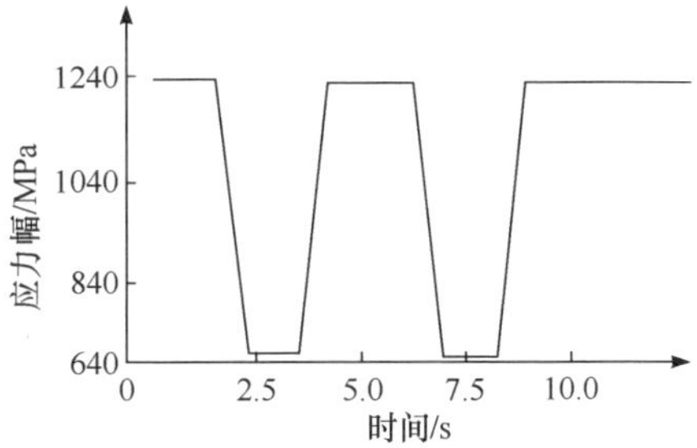

图 4.46　蚀坑深度为 1.0mm 变量点时程曲线

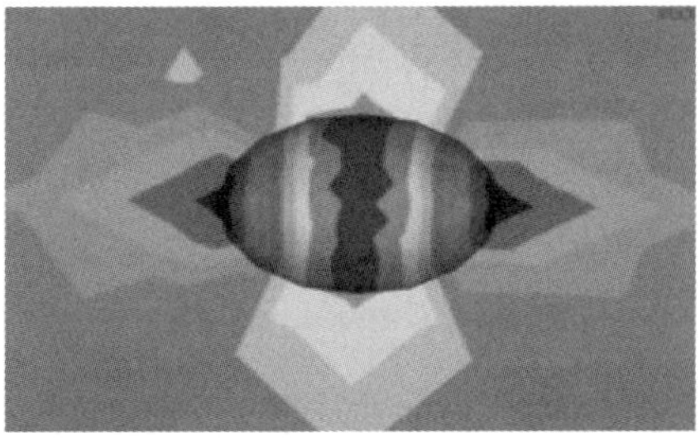

图 4.47　蚀坑深度为 1.2mm 钢绞线应力云图

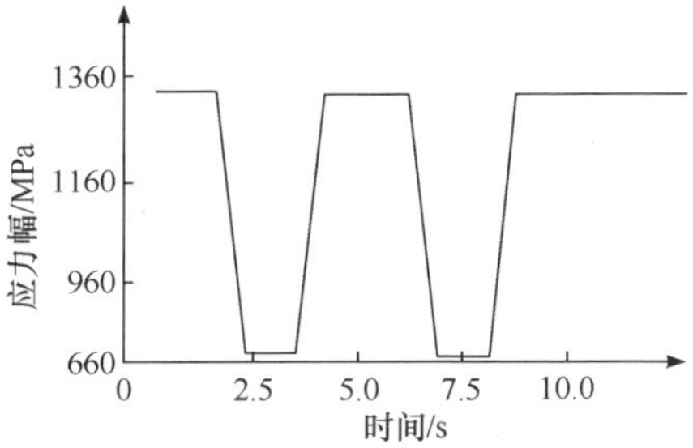

图 4.48　蚀坑深度为 1.2mm 变量点时程曲线

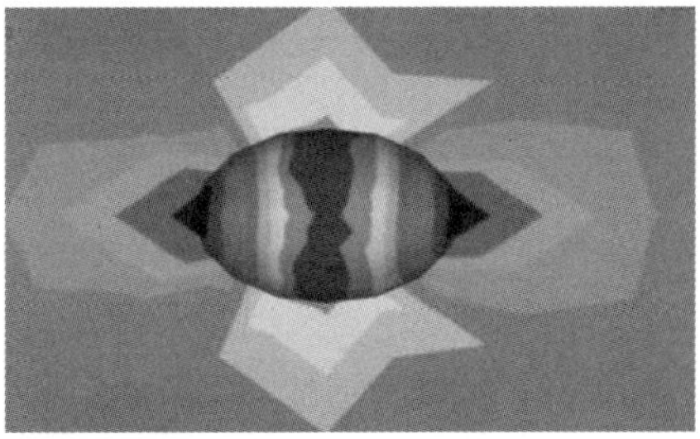

图 4.49　蚀坑深度为 1.4mm 钢绞线应力云图

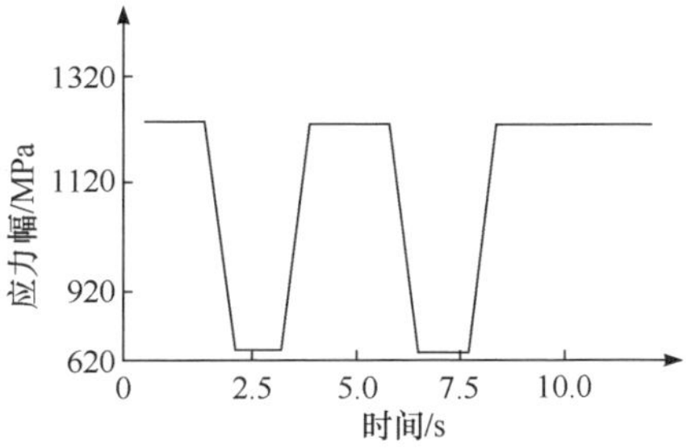

图 4.50　蚀坑深度为 1.4mm 变量点时程曲线

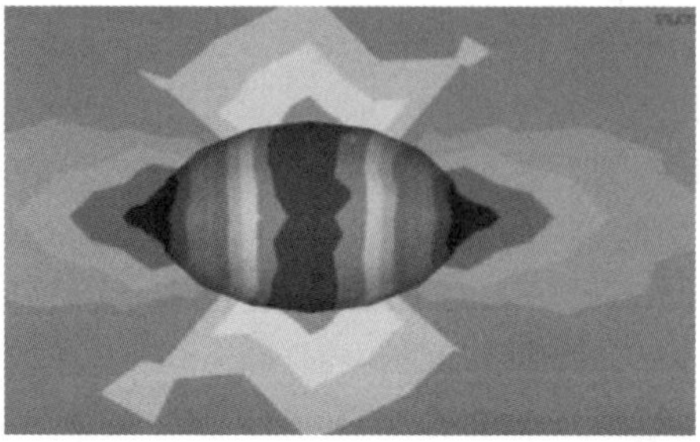

图 4.51　蚀坑深度为 1.6mm 应力云图

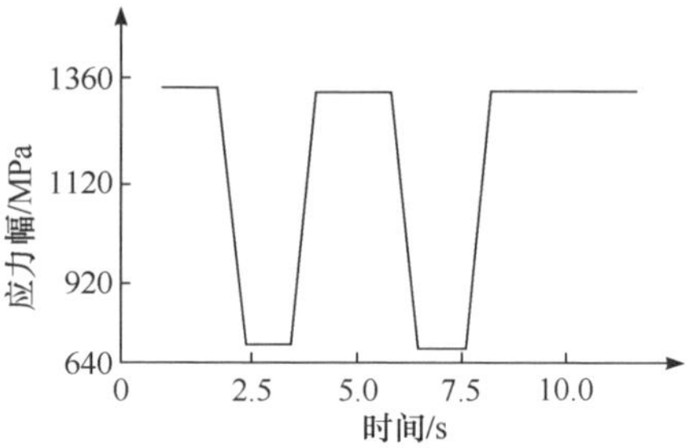

图 4.52　蚀坑深度为 1.6mm 变量点时程曲线

深度为 1.2mm 时，最大拉应力为 1413MPa，选取蚀坑中心点作为变量点，变量点的应力为 1320MPa；当蚀坑深度为 1.4mm 时，最大拉应力为 1428MPa，选取蚀坑中心点作为变量点，变量点的应力为 1340MPa；当蚀坑深度为 1.6mm 时，最大拉应力为 1410MPa，选取蚀坑中心点作为变量点，变量点的应力为 1360MPa[10,11]。计算分析结果表明：

(1) 对于直径相同的钢绞线，在施加的交变荷载相同的条件下，随着蚀坑深度的增大，应力集中区域的最大拉应力增大。

(2) 对于直径相同的钢绞线，在施加的交变荷载相同的条件下，蚀坑中心点的应力随着蚀坑深度的增大而增大[12]。

(3) 通过拟合蚀坑深度与最大等效应力的关系(图 4.53)，可以得到二者的拟合方程如下：

$$\sigma = 99h + 1271.3 \tag{4.6}$$

式中，σ 为钢绞线最大等效应力，MPa；h 为蚀坑深度，mm。

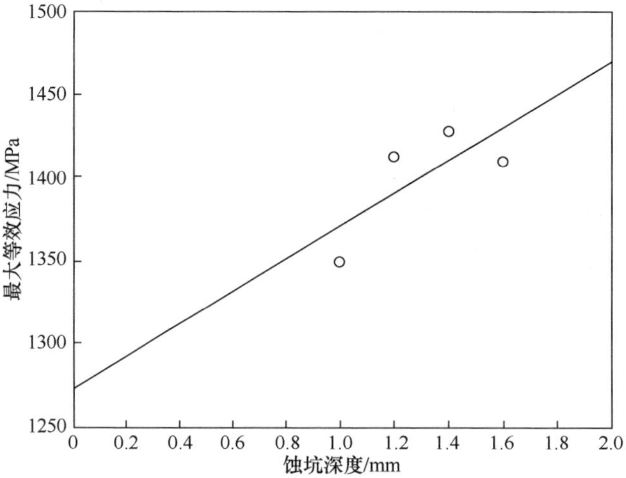

图 4.53　蚀坑深度与最大等效应力关系曲线

4.2.4 蚀坑纵向净间距对钢绞线受力性能的影响

为了探析蚀坑净间距对钢绞线应力分布的影响，分别建立两个蚀坑净间距为 0mm、1mm、3mm、5mm 和 7mm 的模型，计算其在交变荷载作用下的最大拉应力，并与单个蚀坑模型的最大拉应力进行比较，计算结果如图 4.54～图 4.59 所示。

单个蚀坑的最大拉应力为 1349MPa；当蚀坑净间距为 0mm 时，最大拉应力在蚀坑中央区域，为 1256MPa；当蚀坑净间距为 1mm 时，最大拉应力为 1322MPa；当蚀坑净间距为 3mm 时，最大拉应力为 1362MPa；当蚀坑净间距为 5mm 时，最大拉应力为 1366MPa；当蚀坑净间距为 7mm 时，最大拉应力为 1360MPa。由此

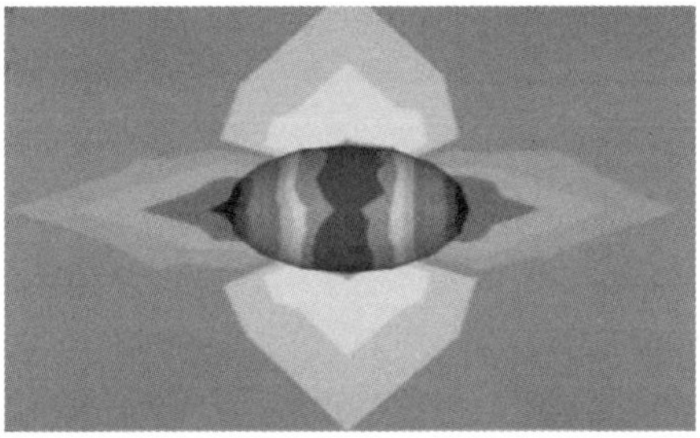

图 4.54　单个蚀坑的应力云图

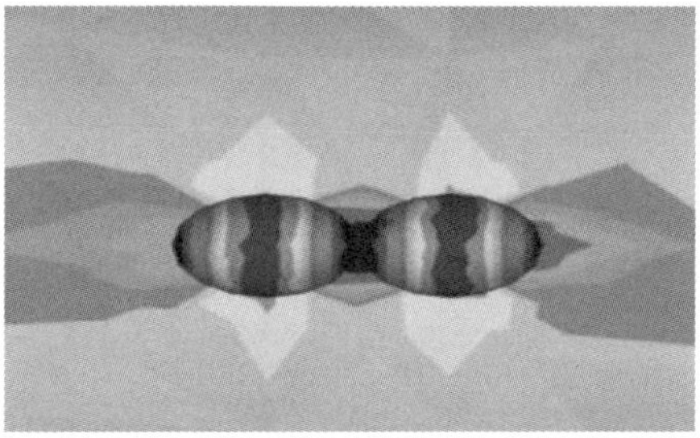

图 4.55　蚀坑净间距为 0mm 的应力云图

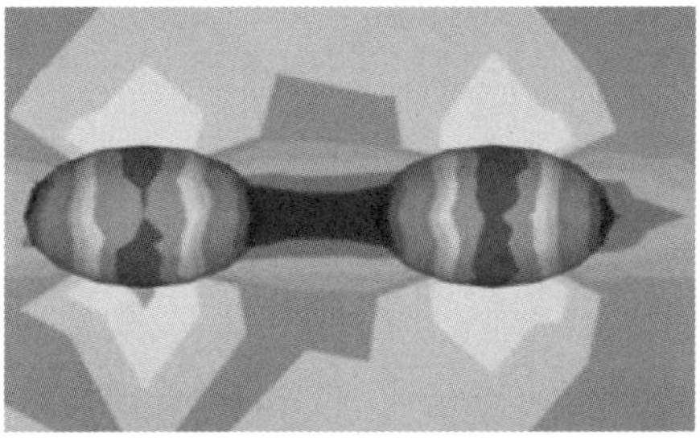

图 4.56　蚀坑净间距为 1mm 的应力云图

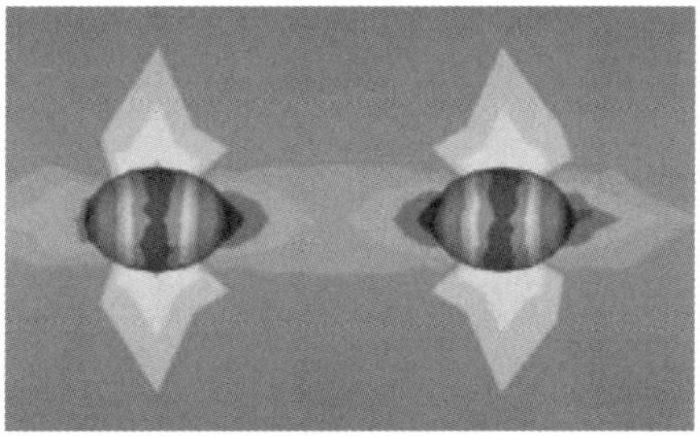

图 4.57　蚀坑净间距为 3mm 的应力云图

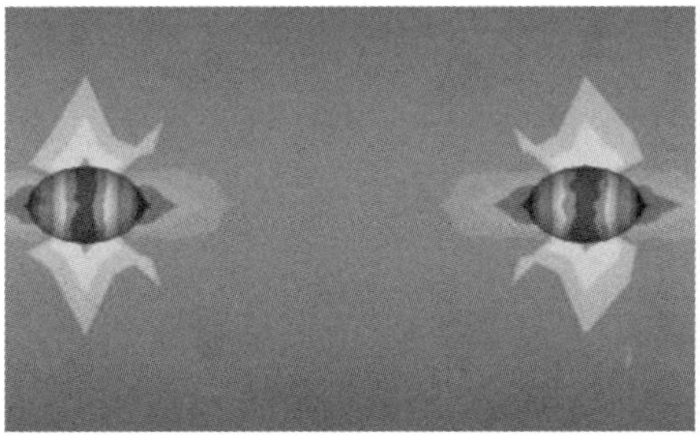

图 4.58　蚀坑净间距为 5mm 的应力云图

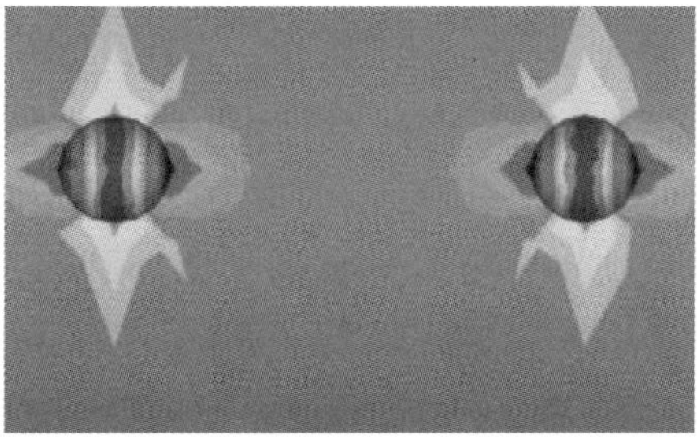

图 4.59　蚀坑净间距为 7mm 的应力云图

可以看出，蚀坑净间距变小时，蚀坑的应力集中会降低，而随着蚀坑净间距的增大，蚀坑的应力集中会逐渐变大，甚至超过单个蚀坑的应力最大值。这种现象出现的原因是蚀坑净间距小时，蚀坑间出现了应力扰动，两个蚀坑间的应力扰动现象产生了相互作用，增大了蚀坑面积，从而改善了应力关系[13]。随着蚀坑净间距的增大，蚀坑间的应力扰动关系变小，拉应力再次逐渐变大，最大变为单个坑蚀的应力，所以拉索均匀腐蚀的危险性要小于局部腐蚀。

通过拟合蚀坑净间距与最大等效应力的关系(图 4.60)，可以得到二者的拟合方程为

$$\sigma = -1.5x^3 + 13.3x^2 - 12.6x + 1301.8 \tag{4.7}$$

式中，σ 为钢绞线最大等效应力，MPa；x 为蚀坑净间距，mm。

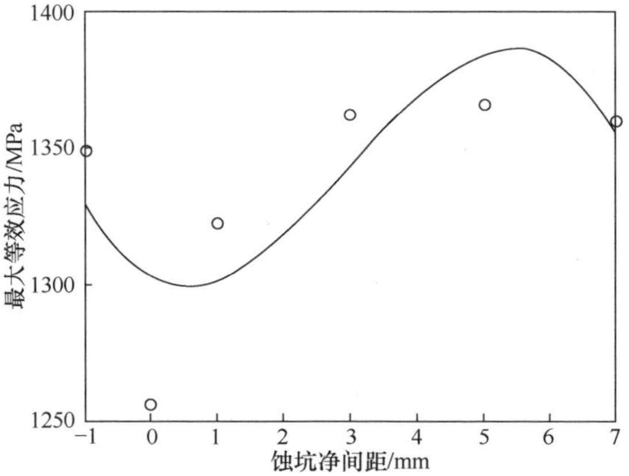

图 4.60　蚀坑净间距与最大等效应力关系曲线

4.2.5　全面腐蚀与局部腐蚀复合状态下钢绞线的受力分析

钢绞线在自然环境中所经受的腐蚀是局部腐蚀与全面腐蚀的结合，是一种复合腐蚀，故单方面对钢绞线的点蚀进行计算或对钢绞线的均匀腐蚀进行计算都是欠缺的[14]。本节以 MATLAB 中元胞自动机模型模拟 15d 和 30d 的点蚀与全面腐蚀，同时施加人工加速试验的交变荷载来模拟人工加速腐蚀试验中钢绞线的损伤。在全面腐蚀中，15d 半径腐蚀 0.05mm，30d 半径腐蚀 0.1mm，在点蚀到坑蚀的演化中，15d 蚀坑直径为 0.4mm，30d 蚀坑直径为 0.6mm，将它们复合到模型中，并施加交变荷载，所得结果如图 4.61 和图 4.62 所示。

由有限元分析结果可知，随着腐蚀时间的增加，最大拉应力会增大，腐蚀过程中会产生腐蚀产物且吸附在试件表面，在试件表面产生下凹，而未腐蚀的部分会阻止腐蚀部分下凹，从而在试件表面产生附加张力，即附加拉应力。附加拉应力的作用会使应力集中现象更加明显。当附加张力达到一定强度后，会剪断原子

图 4.61　15d 钢绞线复合腐蚀应力云图

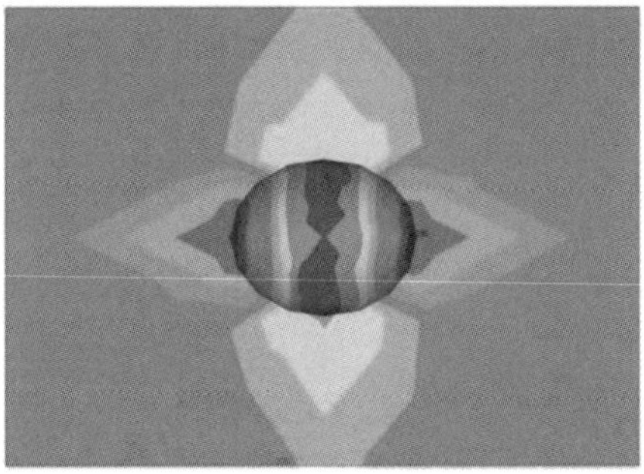

图 4.62　30d 钢绞线复合腐蚀应力云图

之间的键力，从而使部分区域达到试件的屈服强度，产生裂纹。腐蚀溶液穿过腐蚀产物薄膜进入裂纹，不断溶解铁基质，使裂纹不能钝化闭合，而且不断延伸。当施加的力远小于材料的强度时，也会使材料破坏，与黄克智院士的应力腐蚀理论相符合[15]。

4.2.6　疲劳分析

对均匀腐蚀状态下直径为 15.2mm、15.0mm、14.8mm、14.6mm、14.4mm 的钢绞线上出现的蚀坑深度为 1mm 的蚀坑进行疲劳分析，分析结果如图 4.63 所示。

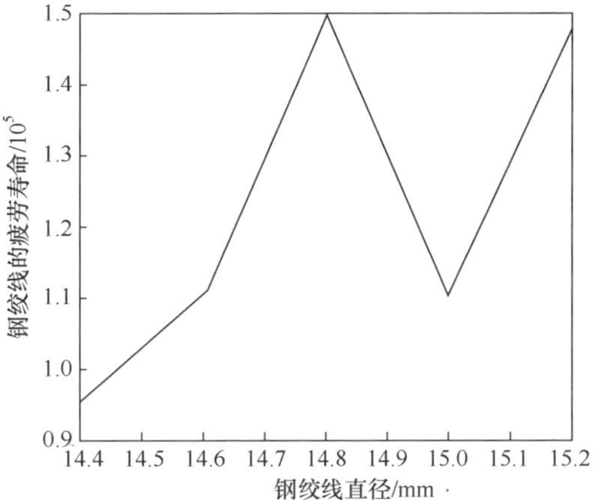

图 4.63　不同直径钢绞线的疲劳寿命曲线

对局部腐蚀状态下蚀坑深度为 1.0mm、1.2mm、1.4mm、1.6mm 的直径为 15.2mm 的钢绞线进行疲劳分析，分析结果如图 4.64 所示[16]。

从均匀腐蚀与局部腐蚀疲劳计算的结果可以看出，寿命不是随着腐蚀时间的增加而减少，而是在某一直径上增大后又逐渐变小。因为蚀坑在均匀腐蚀的钢绞线上对应力扰动的结果不同，金属材料的疲劳是以材料的缺陷点开始的，这个点

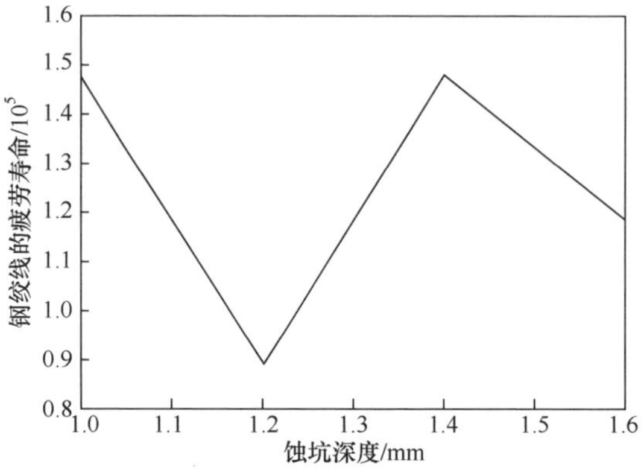

图 4.64　不同蚀坑深度的钢绞线疲劳曲线

所承受的应力也是重要的条件。在材料的缺陷部位上，当应力超过屈服强度时，材料会开始在缺陷部位产生裂纹。而应力幅也是材料疲劳的主要条件之一，缺陷坑的出现迫使应力变化，不同的直径、不同的蚀坑深度对应力扰动的程度不同。由上述研究结果可知，蚀坑深度为 1.0mm 时，直径为 14.8mm 的钢绞线应力扰动最小，疲劳寿命最大。对于直径为 15.2mm 的钢绞线，在蚀坑深度为 1.4mm 时其疲劳寿命最大[16]。

4.3　酸雨环境下斜拉桥耐久性分析预测

在 PE 外套破损后，大气腐蚀介质会进入斜拉桥拉索系统中与拉索充分接触，在此可以假定拉索与酸雨中的腐蚀介质充分接触，经受均匀腐蚀，腐蚀速率不与蚀坑大小相联系[17]。

建立拉索寿命公式：

$$n(t_{\mathrm{Fe}}/v_{\mathrm{Fe}})=T \tag{4.8}$$

式中，n 为修正系数；t_{Fe} 为斜拉桥拉索铁基质均匀腐蚀深度，μm；v_{Fe} 为酸雨环境下人工加速试验中斜拉桥拉索铁基体腐蚀速率，μm/d；T 为腐蚀时间，d。

4.3.1　拉索失效的判据

斜拉桥的拉索是由很多镀锌钢绞线组成的，其中镀锌钢绞线的破断是危险性的破坏。但总系统的安全性不是单根钢绞线的线性叠加，而属于相互关联的系统，所以研究拉索系统的安全性要从单根入手，再由单根衍生到整个拉索系统，当单根钢绞线承受的应力 σ 超过拉伸破断应力 σ_{d} 时，拉索就会进入塑性阶段，所以将拉伸破断应力 σ_{d} 作为门槛系数，将单根安全系数 k_{ij} 定义为

$$k_{ij} = \frac{\sigma_{\mathrm{d}}}{\sigma_{ij}} \tag{4.9}$$

式中，i 为拉索的层数，最外层为第一层，由此往里算；j 为拉索编号；σ_{ij} 为第 i 层第 j 号拉索的等效应力，MPa；σ_{d} 为斜拉桥拉索系统单根钢绞线的拉伸破断应力，MPa；k_{ij} 为斜拉桥拉索系统第 i 层第 j 号钢绞线的安全系数，无量纲。

当 $\sigma_{ij} = \sigma_{\mathrm{d}}$ 时，可以认为第 i 层第 j 号钢绞线破断，应力出现扰动，进行二次分布，促使其他拉索尽早退出工作状态，服役期结束，所以为了建立整根拉索的安全系数方程，设 $k_{ij} = 0$ 。

整个拉索系统的安全系数定为

$$K = \sum \frac{k_{ij}}{N} \tag{4.10}$$

式中，N 为单根拉索没有破断的钢绞线总数。

定义拉索的安全阈值为 $[K]$，当 $K < [K]$ 时，认为拉索需要及时更换；当 $K \leqslant 1$ 时，认为单根拉索退出工作，是危险的征兆。

4.3.2　拉索寿命预测的工程应用

湖州三环北路东延工程是湖州市城市路网规划中的重要组成部分，位于湖州市市区北部，是行政中心连接申苏浙皖高速公路、湖州织里镇的重要城市快速干道。西起太湖路，东至申苏浙皖高速公路湖州段连接线，跨越小梅港、长兜港和大钱港等重要河流，路线全长 5.514km。该桥为 H 形塔、独塔、双索面、混凝土斜拉桥，主桥跨径布置为 160m 边跨、190m 中跨和 38m 外伸孔(即协作体系)，合计 388m，其中边跨 160m 被辅助墩分为 67.5m+92.5m。拉索布置形式为竖琴式[18]。

主梁采用双主肋断面形式，建筑高度为 3.055m(含 6cm 铺装)，全宽 40.5m(在塔根部及与东引桥相接处局部变宽)。主梁由主肋、桥面板和横隔板组成。主肋标准高 2.7m，宽 1.7m，两主肋中心间距为 29.5m。横隔板纵向标准间距为 6m，为双悬臂结构，支撑计算跨度 29.5m，悬臂计算跨度 5.5m，横隔板宽 0.28m，桥面板厚 28cm。主肋靠近塔根部时，逐渐变宽至 3m。主梁在协作体系处设底板后变高。拉索与主梁夹角为 32°(未计纵坡)，在梁上的束距为 6m，每索面拉索共 24 对。拉索固定端位置设在主肋下缘，通过钢锚箱将索力传递给主梁，拉索张拉端设在塔内。拉索施工完毕后，钢锚箱用铝材盖板封闭，以保持全桥外观的整洁，需要时可以打开维修[19]。在必要时可更换任意一根拉索，不影响正常交通，拉索大样图如图 4.65 所示。

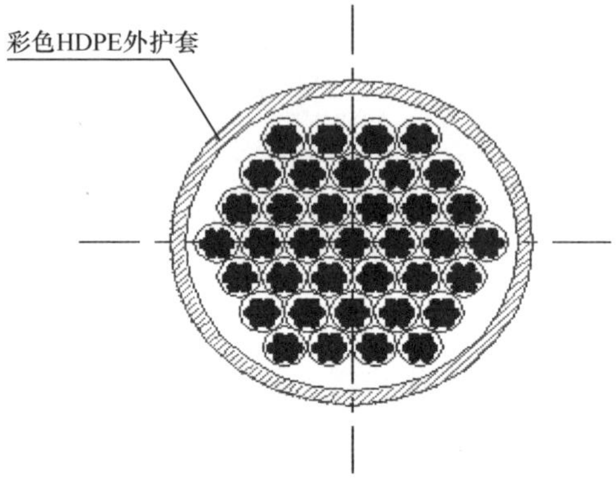

图 4.65　拉索大样图

1) 拉索应力数值计算

根据《嘉陵江石门大桥斜拉索、锚头病害检测及分析评估》与《涪陵长江大桥检测报告》中对斜拉桥拉索腐蚀程度的数据处理结果，嘉陵江石门大桥经过 16 年的环境腐蚀，其拉索的蚀坑平均深度为 1400.48μm，计算所得 S11#索应力最大，达到 751MPa。

2) 确定最不利索力

对南湖大桥采用 MADIS CIVIL 2012 建立模型，确定 S8#索的索力最大，为 1014MPa，因此对 S8#索进行安全性分析。南湖大桥模型如图 4.66 和图 4.67 所示[20]。

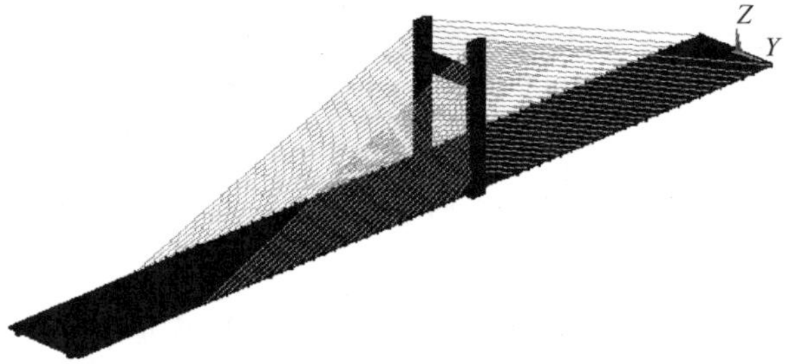

图 4.66　南湖大桥 ANSYS 模型

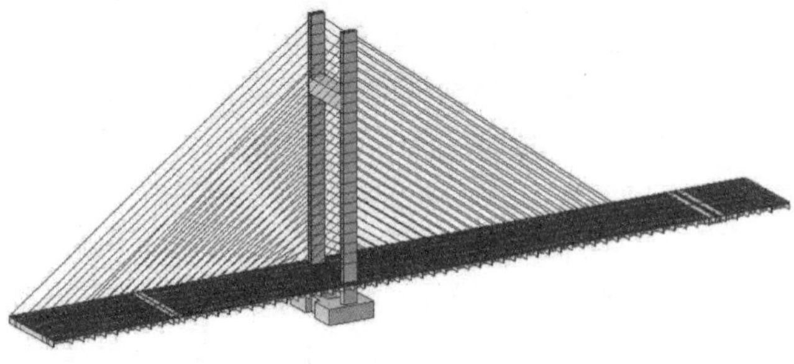

图 4.67　南湖大桥 MADIS 模型

S8#索分层大样图如图 4.68 所示。

在 1014MPa 应力的作用下，计算其平均腐蚀速率和腐蚀深度，得到平均腐蚀速率 $v=58.23\ \mathrm{mg/(dm^2 \cdot d)}$，腐蚀深度为 0.6564mm/d。

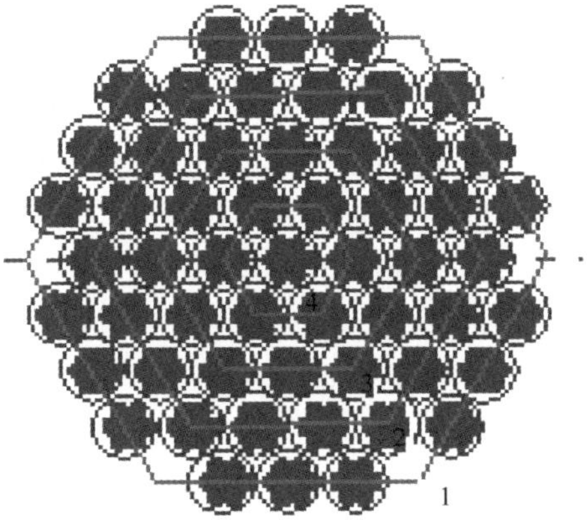

图 4.68　S8#索分层大样图

假定最外层腐蚀速率为 $0.4\ \mathrm{mg/(dm^2 \cdot d)}$，依据统计截面数据 $R_i = i^{-0.232}$，R_i 表示第 i 层截面的折减系数，第 i 层上的腐蚀深度 $h_i = R_i h$，h 为第一层的腐蚀深度，取钢绞线的抗拉强度为 1860MPa，根据有限元模型的计算结果得出桥梁各层的安全系数[21]，如表 4.8 所示。

表 4.8　S8#索各根钢绞线的安全系数计算表

层号	包含钢绞线数	全面腐蚀深度/mm	局部腐蚀深度/mm	最大等效应力/MPa	安全系数
1	18	0.40	0.41	1311.47	1.418
2	18	0.34	0.34	1305.18	1.425
3	12	0.40	0.31	1302.01	1.429
4	6	0.29	0.29	1299.97	1.431

根据式(4.10)计算得桥梁的安全系数 K 为 1.426，拉索的疲劳寿命可表示为

$$2.74 \times (400/0.6565) = 1645\ 天 \tag{4.11}$$

那么钢绞线从安全系数 1.83 降至 1.426 需要 4.5 年。

4.4　基于细观损伤力学的有效模量分析

1. 细观损伤力学基础

宏观损伤、微观损伤和细观损伤是从特征尺寸大小角度划分的三种基本类型

的物质损伤。在原子尺度上的损伤，如位错、空洞、点缺陷需要微观晶格模型来研究相关过程；然后在经典和量子统计力学方法的帮助下预测微观损伤对宏观力学行为的影响。由于理论和计算的复杂性，这一基于栅格模型和统计方法的微观理论通常只用于定性解释一些最基本的物理现象[22]。

根据损伤理论的研究方法，损伤理论可以分为宏观方法和细观方法两个主要类别。

宏观方法是一种典型的场论方法。由 Lematre 等创立的能量损伤理论是连续介质力学和热力学的基础，也称为连续损伤力学，其基本思想是引进连续变化的损伤变量来表征材料内部的细观损伤。它由多种微观破坏推出不断变化的内部对象的损伤变量表征，利用热力学定理和内变量理论导出材料的本构方程，借助自由能和耗散势能推导损伤本构方程和损伤演化规律。能量损伤理论在金属和非金属材料行业中已得到广泛应用[23]。

细观损伤一般指孔洞、微裂纹、夹杂物、脆性相等材料内部的不均匀性，对这些影响细观损伤的成核机制、演化规律以及它们对材料力学行为的影响是损伤力学研究的课题。细观损伤力学是从材料的细观结构出发，对受损的微观机制加以区分，通过研究物理和机械过程中的微观结构变化来了解材料的破坏，并通过体积平均化方法从细观分析结果导出材料的宏观力学特性。

宏观方法与细观方法在工程应用、理论分析方面可以相互补充。宏观损伤力学多与结构强度和寿命相关的分析联系在一起，而细观损伤力学往往与力学行为和变形过程有关。

细观损伤力学的研究尺度介于连续介质损伤力学与微观力学之间，使用连续介质力学和材料力学的一些方法，对上述两种尺度之间的细观结构(如微孔洞、微裂纹、晶界等)进行力学描述。细观损伤力学一方面忽略了过于复杂的微观物理损伤，另一方面包含了不同材料细观损伤的损伤变量的几何和物理特征，为损伤变量和演化方程提供了一个更清晰的物理背景。

细观损伤力学的基本研究方法可用图 4.69 表示。首先，从基体中取一个具有代表性的体积单元(representative volume element，RVE)，其在尺寸上要满足：①从宏观角度上看，尺寸要足够小，即可以看成一个质点，其宏观应力应变场可以看成均匀的；②从微观尺度上看，尺寸须足够大，能反映材料的统计信息和微观结构。利用连续介质力学和热力学的方法对这一体积单元进行研究，分析其在外部荷载作用下显微组织变形演变的规律，然后通过平均化手段将细观结构的研究结果反映在宏观力学行为中[24]。

计算损伤材料的有效模量是细观损伤理论的一个重要内容。在 Budiansky 提出的能量等效的框架下，即等效材料的应变能=无损基体材料应变能+微损伤存在

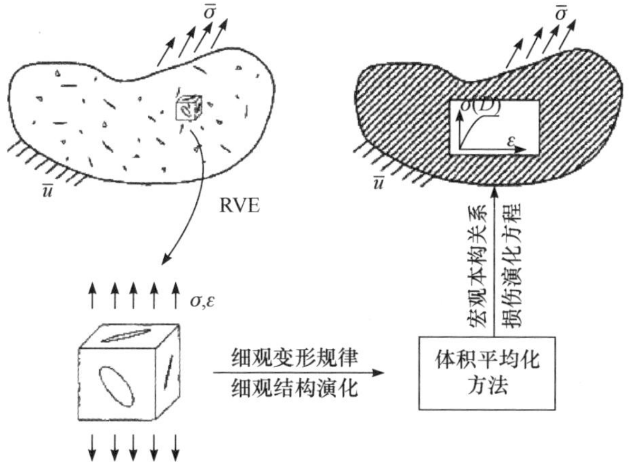

图 4.69　细观损伤力学研究方法

使系统释放的应变[25]，根据不同系统损伤的释放面，可采用不同的方法来计算损伤材料的有效模量。如果完全忽略微裂纹或微孔洞，即认为材料处于弹性范围内，微损伤所受应力负荷等于远场之间的相互作用，这种方法称为泰勒模型。对损伤较为稀疏的情况，这样的方法有足够的精确度。此外，计算微孔洞损伤有效模量的方法还有自洽方法、广义自洽方法、稀疏解法、Mori-Tanaka 方法等。

2. 含微孔洞损伤材料有效模量的计算方法

虽然目前对于基体材料含微孔洞时的有效弹性模量的计算方法有多种，但均是以该式为理论基础。为研究各种计算方法的合理性，下面将分别采用上述几种计算方法，计算本次试验腐蚀后的钢丝有效模量，并对比各种计算方法的准确度。

1) 自洽方法

自洽方法计算含孔洞材料有效弹性模量的基本思路是：在完好的基体材料中考虑单个微孔洞的损伤和各个损伤之间的相互影响，分析各个微孔洞引起的弹性模量的变化，然后对所有的微孔洞取平均值，建立包含材料有效弹性模量的方程。

$$\bar{K}=K\left[1-\frac{\xi}{1-\dfrac{1+\bar{\mu}}{3(1-\bar{\mu})}}\right],\quad \bar{G}=G\left[1-\frac{\xi}{1-\dfrac{2(4-5\bar{\mu})}{15(1-\bar{\mu})}}\right] \tag{4.12}$$

式中，$\bar{\mu}$ 为等效泊松比，$\bar{\mu}=(3\bar{K}-2\bar{G})/(6\bar{K}+2\bar{G})$。

2) 广义自洽方法

广义自洽方法更具体地考虑了微孔洞与基体之间的相互作用，其基本思路是：

将微孔洞视为置于一有限厚度的基体中，而后者又被置于弹性模量无限大的基体材料中。其计算公式为

$$\bar{K}=K\left[1-\frac{\xi}{1-(1-\xi)\dfrac{1+\mu}{3(1-\mu)}}\right] \tag{4.13}$$

广义自洽方法中有效剪切模量的泰勒展开形式为

$$\bar{G}=G\left[1+\alpha_G\xi+\frac{2(4-5\mu)}{15(1-\mu)}\alpha_G^2\xi^2+\frac{4(4-5\mu)^2+54}{225(1-\mu)^2}\alpha_G^3\xi^3-\frac{12}{25(1-\mu)^2}\alpha_G^3\xi^{11/3}+o(\xi^4)\right] \tag{4.14}$$

式中，$\alpha_G=-15(1-\mu)/(7-5\mu)$。

Mackenzie 使用广义自洽方法得到如下有效体积模量与剪切模量表达式：

$$\bar{K}=\frac{4GK(1-\xi)}{4G+3K\xi},\quad \bar{G}=G(1-\xi)\left[1-\frac{\xi(6K+12G)}{9K+8G}\right] \tag{4.15}$$

3) 稀疏解法

稀疏解法把微孔洞置于无损伤的弹性基体材料中，完全忽略微损伤之间的相互作用，得到

$$\bar{K}=K\left\{1-\frac{\xi}{1-\left[\dfrac{1+\mu}{3(1-\mu)}-\xi\right]}\right\},\quad \bar{G}=G\left\{1-\frac{\xi}{1-\left[\dfrac{2(4-5\mu)}{15(1-\mu)}-\xi\right]}\right\} \tag{4.16}$$

4) Mori-Tanaka 方法

$$\bar{K}=K\left[1-\frac{\xi}{1-(1-\xi)\dfrac{1+\mu}{3(1-\mu)}}\right],\quad \bar{G}=G\left[1-\frac{\xi}{1-(1-\xi)\left\{\dfrac{2(4-5\mu)}{15(1-\mu)}\right\}}\right] \tag{4.17}$$

按照上述方法可得到含孔洞损伤材料的有效弹性模量。考虑本次试验中 μ=0.3，则各种方法的泰勒展开式如表 4.9 所示。

表 4.9　含孔洞的固体有效弹性模量 $\bar{K}/K$ 的泰勒展开式(到 ξ^3 项)

理论依据	$\bar{K}/K$ 的泰勒展开式
自洽方法	$-0.48\xi^3+2\xi^2-2.95\xi+1.0$
广义自洽方法	$-6.9\xi^3+4.3\xi^2-2.6\xi+1.0$
稀疏解法	$-18\xi^3+6.9\xi^2-2.6\xi+1.0$
Mori-Tanaka 方法	$-0.48\xi^3+2\xi^2-2.95\xi+1.0$

由表 4.9 可知，自洽方法与 Mori-Tanaka 方法有相同的计算结果。

3. 钢丝细观损伤力学分析与有效模量

平行钢丝在经过交变应力与腐蚀环境作用后，其内部损伤为晶格间滑移错动(图 4.70)，从而导致钢丝某些性能的不均匀性；外部损伤表现为在钢丝表面存在较多的蚀坑，钢丝横截面积减小并损失部分重量。由于钢丝腐蚀仅发生在钢丝表面，内部的晶格错动并不会受到外界腐蚀环境的影响；局部的晶格错动会导致钢丝表面腐蚀不均匀，从而加速钢丝表面的化学腐蚀[26]。由此可知，宏观腐蚀包含了疲劳致损伤，而钢丝内部的细观损伤却仅仅由疲劳应力导致，钢丝的宏观损伤可由一些简单的试验观测手段获得。因此，把分析钢丝的表观损伤作为研究其腐蚀疲劳机理的一种手段是合理可行的。

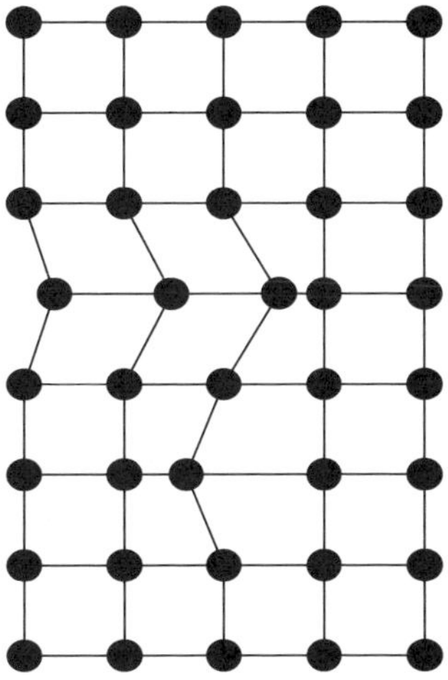

图 4.70　晶格错动示意图

如前所述，计算损伤材料的有效模量是细观损伤理论的一个重要内容。本节结合上述试验结果，绘制疲劳腐蚀后钢丝有效弹性模量随孔隙率的变化曲线，如图 4.71 所示。由图可知，腐蚀疲劳后的平行钢丝的有效弹性模量明显受到孔隙率的影响，理论计算值与实测值变化趋势相似，均为线性关系；随着孔隙率的增大，有效弹性模量实测值的下降速率高于理论计算值的下降速率，其中自洽方法计算值与实测值最为接近。

从计算结果和试验结果对比可以看出，点蚀损伤引起的金属材料弹性模量下降可用球形孔洞孔隙率模型进行模拟计算。

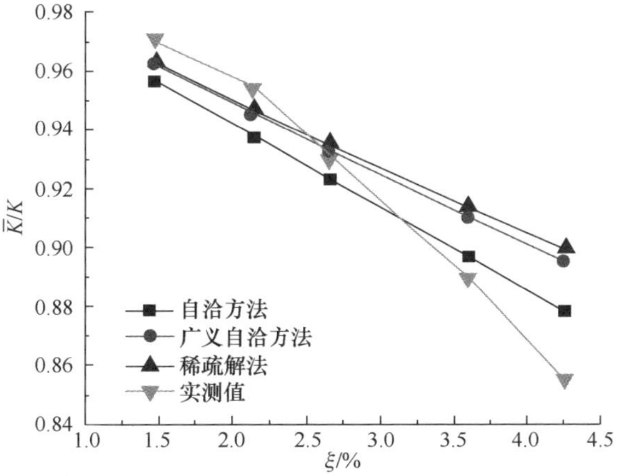

图 4.71　有效弹性模量与腐蚀疲劳孔隙率关系

4.5 小结

本章通过开展物理模型试验探究了酸雨条件下拉索中平行钢丝的腐蚀问题，得到了钢丝在无应力状态、静态、交变荷载作用下的腐蚀速率，并通过电镜对不同工况下钢丝的腐蚀形态进行观测，从细观的角度揭示了拉索的腐蚀机理及力学性能。此外，通过数值模拟分析方法建立了带缺陷尺寸的索体模型，分析了蚀坑尺寸、净间距对其腐蚀疲劳寿命的影响，并依托具体工程案例，建立有限元全桥仿真模型，推算了南湖大桥拉索的腐蚀疲劳寿命，为进一步探究拉索的腐蚀疲劳机理打下基础，具有一定的实际工程价值。

参考文献

[1] 杨世聪. 桥梁拉吊索腐蚀-疲劳问题及服役可靠性[D]. 重庆: 重庆交通大学, 2018.
[2] 李涛. 交变应力与环境耦合作用下拉索腐蚀疲劳损伤机理研究[D]. 重庆: 重庆交通大学, 2014.
[3] 吴文杰. 交变应力状态下斜拉桥拉索电化学腐蚀疲劳试验研究[D]. 重庆: 重庆交通大学, 2015.
[4] 黄成. 拉索腐蚀损伤对斜拉桥结构的影响研究[D]. 重庆: 重庆交通大学, 2018.
[5] 陈静. 环境与荷载作用下拉索 HDPE 防护系统腐蚀损伤试验研究[D]. 重庆: 重庆交通大学, 2020.
[6] 乾冰克. 服役环境下拉索破损安全可靠度评估方法研究[D]. 重庆: 重庆交通大学, 2018.
[7] 蒋磊. 拉索钢丝腐蚀形貌演化的实验研究与仿真模拟[D]. 长沙: 长沙理工大学, 2020.
[8] 梁雄. 斜拉桥拉索腐蚀行为及使用寿命预测研究[D]. 重庆: 重庆交通大学, 2008.
[9] 刘芝宾. 腐蚀钢绞线疲劳性能试验研究[D]. 重庆: 重庆交通大学, 2017.
[10] 陈汉林. 交变荷载-氯盐环境耦合条件下拉索钢丝腐蚀疲劳行为研究[D]. 重庆: 重庆交通大学, 2020.
[11] 曾毅杰. 斜拉索腐蚀钢丝蚀坑等效当量化方法及有效性研究[D]. 长沙: 长沙理工大学, 2017.
[12] 李文治. 盐雾环境下斜拉索应力腐蚀与腐蚀疲劳试验研究[D]. 重庆: 重庆交通大学, 2015.
[13] 梁雄. 斜拉桥拉索腐蚀行为及使用寿命预测研究[D]. 重庆: 重庆交通大学, 2008.
[14] 郭增伟, 陈汉林, 黎小刚, 等. 拉索钢丝电化学腐蚀进程的元胞自动机模拟方法[J]. 重庆大学学报, 2019, 42(9): 19-27.
[15] 孙志杰, 王洋. 钛合金应力腐蚀研究现状及展望[J]. 材料开发与应用, 2020, 35(2): 94-100.
[16] 蒋冬夏. 交变应力状态下拉索环境腐蚀损伤实验研究[D]. 重庆: 重庆交通大学, 2013.
[17] 吴国强. 酸雨环境下斜拉索应力腐蚀与腐蚀疲劳试验研究[D]. 重庆: 重庆交通大学, 2015.
[18] 胡可, 王胜斌, 王波. 超大跨径柱式塔斜拉桥结构创新与应用[J]. 桥梁建设, 2021, 51(4): 88-95.
[19] 牟献良, 田月娥, 文邦伟. 重庆嘉陵江石门大桥斜拉索腐蚀状况初步调查[J]. 表面技术,

2006, 35(6): 82-83.

[20] 黄成. 拉索腐蚀损伤对斜拉桥结构的影响研究[D]. 重庆: 重庆交通大学, 2018.

[21] 杨凌飞. 损伤拉索剩余寿命预测模型与破损安全评价方法研究[D]. 重庆: 重庆交通大学, 2015.

[22] 钟力. 斜拉索腐蚀损伤与安全性能评定方法研究[D]. 重庆: 重庆交通大学, 2014.

[23] 王迪. 基于能量有限元法的损伤结构振动分析[D]. 武汉: 华中科技大学, 2017.

[24] 向文. 盐雾环境作用下拉索锚固系统腐蚀损伤试验研究[D]. 重庆: 重庆交通大学, 2020.

[25] Budiansky N D, Hudson J L, Scully J R. Origins of persistent interaction among localized corrosion sites on stainless steel[J]. Journal of the Electrochemical Society, 2004, 151(4): B233.

[26] 王晓军, 王家琦, 晋民杰, 等. 锈蚀疲劳耦合作用下的斜拉索钢绞线损伤分析[J]. 太原科技大学学报, 2019, 40(6): 472-476.

第 5 章　斜拉桥拉索腐蚀疲劳损伤演化规律与剩余寿命预测方法

要预测拉索的寿命，必须先弄清楚拉索的断裂过程，再根据拉索的断裂过程，计算拉索断裂过程中各阶段的高强度钢丝的拉应力，最后确定其剩余寿命。

5.1　拉索断裂过程

假设当拉索护套刚出现破损时，t=0。此时拉索内部的高强度钢丝未受到环境中腐蚀性因子的腐蚀，于是可认为此时拉索中高强度钢丝的损伤也为 0，高强度钢丝未出现破损锈蚀的情况，则此时高强度钢丝的抗拉强度均为σ_{b}，高强度钢丝拉应力$\sigma_i < \sigma_{\mathrm{b}}$。随着外界环境的腐蚀性因子逐步往拉索内部扩散，高强度钢丝周围慢慢出现了外界扩散进来的腐蚀性因子，离护套破损处越近的高强度钢丝，腐蚀性因子的浓度也越大，被腐蚀的速率也越快，腐蚀的程度也就越严重。高强度钢丝一旦被腐蚀，其抗拉强度和弹性模量均出现不同程度的下降，腐蚀后的第 i 根高强度钢丝的抗拉强度为$\sigma_{\mathrm{b}i}$，$\sigma_{\mathrm{b}i}$随着时间 t 和腐蚀程度的增加而减小。随着外界环境中的腐蚀性因子逐步往拉索内部扩散，高强度钢丝之间缝隙中的腐蚀性因子浓度也越来越大，故高强度钢丝的腐蚀速率也越来越大[1]。

随着拉索内部高强度钢丝腐蚀量的增加，靠近护套破损处的高强度钢丝的抗拉强度$\sigma_{\mathrm{b}i}$下降得最快，令第 j 根钢丝腐蚀最为严重，则其抗拉强度$\sigma_{\mathrm{b}i}$也下降得最多，当其抗拉强度$\sigma_{\mathrm{b}j}$和所受的拉应力σ_j相等，即$\sigma_{\mathrm{b}j} = \sigma_j$时，第 j 根钢丝就会断裂，其他高强度钢丝仍继续工作，但是会发生应力的重分配，使得剩下的所有钢丝所承受的拉应力增大。若在应力重分配后，部分钢丝的拉应力达到了其许用抗拉强度，则这些钢丝将会断裂，其所承担的拉力再次分配给剩下的未发生断裂的钢丝。若在应力重分配后，剩余的高强度钢丝均未出现断裂的情况，则表明所受的拉应力均未达到其抗拉强度，即$\sigma_i < \sigma_{\mathrm{b}i}$，此时剩余的钢丝将共同受力、共同工作，随着腐蚀的进一步加剧，钢丝的抗拉强度$\sigma_{\mathrm{b}i}$进一步下降，直到未断裂的钢丝中腐蚀最为严重的一根的抗拉强度$\sigma_{\mathrm{b}i}$等于拉应力σ_i时，这根钢丝将发生断裂，接着再应力重分配。如此循环往复，直至拉索所受的拉力 F 等于其最大承载力 F_{m}时，拉索将会迅速断裂[2]。

5.2　剩余寿命的预测流程

在分析了拉索的断裂过程后，可根据图 5.1 所示的流程图来预测拉索的寿命[3]。

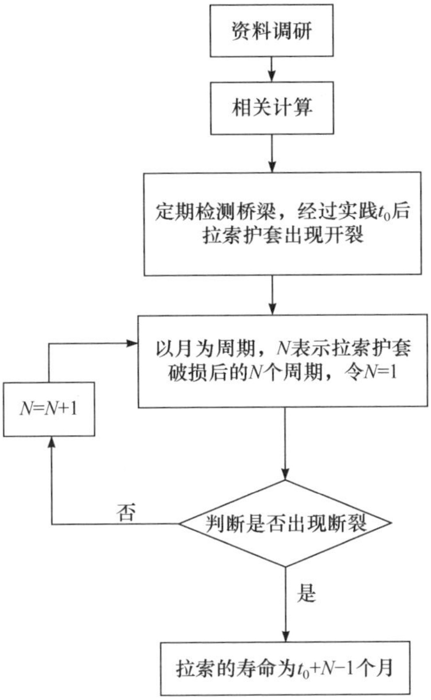

图 5.1　拉索寿命预测流程图

1. 资料调研

查阅桥梁的档案，收集桥梁的相关资料，如拉索的内部构造、所选用的材料以及测量的拉索内部高强钢丝的抗拉强度[4]。

调研桥梁所处的地理位置和气候条件，得到桥梁所在地外部环境的温度、相对湿度、pH、氯盐的含量，即确定环境中的腐蚀性因子及水平。

2. 相关计算

根据桥梁的设计资料确定扩散系数 D 等常数，并计算出桥梁拉索所受到的拉力 F 和腐蚀最为严重的钢丝所承受的拉力 $F_{单}$[5]。由于拉索内部钢丝腐蚀程度不相同，其刚度也不相同，每个钢丝所承受的拉力也不相同。腐蚀越厉害的钢丝的刚度损失越多，所承受的拉力也应该越小。由于钢丝的厚度较小，其刚度的变化

亦不是很大，这里为了便于计算，也偏于安全考虑，把$F_{单}$作为腐蚀最严重的钢丝所承受的拉力[6]，即

$$F_{单} = F/n \tag{5.1}$$

式中，n为此时未断裂的钢丝数量。

由资料调研得出的环境腐蚀性因子和水平，以及拉索的内部构造，根据

$$C(L,x,t)=\sum_{n=1}^{\infty}\left[\frac{1}{2}\left(L+\frac{h}{\mu_n^2+h^2}\right)\right]^{-1}\int_0^L \varphi(x)\cos(\mu_n x)\mathrm{d}x\cdot \mathrm{e}^{-a^2\mu_n{}^2 t}\cos(\mu_n x) \tag{5.2}$$

得出每根钢丝周围的腐蚀性因子浓度与时间t的函数，再根据

$$D_i=\int_0^t v_d\mathrm{d}t=\int_0^t g(1.2x_{AD},1.2x_{AO},t)\mathrm{d}t \tag{5.3}$$

得出每根钢丝的腐蚀量与时间t的函数，由此得出其弹性模量与时间t的函数。

3. 桥梁的定期检测

桥梁在服役中应定期检测，及时发现拉索的护套是否完整。设经过时间t_0(以月为单位)，拉索的护套出现开裂情况，则t_0时刻起，外界环境中的腐蚀性因子开始向拉索内部扩散，拉索内部钢丝开始腐蚀[7]。

4. 拉索寿命的推算

从拉索护套出现裂缝开始，以一个月为周期推算每根钢丝的腐蚀程度、每根钢丝剩余的抗拉强度以及其所承受的拉力$F_{单}$。由公式$F_{\mathrm{m}} = F_{单}\times A_{总}$得出拉索此时的最大承载力$F_{\mathrm{m}}$，其中，

$$A_{总}=\sum_{i=1}^{n}A_i=\sum_{i=1}^{n}(A-A')=\sum_{i=1}^{n}\left[\pi r^2-\pi(r-D_i)^2\right] \tag{5.4}$$

当$F \geqslant F_{\mathrm{m}}/\eta$时，可认为此时拉索已失效。

计算出每个周期末是否有腐蚀严重的钢丝出现断丝的情况。若出现断丝情况，则会发生应力重分配，在应力重分配后再次计算F_{m}，判断拉索是否失效，以及剩余的钢丝中是否有新的钢丝发生断裂，若出现断裂，则重复前面的计算。如此每个周期循环不断推算，直到拉索失效[8]。设第N个周期末时计算出拉索失效，则可以偏安全地认为N–1个周期时拉索的寿命终止。由此可以推出拉索的寿命为t_0+N–1个月，即在护套出现裂缝后的N–1个月内应及更换拉索[9,10]。

5.3 小　结

本章以具体工程实例为背景，揭示了拉索的损伤演化规律，并采用理论研究的方法分析了各层钢丝的使用寿命，通过单根钢丝的腐蚀疲劳寿命推导了整个索体的腐蚀疲劳寿命，并给出了相应的计算模型，为进一步评定拉索的腐蚀疲劳寿命、探究拉索的腐蚀机理提供参考。

参 考 文 献

[1] 刘发，岳红宇，谢民滇，等. 腐蚀斜拉索承载力退化模型研究[J]. 现代交通技术，2017, 14(3): 30-34, 61.
[2] 朱万旭，刘丰荣，朱世聪，等. 钢绞线拉索疲劳性能优化试验研究[J]. 世界桥梁，2020, 48(5): 46-50.
[3] 余芳，贾金青，姚大立，等. 腐蚀预应力钢绞线的疲劳试验分析[J]. 哈尔滨工程大学学报，2014, 35(12): 1487-1491.
[4] 杨德滋. 损伤力学方法在预测钢筋及钢绞线的疲劳寿命中的应用[J]. 四川建筑科学研究，1990, 16(2): 35-38, 42.
[5] 岳红宇，刘发，谢民滇. 腐蚀斜拉索钢丝承载力的影响因素研究[J]. 现代交通技术，2017, 14(2): 26-31.
[6] 王立彬，李爱群，马小利. 基于寿命函数的斜拉索系统维修更换策略研究[J]. 土木工程学报, 2012, 45(6): 162-170.
[7] Kondo Y. Prediction of fatigue crack initiation life based on pit growth[J]. Corrosion, 1989, 45(1): 7-11.
[8] 陈智俊. 独塔单索面斜拉桥主梁扭转性能研究[D]. 武汉：华中科技大学, 2006.
[9] 蒋彧. 斜拉桥拉索更换设计方法[J]. 黑龙江交通科技, 2018, 41(7): 117-118.
[10] 蒋玉富. 浅析大跨径斜拉桥斜拉索更换施工关键技术[J]. 科技展望, 2016, 26(28): 25-26, 28.

第 6 章　斜拉桥拉索腐蚀损伤后的性能评价方法

6.1　损伤拉索安全评估

6.1.1　拉索应力状态及腐蚀失效特点

1. 拉索应力状态

对斜拉桥而言，拉索的力学性能有严格的要求。根据我国规范和日本斜拉索的试验，容许断丝率均规定不大于 5%，文献要求缆索高强钢丝在 0.45σ_b(σ_b为极限抗拉强度)的应力范围作用下能承受 200 万次应力循环。一般在恒载和基本可变荷载组合下，可用 0.4σ_b作为索的容许应力，如果再加上其他可变荷载，索的容许应力可达到 0.5σ_b。而在施工阶段，应力可能达到 0.56σ_b。在我国斜拉桥设计中，最大容许应力一般在 0.4～0.42σ_b。由于荷载的随机性，斜拉桥承受的疲劳荷载一般达不到最不利荷载，仅为活载应力幅值的 50%～60%[1]。部分斜拉桥(又称矮塔斜拉桥)拉索的容许应力一般取 0.6σ_b。对于公路活载，一般实测活载强度仅为设计值的 13%，特殊情况下达到 37%。铁路活载强度则一般接近设计活载。

虽然桥梁缆索的活载强度不大，正常情况下缆索不会发生疲劳破坏。一旦缆索发生腐蚀，其疲劳强度就会大幅度降低。事实证明，缆索在腐蚀介质的作用下发生腐蚀疲劳破坏的可能性较大[2]。

2. 拉索腐蚀失效特点

对斜拉索来说，PE 护套是拉索的最外层防护，若拉索在灌浆时的气温太高，而在炎热气温条件下出现暂时低温，则会导致护套管子破裂。例如，阿根廷布宜诺斯艾利斯附近有 2 座斜拉桥，相距约 32km，分别建于 1976 年和 1977 年，主跨均为 330m。在 2 年内，拉索的聚乙烯管都出现较大裂纹，一旦拉索 PE 护套上出现很小的裂纹或损伤，且暴露于环境中，就可产生应力腐蚀。同时钢丝周围环境是无数次干燥与潮湿及高温与低温循环交替状态，促使应力腐蚀加速形成。在实际施工中，拉索在灌浆过程中产生的气泡、水泥浆凝固收缩造成的空穴，或者管道的压浆工艺使拉索顶部灌浆不饱满，均会留下锈蚀漏洞，致使拉索受不到保护，造成拉索锈断，如我国的海印大桥和恒丰路立交桥[3]。

郭建民结合济南黄河大桥使用过程中出现的病害及存在的问题，分析了斜拉索病害的原因，认为其腐蚀主要是钢索与周围介质发生电化学作用，造成氧化还原反应所致。吴梦雪等[4]、Hans[5]分析了德国的科尔布兰德桥和委内瑞拉的马拉开波桥斜拉索的损坏。认为拉索的腐蚀破坏与以下几种因素有关：钢索在海洋性气候中较容易发生腐蚀现象；若钢丝为未镀锌高强钢丝，则抗腐蚀性能较差；钢索在锚固位置引起附加应力而产生应力腐蚀；锚座的保护措施不足致使腐蚀介质与钢索接触。而拉索的 PE 护套破裂的原因为：分段压浆使拉索 PE 护套产生较大的变形；压浆前后的温差引起 PE 护套的周向拉应力而导致 PE 破裂[6]。

另外，斜拉桥锚固区内的拉索容易发生断丝。锚固区的受力和腐蚀条件都比较复杂，如拉索受到弯曲应力，拉索与锚头的接合部位防腐不够，拉索振动、恒载轻、钢丝松弛，加剧钢丝摩擦；大量使用消冰盐等因素均会导致斜拉索腐蚀和断丝。

6.1.2　拉索安全性能评估方法

结构或构件在经历了长期的累积损伤过程后可能以两种方式失效：一种方式是损伤使结构达到不适合使用的临界状态，甚至使结构在常规荷载作用下失效；另一种方式是累积损伤导致结构抗力衰减，此时虽然损伤未达到临界值，但当结构遇到偶然性极端荷载作用时，部分构件甚至结构整体可能失效。类似于斜拉桥等重要工程设施都有腐蚀、疲劳累积损伤导致抗力衰减，从而引发重大安全事故发生的事件。因此，有效地检测、监测或预测结构的损伤累积过程，掌握构件抗力随损伤累积而衰减的规律，从而能及时对结构进行维修加固，以便延长结构使用寿命和增强结构抵抗荷载的能力，是保证结构安全运营、最大限度地避免事故发生的积极有效措施[6]。

结构安全评定不同于结构设计的安全验算，主要有三个方面：①待评定的结构通常是有损伤的现役结构。如何揭示现役结构真实的损伤状况，然后合理地考虑结构损伤和修正结构模型，以便为结构安全评定的内力重分析提供基础是其关键问题之一。结构的无损检测、累积损伤与抗力衰减分析从某种意义上说都是为这一目的服务。②结构的安全评定更着眼于结构的整体安全状况，这是因为结构在服役过程中，由于累积损伤和各种不利要素的影响，部分构件很可能不满足安全要求，而由于大型结构的高度冗余度，结构整体往往还有足够的承载能力。③结构安全评定的荷载标准与安全标准问题。结构设计或安全评定，首先要确定荷载标准，然后才能分析和计算结构构件或结构整体的安全度指标。此外，结构的安全评定需要有一个标准来衡量结构在当前状态继续使用是否安全，包括结构构件和结构整体的安全度标准。目前，结构评定的安全度标准基本上沿用结构设计的安全度标准。拉索的安全性能评估主要有以下几方面研究。

1) 基于外观评定钢丝的锈蚀程度

这是一种半定量的评定方法。它依赖于一个统一的硬性规定的客观标准，使每个试验者均受这个标准的约束，而不完全依赖于主观猜测的结论。在文献中，对金属覆盖层及基质进行了与基体金属腐蚀相关的保护评级 R_p、与覆盖层破坏相关的外观评级 R_A 以及二者组合的性能评级的详细标准[7]。

2) 基于外观质量的有效抗力折减系数评估法

这种方法通常是在对一些有代表性的桥梁拉索进行试验分析的基础上，利用回归分析拉索强度的经验公式来评定拉索的安全性。或者根据大量桥梁拉索的缺陷、病害等对桥梁承载能力影响的调查确定较为合理的强度折减系数，进而对拉索强度进行折减。显然，这种方法往往带有较大的主观性[8]。

采用该方法时，拉索损伤后其有效抗力减小，损伤拉索的实际抗力等于拉索钢丝抗拉强度标准值乘以强度折减系数。计算公式为

$$R^{\tau} = vR^{b} \tag{6.1}$$

式中，R^{τ} 为损伤拉索实际抗拉强度估计值；R^{b} 为拉索抗拉强度设计值；v 为损伤拉索的强度折减系数。

通过式(6.1)计算出损伤拉索的实际抗拉强度 R^{τ}，将计算结果与拉索设计抗力 $[R]$进行比较，如果 $R^{\tau} > [R]$，表明拉索实际抗拉强度大于设计抗力，拉索安全；如果 $R^{\tau} < [R]$，表明损伤后拉索的实际抗拉强度低于设计抗力，此时拉索处于危险状态。

3) 基于荷载效应总体水平的拉索强度安全评定

对于拉索构件，除进行破坏性试验外，采用无损检测等方法可以测得拉索的实际索力，但很难测到拉索的实际抗力，对此尚无好的解决方法。通常的做法是：首先，对结构进行详细的外观调查；然后，结合拉索外观调查结果对拉索进行分类；最后，根据拉索的分类情况确定其抗力检算系数 Z。不同类别对应的检算系数是根据大量工程积累及试验统计得出的。在计算拉索抗力时，将 Z_1 作为拉索的抗力折减系数，那么拉索的实际容许抗力可通过式(6.2)来计算：

$$[R]^{\tau} = Z_{1g}[R]^{d} \tag{6.2}$$

式中，$[R]^{d}$ 为拉索的抗力设计值；Z_{1g} 为拉索的抗力折减系数[8]。

在对拉索进行详细的外观调查基础上，Z_{1g} 取值可参照表 6.1。

表 6.1　拉索抗力折减系数 Z_1 取值

Z_{1g}	技术状态	拉索状况
1.00～1.10	良好	表面防护完好，锚头无积水，锚固区无裂缝
0.95～1.00	较好	表面防护基本完好，有细微裂缝，锚头无锈蚀，锚固区无裂缝
0.90～0.95	较差	表面防护有少数裂缝，伴有少量锈迹，锚头有轻微锈蚀，锚固区有微小裂缝
0.85～0.90	差	表面防护普遍开裂，并有部分脱落，锚头锈蚀，锚固区有明显受力裂缝
0.85 以下	危险	表面防护普遍开裂，并有大量脱落，钢索裸露且锈蚀严重，锚头积水锈蚀，锚固区有明显受力裂缝且宽度大于 0.2mm

4) 基于荷载效应总体水平的拉索安全评定

基于荷载效应总体水平的拉索安全评定是通过比较荷载效应与拉索抗力之间的大小关系，判断拉索安全状况。

5) 基于安全因子的鉴定系数评估法

对于拉索的安全评价，可采用国外的鉴定系数法，缆索桥梁在设计阶段，考虑到材料安全、荷载冲击效应、拉索疲劳等多种因素对拉索设计抗力的影响，可设计一定的安全因子。安全因子定义为拉索的荷载效应与抗力效应的比值，具体计算公式为

$$\eta = \frac{R}{S} \tag{6.3}$$

式中，η 为拉索实测的安全因子；R 为荷载效应产生的拉索索力；S 为拉索实际的极限抗力。

将拉索实际安全因子与设计安全因子$[\eta]$进行比较，若$\eta > [\eta]$，说明拉索相对于设计要求处于安全状态；若$\eta = [\eta]$，说明拉索相对于设计要求处于安全临界状态；若$\eta < [\eta]$，说明拉索相对于设计要求处于危险状态。实测安全因子η越小，拉索构件受力越不安全。

6) 基于可靠度理论的评估方法

损伤后的安全性是评价在役缆索桥梁实际工作性能的重要指标。但由于结构工作环境及材料本身差异，如几何特性(代表特性及维数)、材料力学性质(弹性模量和强度等)、荷载等级和分布等无法在拉索安全评估中统一，损伤拉索的安全评定具有不确定性。概率可靠度评定方法将这种不确定性定义为随机变量以实现对拉索安全性的评估。Larsen 等[9]采用概率方法对四座悬索桥的主缆进行安全性评估，采用 I 型极值分布来估计主缆中脆性钢丝的实际数量。Elachachi 等[10]提出了一种概率方法来估计拉索的残余强度，该方法被用作 Tancfrville 悬索桥主

缆的安全评估[11]。

Roberts 等[11]在拉索强度安全因子研究成果的基础上提出采用统计学方法分析拉索强度安全因子，研究发现拉索强度近似服从 Weibull 分布。Camo[12]提出采用概率法对拉索的强度及承受荷载进行安全可靠性评估。文献[13]采用极值分布法对 Williamsburg Bridge 悬索桥主缆的安全因子进行了评估。文献[14]对招宝山斜拉桥拉索安全评估方法进行了研究，建立了拉索强度安全性分析的概率模型。

按照现行建筑结构可靠度设计统一标准的定义，结构可靠度为结构在规定的时间内和规定的条件下完成预定功能的概率。对于拉索构件，首先建立起强度安全功能函数，即

$$Z = r - s \tag{6.4}$$

式中，s 为拉索极限强度或设计强度；r 为与 s 相对应的拉索实测或估计强度。

由于 r 和 s 都是随机变量，因此 Z 也是随机变量。当 $Z>0$ 时，结构处于可靠状态；当 $Z=0$ 时，结构达到极限状态；当 $Z<0$ 时，结构处于失效状态。可靠性分析的静态模型适用于结构抗力在使用过程中不随时间变化或者变化不大的情况，即可以将抗力视为不变值。而对于实际结构，结构抗力是随时间的推移不断变化的，因此必须使用随机过程模拟现有结构的抗力[15]。

假设 Z 的概率密度函数为 $f(Z)$，构件安全概率计算的一般公式为

$$R = P(Z > 0) = \int_0^{\infty} f(Z)\mathrm{d}Z \tag{6.5}$$

采用可靠度法进行拉索强度安全评估的关键在于功能函数的建立及参数分布的确定。一般的功能函数建立为基于拉索抗力的功能函数及基于安全系数的功能函数。功能函数中的结构抗力和荷载效应一般服从正态分布、对数正态分布及 Weibull 分布。相关研究结果建议：对一般工程设计，构件抗力和荷载效应采用正态分布是合理的，且偏于安全。对于安全性要求很高的构件，建议采用对数正态分布或双参数 Weibull 分布。

7) 基于疲劳的拉索安全性评估

对于拉索的疲劳强度安全分析，目前工程中常用的是 Palmgren-Miner 线性累积损伤理论。由于缺乏国内 200 万次以上疲劳试验资料，Wei[16]采用美国得克萨斯大学对 700 余套吊索疲劳的试验结果，通过统计分析和补充试验提出了拉索的应力-疲劳寿命曲线，其数学表达式为

$$\lg N = 15.06 - 3.5\lg \Delta\sigma \tag{6.6}$$

式中，N 为疲劳试验次数；$\Delta\sigma$ 为疲劳应力幅值。

8) 基于灰色理论的拉索安全性评估

柏伟[17]将灰色加权关联分析和灰色变权聚类分析方法相结合，将斜拉桥索面看成一个灰色系统，用数学原理对其进行灰色加权关联度分析和灰色变权聚类分析。运用该方法对斜拉桥某索面索力安全性进行定量、客观、整体评价，并将其用于上海杨浦大桥索力安全评估中。结果表明，这两种方法可较好地应用于斜拉桥索面拉索安全性状况的整体评估。

9) 拉索强度安全评估的其他方法

对于拉索安全性的评估，最常见的方法有基于损伤力学、疲劳断裂、可靠度理论等多种损伤安全评定方法。徐俊等[18]通过对美国及其他各地 30 多座大跨度缆索桥梁的力学参数及可靠性信息收集，结合 8 座以上斜拉桥拉索的检查、监测，提出了一套统一的拉索安全性评估方法，该方法运用索力测试和阻尼测量技术，以最小相关性为指标对结构的安全性进行评估。

6.2　腐蚀损伤程度评价

6.2.1　拉索损伤状态

损伤的直接理解就是在荷载作用下材料的改变(包括裂纹大小的变化、循环应变变化和残余应力的变化)或材料的损坏程度。进一步说，就是材料在循环荷载作用下，微观裂纹不断扩展和深化，从而使试件或构件的有效工作面不断减少的程度。

1. 拉索材料腐蚀损伤

对于斜拉桥缆索系统，涉及的腐蚀环境主要为大气腐蚀。大气腐蚀就是桥梁长期暴露在空气中，由于空气中的水分、氧气和腐蚀介质(如雨水中杂质、烟尘、表面沉积物等联合作用)的化学和电化学作用而引起的材料腐蚀现象。缆索系统的防护层即属于此类腐蚀。大气腐蚀形态又分为全面腐蚀与局部腐蚀。全面腐蚀常称为均匀腐蚀，它对结构材料造成的损伤计算比较简单，可简化为结构件暴露在腐蚀环境中的部分尺寸随腐蚀时间延长而减小，从而对结构件性能下降进行处理。局部腐蚀可分为点蚀、缝隙腐蚀、电偶腐蚀、晶间腐蚀、磨损腐蚀、应力腐蚀和腐蚀疲劳等。

对于斜拉桥的缆索系统，除常见的均匀腐蚀、点腐蚀、缝隙腐蚀外，应力腐蚀和腐蚀疲劳更是它的特殊之处，也是关键所在。

2. 拉索应力腐蚀损伤

应力腐蚀指在拉伸应力和腐蚀环境介质共同作用下产生的腐蚀现象。这里必须强调应力和腐蚀的共同作用。

一般认为发生应力腐蚀需具备三个基本条件：敏感的材料、特定的腐蚀环境、拉伸应力。发生应力腐蚀必须有拉应力的作用，这种拉应力可以是工作状态下材料承受的外加荷载的工作应力，也可以是结构件在生产、制造和加工过程中产生的残余应力，还可以是环境产生的应力(温差变化收缩应力、腐蚀产物作用应力)。应力腐蚀失效形式表现为材料的脆性断裂，即使塑性很高的材料，只要是发生应力腐蚀失效，也表现为脆性断裂，断口表面有腐蚀坑和二次裂纹，还可以观察到明显的塑性流变痕迹。应力腐蚀开裂过程如图 6.1 所示。

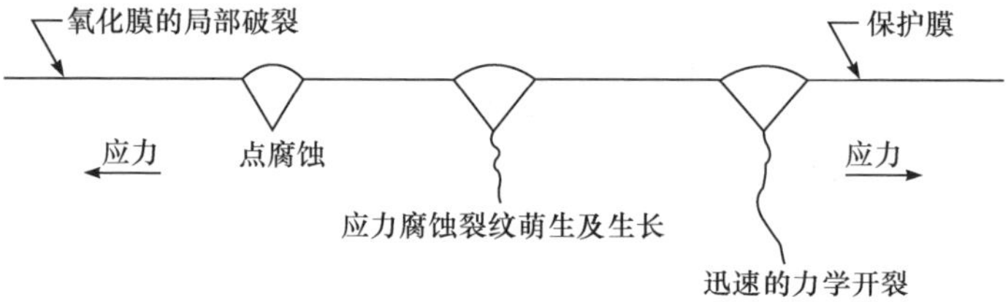

图 6.1　应力腐蚀开裂过程

与腐蚀疲劳不同，应力腐蚀是静荷载与腐蚀环境共同作用的结果。对应力腐蚀力学因素的试验研究表明，材料只有在拉伸荷载的作用下才会产生应力腐蚀。另一些研究工作发现，压力在某些情况下也可以产生应力腐蚀裂纹，只是裂纹的孕育时间更长一些。在一些试验中观察到，当材料出现应力腐蚀裂纹后，即使去除外加荷载，应力腐蚀裂纹仍能继续扩展，究其原因是裂尖处腐蚀产物的楔入作用引起了局部附加应力，这个附加应力也可导致应力腐蚀裂纹的扩展。

简而言之，应力腐蚀损伤是材料在外部因素(静荷载、温度与腐蚀环境等)的作用下内部缺陷不断萌生、演化和合并，从而造成材料的性能劣化，强度、刚度、韧性下降或寿命降低的过程。应力腐蚀损伤的研究主要采取连续介质损伤力学方法，不考虑材料内部细观结构的变化，只是从宏观唯象的角度出发，引入不同形式的损伤变量，构造材料的损伤本构关系及演化方程，使理论预测结果与试验结果相符合。

3. 拉索腐蚀疲劳损伤

材料在交变应力或脉冲应力与腐蚀环境协同、交互作用下，工程结构或构件因开裂或断裂提前失效的现象称为腐蚀疲劳。前面所描述的应力腐蚀开裂也可以看成腐蚀疲劳的一种特例，可归类为静疲劳。交变应力的形式很多，其中以应力比小于零的拉压交变应力最为常见。应力腐蚀通常发生在敏感的材料和特定的环境条件下，不是所有的材料在拉应力和腐蚀介质中都会发生应力腐蚀开裂。与应力腐蚀相比，腐蚀疲劳没有这种选择性，几乎所有的材料在任何腐蚀环境下都会发生腐蚀疲劳，腐蚀疲劳不存在疲劳极限，即使在很低的应力条件下，腐蚀疲劳破坏照样产生[19]。

一般的腐蚀疲劳定义为由循环应力和腐蚀环境同时起作用的材料断裂。但实际工程构件发生腐蚀疲劳又并不一定是两者同时作用的，可能会出现在反复变化的应力作用下，构件在平均应力远低于屈服应力时所发生的破坏是疲劳破坏。在应力高峰及局部塑性区、缺陷和微裂处，腐蚀介质的存在加速裂纹的扩展，同时腐蚀坑等缺陷也是裂纹萌生的根源。因此，在腐蚀疲劳断裂中，反复应力和腐蚀相互促进，加速裂纹的扩展。发生腐蚀疲劳的斜拉索的应力水平或疲劳寿命比无腐蚀介质条件下的纯机械疲劳要低得多。由于缆索构件实际工况很少有真正的静载，发生腐蚀疲劳的情况是很多的。高强度拉索常产生腐蚀疲劳破坏。

腐蚀疲劳损伤的第一个特征是：腐蚀疲劳曲线没有水平段。因此，在腐蚀疲劳情况下只能测定条件疲劳极限。但对于一般的疲劳问题，当材料所承受的交变应力低于一定数值时，可经过无限周期而不产生疲劳破裂，这个临界应力值称为疲劳极限。在腐蚀环境中疲劳极限值大大下降，因而在不高的交变应力下也很容易发生腐蚀疲劳。

腐蚀疲劳损伤的第二个特征是:它的性能与循环加载的频率和波形强烈相关，腐蚀疲劳与循环频率的关系较大，在相同循环次数下，频率越高，腐蚀疲劳强度越高。也就是说，循环荷载的频率越低，每一个循环应力与环境共同作用的时间越长，腐蚀疲劳就越严重。

从损伤演化的角度看，腐蚀疲劳是由疲劳损伤和腐蚀损伤的耦合效应造成的。因此，腐蚀疲劳过程中存在两种基本的损伤形式：一是循环应力引起的微区材料反复滑移，形成滑移带，是造成疲劳损伤的基本原因；二是由腐蚀介质与材料通过电化学反应引起的腐蚀损伤。当这两种损伤共存时，二者的作用不是简单叠加，而是这两种基本损伤之间存在明显的交互作用，即互相促进。在占疲劳寿命绝大部分的前期，损伤及其演化速率均很小，略微的附加损伤就意味着很长的寿命消耗。腐蚀损伤一般是时间依存型的，其损伤累积需要一定的时间。正因为如此，腐蚀环境对高频疲劳的影响相对较小，而对低频疲劳的影响较大。另外，与恒应力时相比，交变应力也使得腐蚀损伤演化速率增大，因此静载时可以忽略腐蚀效应，交变荷载时腐蚀效应就会变得比较明显。在实际的腐蚀疲劳过程中，腐蚀损伤与疲劳损伤演化是耦合的，腐蚀加快疲劳损伤演化，交变应力又反过来促进腐蚀损伤的发展，两者共同构成的损伤演化决定了腐蚀疲劳的寿命。

6.2.2　锈蚀钢丝评级

拉索镀锌钢丝的腐蚀是随着时间的推移而发生的，为了研究上述三种损伤的演化过程及对钢丝物理力学性能的影响，可以在实验室里采用加速钢丝腐蚀的方法，分别采用无应力加载、静态应力加载以及交变应力加载的方式来制作不同腐蚀等级的镀锌钢丝样本。对腐蚀镀锌钢丝的直径减少量、腐蚀失重、抗拉强度、伸长率等力学性能进行测试，判断不同损伤对镀锌钢丝性能的影响。

试验结束后，取出试件，观察腐蚀产物形态，然后去除腐蚀产物，干燥后再观察试件表面形态(图 6.2)，由此，把钢丝的锈蚀分为 5 个阶段：钢丝完好→钢丝镀锌层锈蚀、钢丝基质均匀锈蚀→钢丝基质轻微点蚀→钢丝基质大量坑蚀→钢丝发生应力腐蚀和腐蚀疲劳。

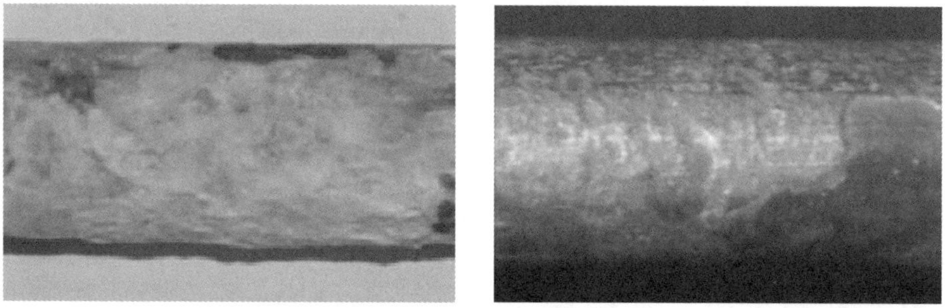

(a) 钢丝镀锌层锈蚀、钢丝基质均匀锈蚀

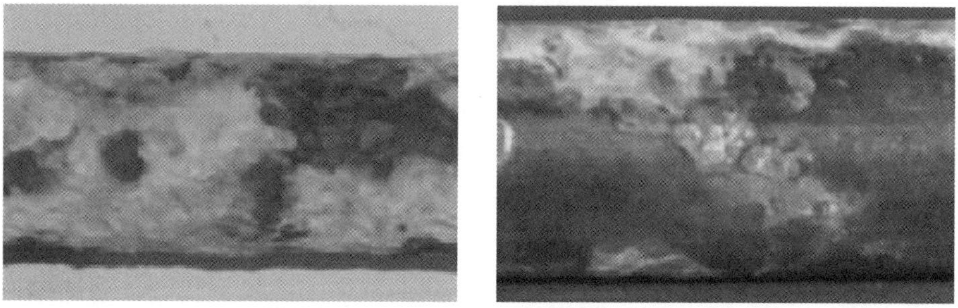

(b) 钢丝基质轻微点蚀

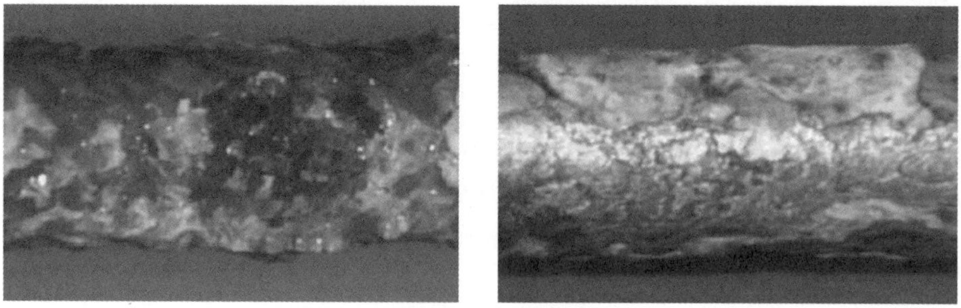

(c) 钢丝基质大量坑蚀

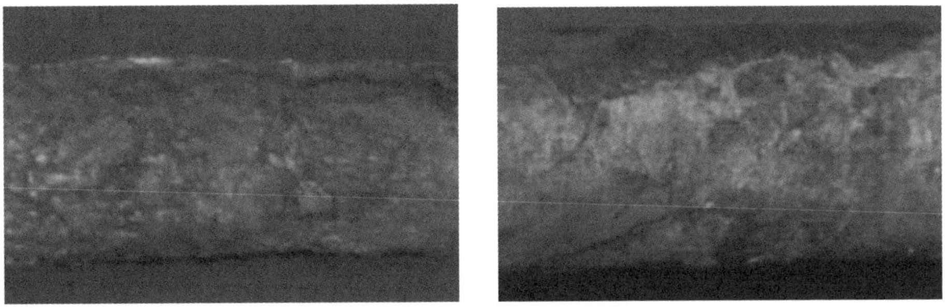

(d) 钢丝发生应力腐蚀和腐蚀疲劳

图 6.2　腐蚀试件去掉腐蚀产物后的表观状况

(1) 钢丝完好阶段。在这个阶段，钢丝未接触到腐蚀介质，没有任何形式的锈蚀，可将钢丝的锈蚀程度定为锈蚀Ⅰ级。

(2) 钢丝镀锌层锈蚀、钢丝基质均匀锈蚀阶段。在这个阶段，镀锌层开始锈蚀，钢丝外观出现白色腐蚀产物，钢丝表面局部位置的镀锌耗尽，钢丝外观表现为白色腐蚀产物中出现极少量红色斑点，除锈后，钢丝表面均匀光滑，无凹坑，钢丝基质处于均匀锈蚀状态。在这一阶段，以镀锌层锈蚀为主，钢丝基质露出的不多，且受周围镀锌保护，腐蚀速率不快，因此钢丝截面损失小，而且表面粗糙程度变化很小，其强度和延性基本无变化。可将钢丝的锈蚀程度定为Ⅱ级。

(3) 钢丝基质轻微点蚀阶段。钢丝表面镀锌逐渐耗尽，基质上出现蚀坑，钢丝受点蚀作用。外观表现为白色腐蚀产物逐渐减少，而红色锈蚀斑点增多，去除腐蚀产物后，基质有肉眼可见的蚀坑，其强度和延性略微变化。可将钢丝的锈蚀程度定为Ⅲ级。

(4) 钢丝基质大量坑蚀阶段。在此阶段，蚀坑继续发展且由点蚀发展为连片的坑蚀，钢丝外观由大量红色锈蚀斑点覆盖。去除腐蚀产物后可见密集蚀坑，其强度和延伸率开始显著下降。可将钢丝的锈蚀程度定为Ⅳ级。

(5) 钢丝发生应力腐蚀和腐蚀疲劳阶段。钢丝大量严重锈蚀，去除腐蚀产物后可见大面积蚀坑，其强度和延伸率明显降低。可将钢丝的锈蚀程度定为Ⅴ级。

腐蚀后钢丝表面的粗糙不平是导致腐蚀钢丝力学性能下降的主要原因[19]。钢丝腐蚀过程如图 6.3 所示。

在腐蚀前期，三种加载方式的损伤演化速率相差不大。但随着时间的推移，交变应力加载的试件损伤演化发展较快，静态应力加载的试件次之，无应力试件需要较长演化，损伤发展最慢，但是无论何种加载方式，均会经历上述 5 个阶段的损伤演化。根据不同腐蚀时间各加载状态钢丝腐蚀表观状况，使用五级标识图例依次对钢丝定性描述(图 6.4)。

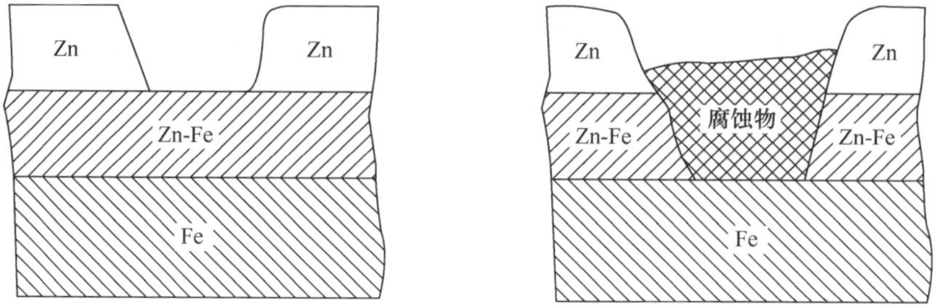

(a) 镀锌层局部腐蚀　　(b) 镀锌层完全腐蚀、孔蚀处铁基质外露

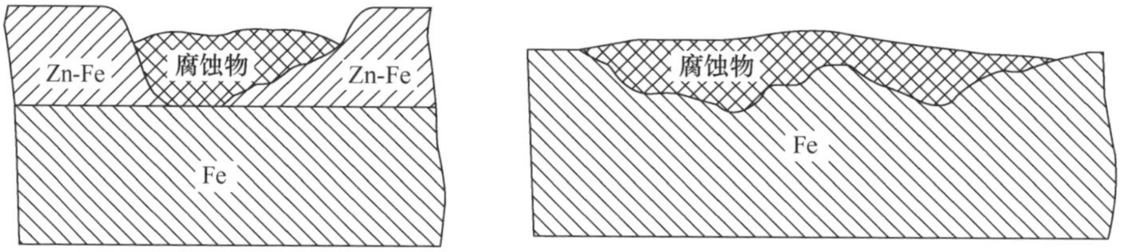

(c) 镀锌层完全消失、基质点蚀　　(d) 铁基质大面积锈蚀

图 6.3　钢丝腐蚀过程示意图

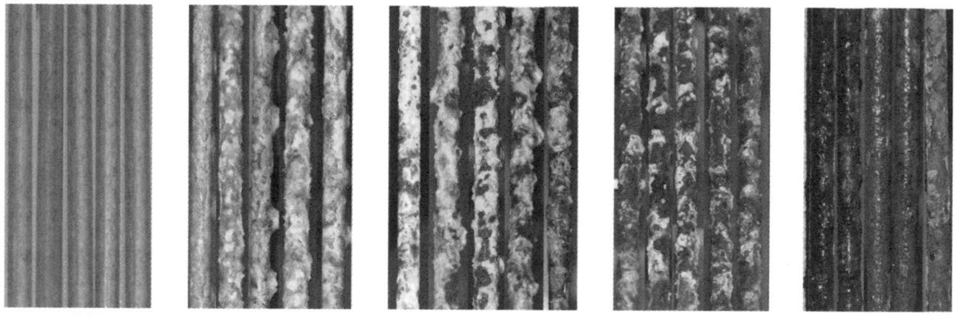

(a) Ⅰ级　(b) Ⅱ级　(c) Ⅲ级　(d) Ⅳ级　(e) Ⅴ级

图 6.4　钢丝锈蚀程度表观分级图像

6.2.3　基于表层图像分析的锈蚀拉索技术状况评定方法

1. 灰度图像处理方法

灰度图像(gray image)是每个像素只有一个采样颜色的图像，这类图像通常显示为从最暗黑色到最亮白色的灰度，尽管理论上这个采样可以是任何颜色的不同深浅，甚至可以是不同亮度上的不同颜色。灰度图像与黑白图像不同，在计算机图像领域中，黑白图像只有黑色与白色两种颜色，但是灰度图像在黑色与白色之间还有许多级的颜色深度。灰度图像经常是在单个电磁波频谱(如可见光)内测量每个像素的亮度得到的，用于显示的灰度图像通常用每个采样像素 8 位的非线性尺度来保存。

这里，我们应用 MATLAB 软件，对各级腐蚀后的图片进行灰度分析。MATLAB 是集数值计算、符号运算及图形处理等强大功能于一体的科学计算语言，是功能强大的数据可视化工具，可以通过各种形式显示分析数据。分析前首先对图像进行处理，将钢丝以外的背景部分用 Photoshop 软件处理为白色，并取单根钢丝为分析对象。具体方法如下。

(1) 彩色图像转化成灰度图像，程序如下。

```
i=imread('D:\MATLAB\分级-3 级\3 级-01.jpg');
g=rgb2gray(i);
figure
imshow(i);
title('原图');
figure
imshow(g);
title('灰白图')
```

转换前后的图像如图 6.5 所示。

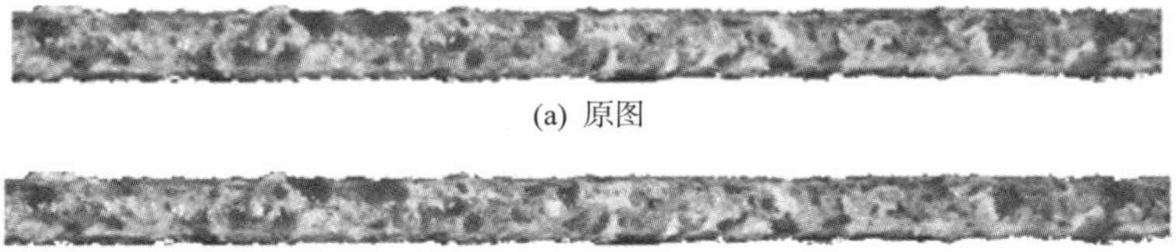

(a) 原图

(b) 灰白图

图 6.5 灰度处理对比

(2) 求出灰度图像灰度均值。

```
i=imread('D:\MATLAB\分级-3 级\3 级-01.jpg');
g=rgb2gray(i);
mean2(g)
```

(3) 求出灰度图像灰度标准差。由于标准差反映的是偏离灰度均值的程度，标准差越大，说明灰度级越大，图像包含的信息就越多。

```
i=imread('D:\MATLAB\分级-3 级\3 级-01.jpg');
g=rgb2gray(i);
c=std2(g)
```

(4) 绘制灰白直方图。直方图是一个显示灰度或索引图像亮度分布情况的图表，它是图像分析中用来说明图像灰度分布的图形。直方图的每一个分支表示对应灰度级出现的频数(处于该灰度级的像素的数目)间的统计关系，用横坐标表示灰度级，纵坐标表示频数(或相对频数=频数/总像素数目)，结果如图 6.6 所示。

```
i=imread('D:\MATLAB\分级-3 级\3 级-01.jpg');
g=rgb2gray(i);
imhist(g);
title('灰白直方图')
```

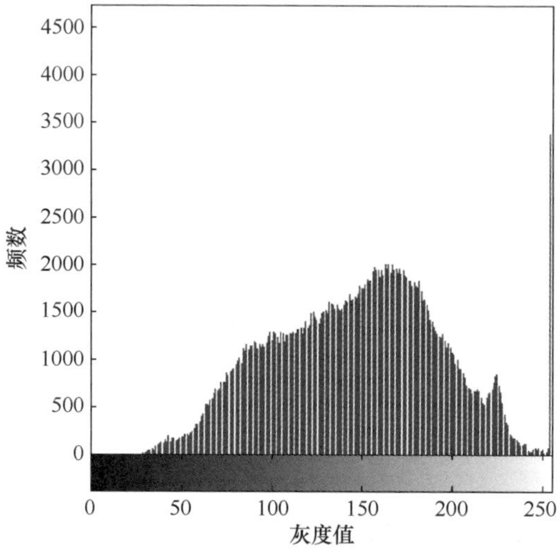

图 6.6　灰度图像分析结果

(5) 统计锈蚀比。对有锈蚀痕迹的钢丝进行色相分析，在 Photoshop 软件中，选择魔棒工具，容差定为 50，选择锈蚀颜色区域，读出该区域的像素，与整根钢丝图像像素的比值即锈蚀比，它反映了一根钢丝锈蚀面的多少。

同样，对其他各级钢丝进行灰度分析，每级钢丝取 4 根，计算 Ⅰ～Ⅴ级钢丝的锈蚀比，如图 6.7～图 6.11 和表 6.2～表 6.6 所示。

表 6.2　Ⅰ级钢丝灰度分析

腐蚀等级	原图	灰度图像	灰度均值	灰度标准差
Ⅰ级	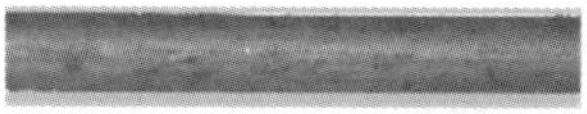	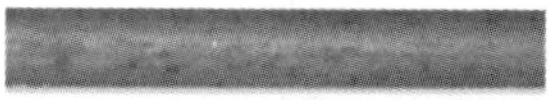	137.8434	25.8556
		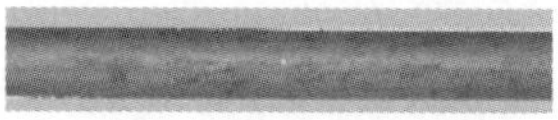	133.1972	28.9351
			145.0047	27.6736
	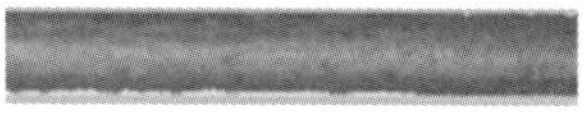		1310.6293	27.3858

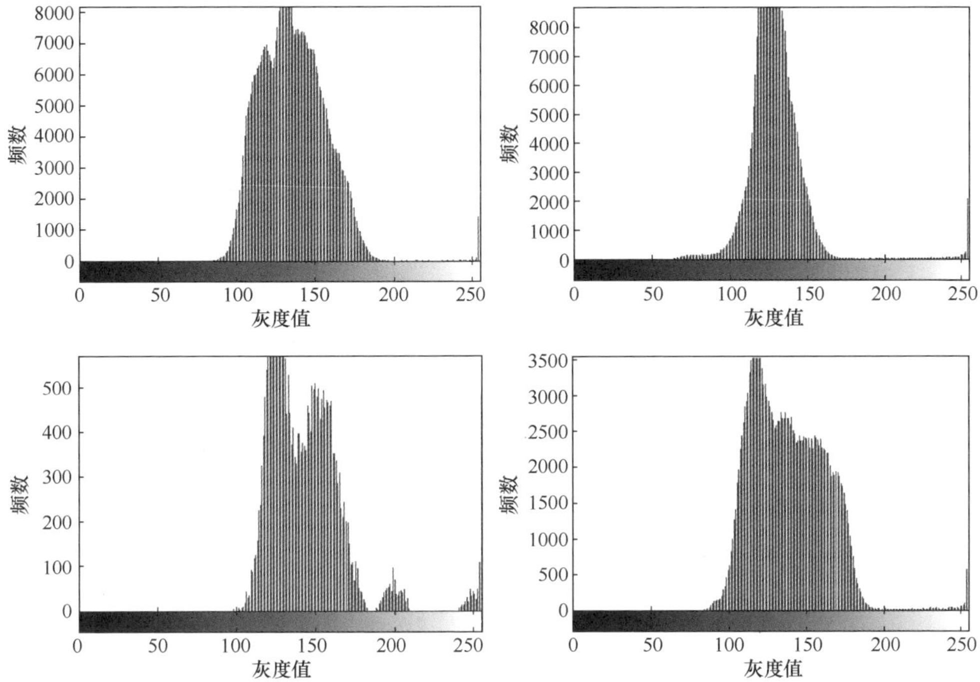

图 6.7　Ⅰ级钢丝灰白直方图

表 6.3　Ⅱ级钢丝灰度分析及锈蚀比

腐蚀等级	原图	灰度图像	灰度均值	灰度标准差	锈蚀比/%
Ⅱ级	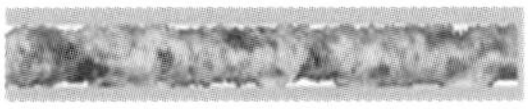	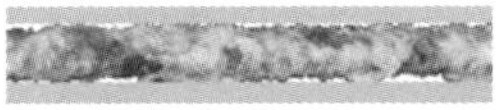	168.8789	42.8102	10
		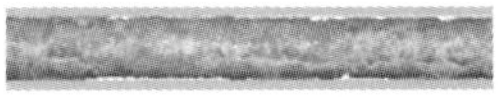	168.1776	37.2148	0
			173.0290	43.4876	16
			160.1515	41.2274	5

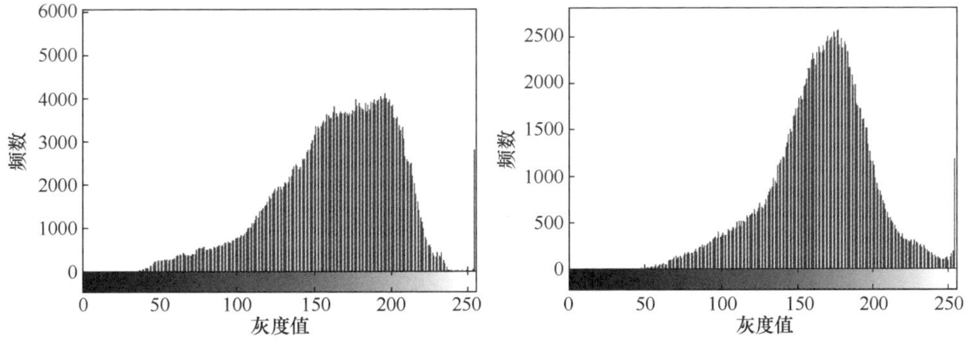

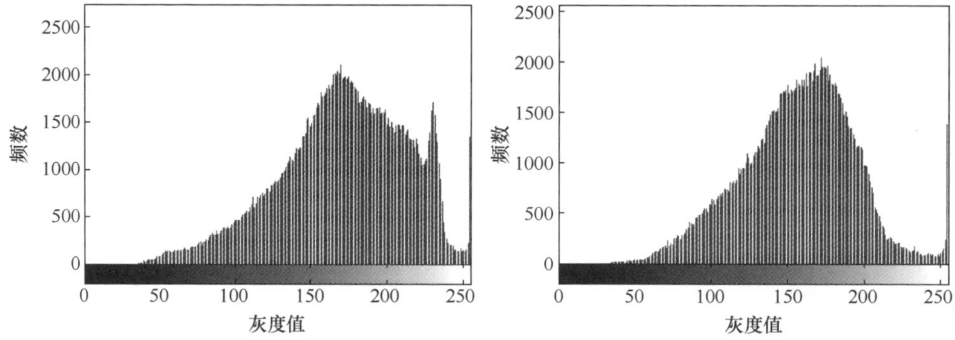

图 6.8　Ⅱ级钢丝灰白直方图

表 6.4　Ⅲ级钢丝灰度分析及锈蚀比

腐蚀等级	原图	灰度图像	灰度均值	灰度标准差	锈蚀比/%
Ⅲ级			157.4318	54.1098	25
			158.5630	60.6017	27
		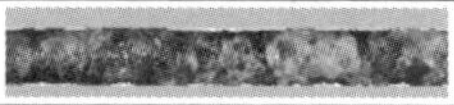	118.1022	51.3720	29
			194.9207	48.4742	21

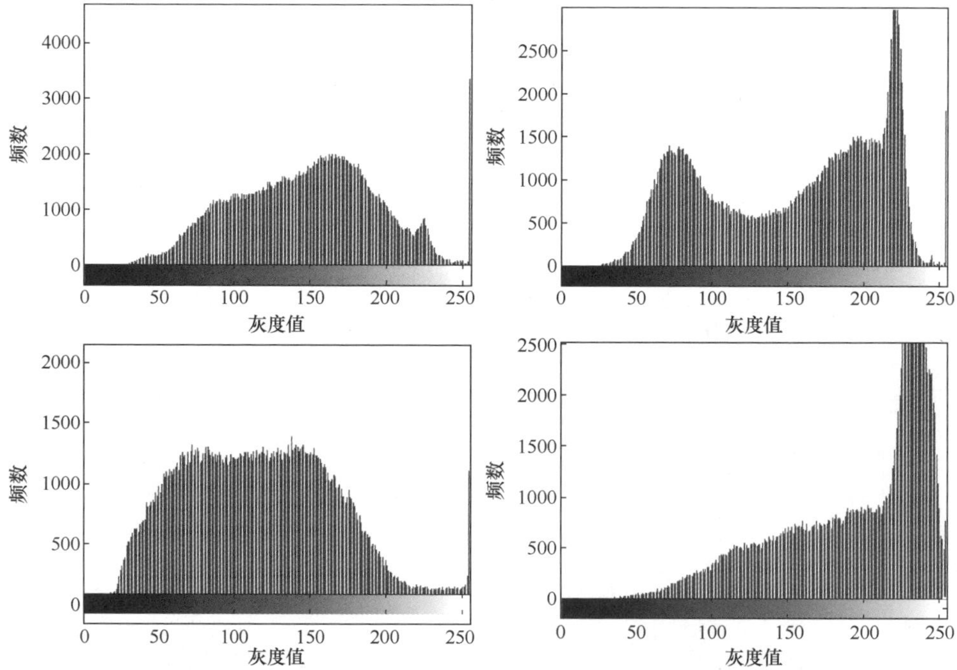

图 6.9　Ⅲ级钢丝灰白直方图

表 6.5　Ⅳ级钢丝灰度分析及锈蚀比

腐蚀等级	原图	灰度图像	灰度均值	灰度标准差	锈蚀比/%
Ⅳ级			133.4543	53.8796	48
		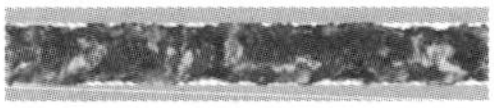	124.4873	56.4227	49
			120.0784	56.0190	51
	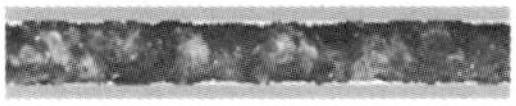		116.0103	52.6603	51

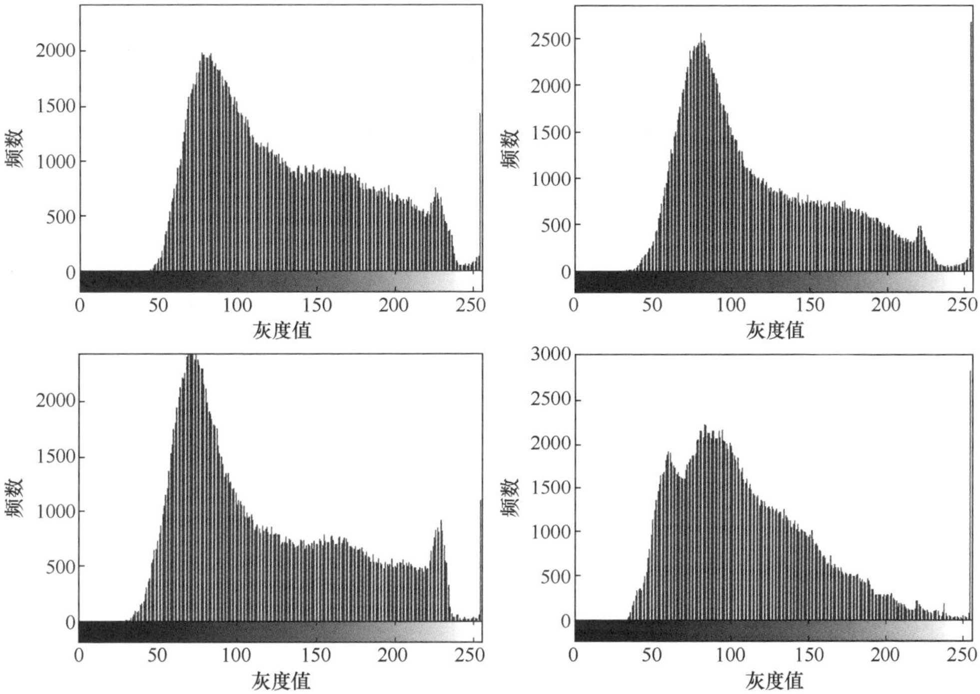

图 6.10　Ⅳ级钢丝灰白直方图

表 6.6　Ⅴ级钢丝灰度分析及锈蚀比

腐蚀等级	原图	灰度图像	灰度均值	灰度标准差	锈蚀比/%
Ⅴ级			115.1679	37.4609	87
			98.0721	48.8936	75
			86.4062	46.6762	80
			66.9297	42.9177	83

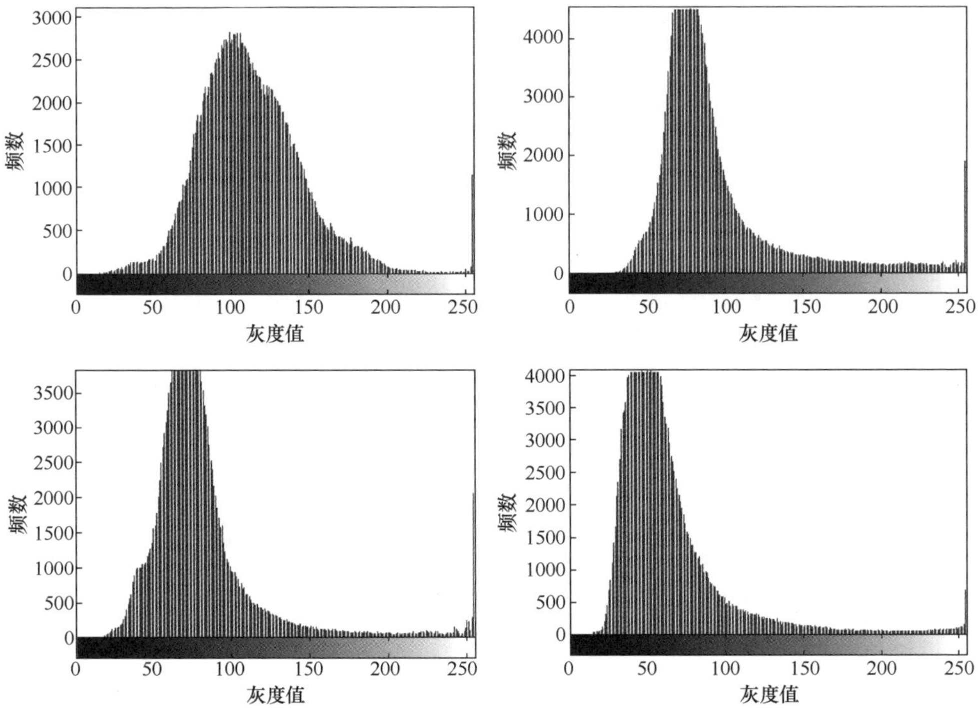

图 6.11　Ⅴ级钢丝灰白直方图

2. 基于灰度图像的评定标准

对于Ⅰ级钢丝，由灰白直方图可以看出，其灰度范围较为集中，离散性差，灰度标准差是 5 级中最小的一级；对于Ⅴ级钢丝，由于钢丝表面覆盖大量锈蚀，从灰白直方图可见，大部分的灰度均值都位于 50～100 内，该级钢丝的灰度值是 5 级中最小的；对于Ⅱ级钢丝，由于此时白锈较多，仅有极少量的锈蚀痕迹，其灰度值最大，而离散性较小，灰度标准差比Ⅲ级、Ⅳ级钢丝小；对于Ⅲ级钢丝，由于此时还有部分白锈，其灰度值比Ⅳ级钢丝大。就灰白直方图来说，前三级直方图上数据形状的重心普遍靠后，而Ⅳ级和Ⅴ级的重心普遍靠前。综上所述，按照灰度均值和标准差对各级进行定量化描述，由于Ⅰ级未腐蚀的钢丝肉眼可直接辨别，暂不考虑。各级锈蚀灰度图像分级图如图 6.12 所示。

从各级锈蚀的锈蚀比(表 6.7)可以看出，随着腐蚀程度加深，锈蚀比显著增加，各级差异较大，但离散性小，可按照锈蚀比对各级进行定量化描述。

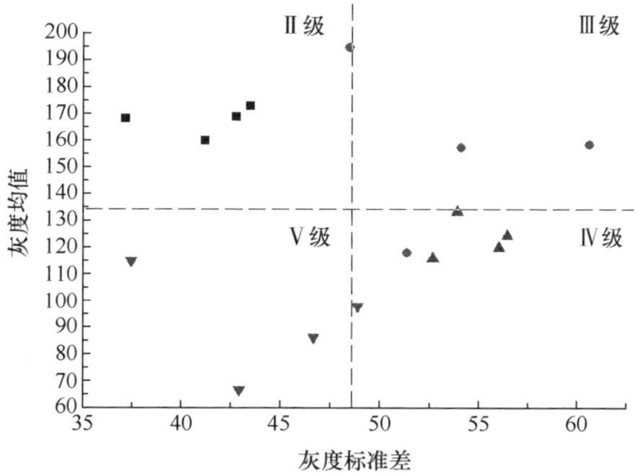

图 6.12　锈蚀灰度图像分级图

表 6.7　各级锈蚀比

分级	Ⅰ级	Ⅱ级	Ⅲ级	Ⅳ级	Ⅴ级
锈蚀比/%	0	0～20	20～45	45～70	70～100

现对 8 级图像进行灰度分析及锈蚀比计算，将结果列于表 6.8 中。

表 6.8　锈蚀分级各级图像分析

分级	灰度均值	灰度标准差	锈蚀比/%	图像评级
1 级	163.4061	43.7465	0	Ⅰ级
2 级	206.8402	28.2387	0	Ⅱ级
3 级	154.3011	39.9249	1	Ⅱ级
4 级	189.3432	48.7831	21	Ⅲ级
5 级	137.4767	54.6578	57	Ⅳ级
6 级	76.8674	41.8002	84	Ⅴ级
7 级	85.7399	56.7587	83	Ⅴ级
8 级	44.4983	37.8035	90	Ⅴ级

对于 1 级钢丝，由于未发生任何锈蚀，肉眼可直接判定为Ⅰ级，对于 2 级钢丝，虽然锈蚀比仍为 0，但肉眼可见大量白锈，定为Ⅱ级锈蚀。对于 7 级钢丝，按照图 6.12 应定为Ⅳ级，而按表 6.7 应定为Ⅴ级，此时，我们观察其灰白直方

图(图 6.13)，与图像定为Ⅳ级的 5 级钢丝的直方图差异较大，而与 6 级和 8 级的直方图趋势相同，故将 7 级钢丝定为Ⅴ级。这样的分级与《公路桥梁技术状况评定标准》(JTG/T H21—2011)等给出的分级描述一致。

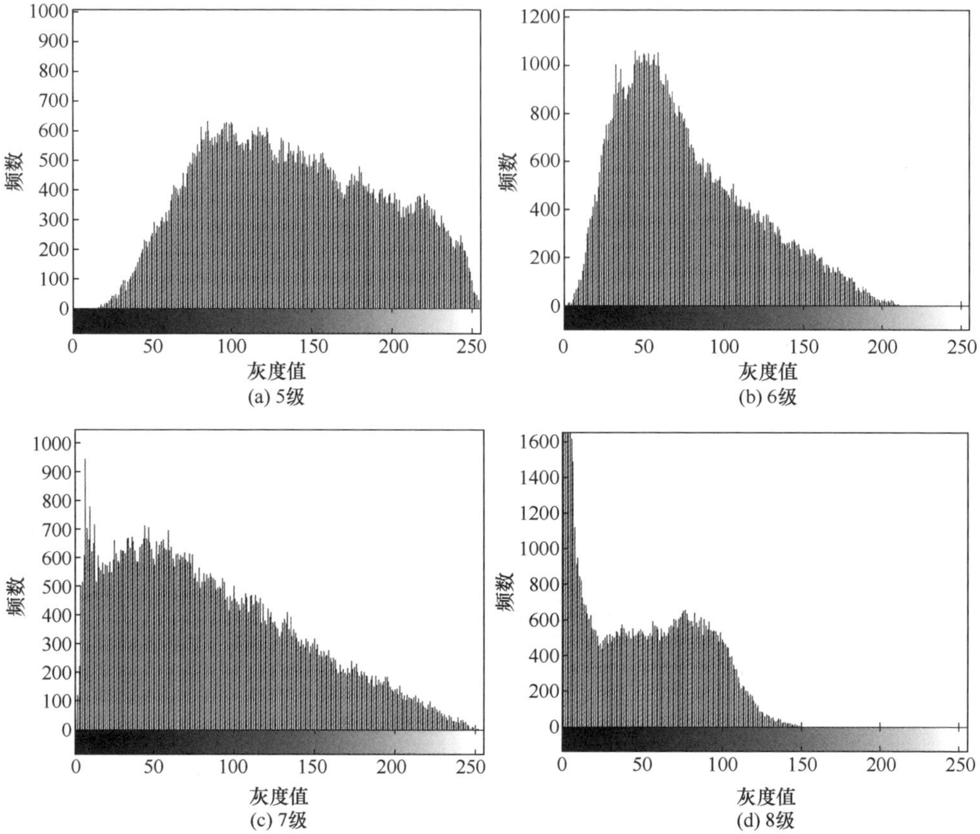

图 6.13　5 级、6 级、7 级、8 级钢丝灰白直方图

由此可见，在对腐蚀后钢丝进行图像灰度分析时，需将灰度均值、灰度标准差、锈蚀比以及灰白直方图结合起来分析，且分析对象为单根钢丝时，结果最为准确。需特别说明的是，该评定标准是基于实验室腐蚀图像制定的，对于自然环境下的腐蚀钢丝，还需重新进行灰度分析，调整标准界限值。

6.2.4　各级锈蚀钢丝试验结果

1. 各级钢丝腐蚀失重

为了方便数据处理，假设镀锌钢丝的密度在长度方向上是均匀的。不同加载试件腐蚀前后失重数据如表 6.9 所示。

表 6.9　镀锌钢丝腐蚀失重数据

加载方式	腐蚀时间/h	初始重量/(g/m)	腐蚀后重量/(g/m)	失重/(g/m²)	腐蚀前后直径减少量/mm
交变应力	120	166.840	164.795	125.1414	0.003
	240	167.080	163.255	234.1429	0.068
		167.108	163.706	208.2258	0.064
	480	166.890	162.462	271.0315	0.061
	840	166.800	160.795	367.5432	0.088
	1200	166.972	159.873	434.5751	0.133
静态应力	120	167.059	165.390	102.2118	0.007
	240	167.141	164.830	141.5255	0.098
		166.985	164.186	171.3507	0.037
	480	166.863	162.563	263.2129	0.043
	840	167.379	161.921	334.0535	0.021
	1200	167.1592	160.968	378.9867	0.077
无应力	120	166.697	165.290	86.1216	0.028
	240	167.070	164.824	137.4374	0.073
	360	166.739	163.323	209.0767	0.034
	480	166.600	162.396	257.3320	0.053
	840	166.842	161.667	316.8244	0.038
		166.928	161.815	312.9768	0.033
	1200	167.199	161.574	344.3481	0.043
		167.050	161.486	340.5618	0.050
	1560	166.667	159.333	448.8986	0.117
		166.903	159.612	446.3099	0.107
		166.619	157.804	539.5973	0.093

将不同腐蚀时间下各加载状态的试件腐蚀数据绘制成散点图，如图 6.14 所示。由图可见，各加载状态数据之间的相关性均较好(交变应力 R^2=0.9755，静态应力 R^2=0.9907，无应力 R^2=0.9663)。文献[16]也指出腐蚀失重与腐蚀程度相关性较好，交变应力各加载钢丝的失重速率反映出各级钢丝腐蚀程度的损伤演化速率。结合锈蚀钢丝的 5 级图例，确定各级钢丝失重范围(表 6.10)。

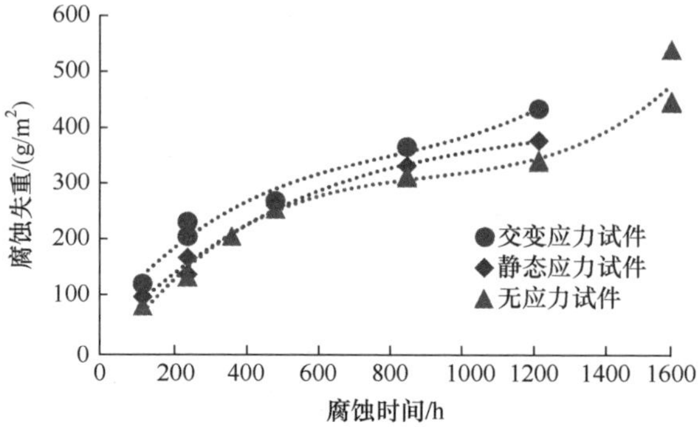

图 6.14 腐蚀时间与失重关系曲线

表 6.10 各级对应钢丝质量损失

分级	Ⅰ	Ⅱ	Ⅲ	Ⅳ	Ⅴ
失重/(g/m²)	≤10	10～150	150～300	300～400	≥400

2. 各级锈蚀钢丝的力学性能数据

将腐蚀处理后的钢丝中间段作为拉伸试验对象，长度仍为 1m，以其所承担的最大拉伸荷载与其公称面积的比值作为名义抗拉强度。不同加载状态的试件力学性能数据如表 6.11 所示。

表 6.11 腐蚀后钢丝力学性能

加载方式	失重/(g/m²)	弹性模量 E/GPa	抗拉强度 R_m/MPa	屈服强度 $R_{p0.2}$/MPa	断后伸长率 A/%
交变应力	125.1414	209.66	1890	1615	6.5
	234.1429	208.19	1905	1610	5.0
	208.2258	208.72	1905	1625	2.0
	271.0315	225.97	1900	1595	4.5
	367.5432	222.61	1880	1585	5.0
	434.5751	184.77	1905	—	2.0
静态应力	102.2118	210.21	1880	1625	5.5
	141.5255	214.14	1900	1610	4.5
	171.3507	216.22	1895	1620	5.5
	263.2129	—	1905	1585	5.0
	334.0535	214.79	1865	1650	4.5
	378.9867	214.15	1895	1690	5.5
无应力	86.1216	215.97	1900	1720	4.5
	137.4374	217.78	1905	1715	6.0

续表

加载方式	失重/(g/m²)	弹性模量 E/GPa	抗拉强度 R_m/MPa	屈服强度 $R_{p0.2}$/MPa	断后伸长率 A/%
无应力	209.0767	213.31	1900	1730	5.0
	257.3320	232.67	1885	1690	4.5
	316.8244	215.77	1865	1690	4.5
	312.9768	211.00	1860	1700	4.0
	344.3481	209.43	1860	1685	4.0
	340.5618	219.2	1870	1695	4.5
	448.8986	208.83	1825	1670	3.5
	446.3099	209.48	1815	1655	3.0
	539.5973	208.37	1765	1635	2.5

将不同腐蚀失重下钢丝的力学性能绘制成散点图，如图 6.15～图 6.18 所示。

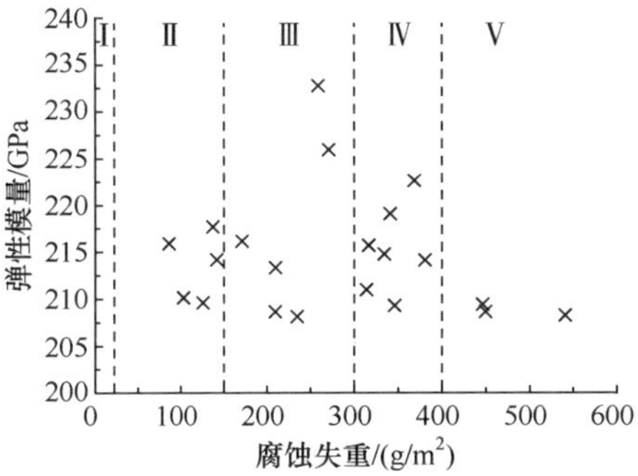

图 6.15　腐蚀失重与弹性模量关系曲线

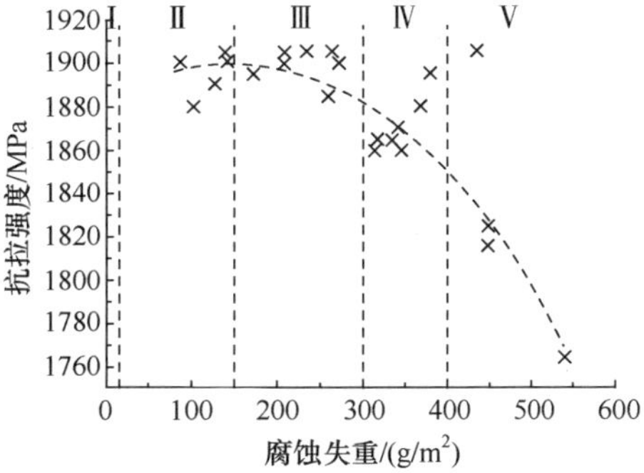

图 6.16　腐蚀失重与抗拉强度关系曲线

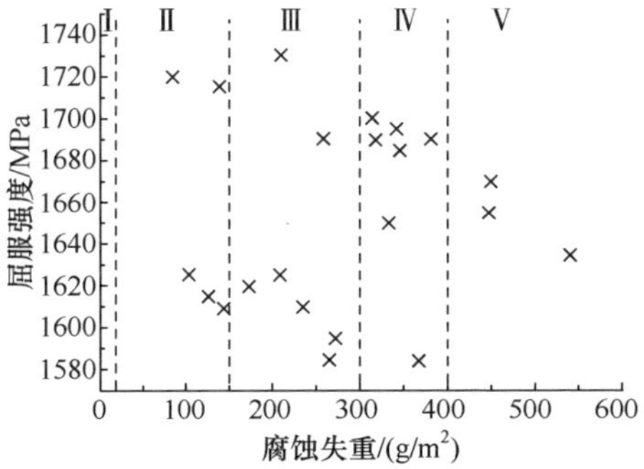

图 6.17　腐蚀失重与屈服强度关系曲线

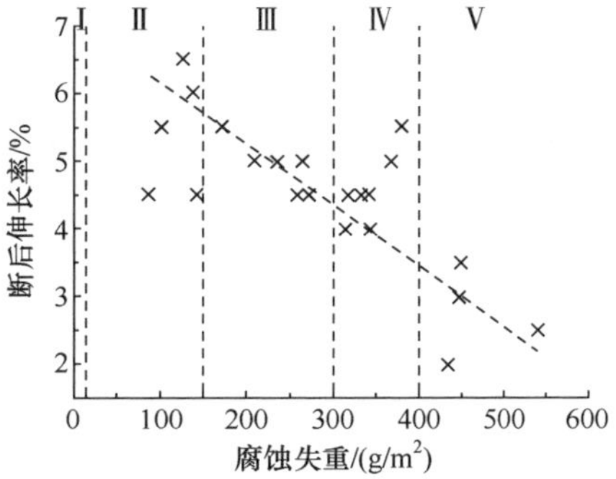

图 6.18　腐蚀失重与断后伸长率关系曲线

可见，钢丝的弹性模量对腐蚀并不敏感，各级钢丝的弹性模量变化不大。Ⅰ～Ⅲ级钢丝的抗拉强度变化较小，但当腐蚀等级为Ⅳ级时，其抗拉强度开始明显下降，对Ⅴ级钢丝，其抗拉强度已下降至1860MPa以下。钢丝的屈服强度离散性较大，各级钢丝屈服强度变化不明显，进一步分析发现，加载方式对屈服强度有较大影响。各级钢丝的断后伸长率呈线性下降趋势，Ⅴ级钢丝的断后伸长率最小值下降至规范所要求的4%以下。因此，选取三种加载状态下离散性较低、各级间差异性较明显的抗拉强度和断后伸长率作为钢丝各级力学性能的特征参数，如表6.12所示。

表6.12　各级对应钢丝力学性能参数

分级	Ⅰ	Ⅱ	Ⅲ	Ⅳ	Ⅴ
抗拉强度 R_m/MPa	≥1880	≥1880	≥1880	1880～1850	≤1850
断后伸长率 A/%	≥5.5	5.0～5.5	4.5～5.0	3.5～4.5	≤3.5

3. 各级钢丝的失重及力学性能参数

根据钢丝的腐蚀失重及拉伸试验确定的力学性能参数，各级钢丝腐蚀图例、定性描述及相应等级的特征参数如表6.13所示。

表6.13　各级钢丝腐蚀图例、定性描述及相应等级的特征参数

分级	描述	图例	腐蚀失重/(g/m^2)	抗拉强度 R_m/MPa	断后伸长率 A/%
Ⅰ	钢丝完好，没有任何形式的锈蚀	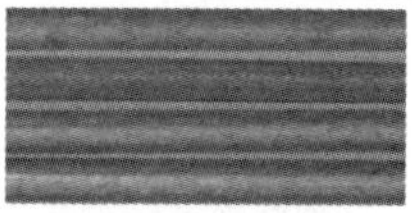	≤10	≥1880	≥5.5
Ⅱ	钢丝镀锌层腐蚀，出现大量白锈，有极少量红锈出现	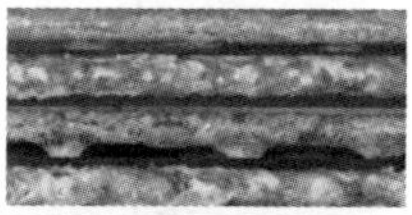	10～150	≥1880	5.0～5.5
Ⅲ	钢丝出现少量红锈，去除腐蚀产物后可见少量蚀坑	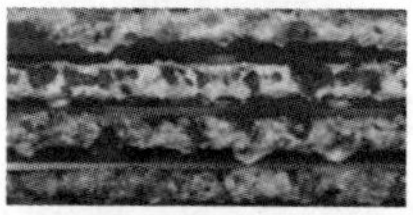	150～300	≥1880	4.5～5.0
Ⅳ	钢丝较多锈蚀或损坏，部分截面出现削弱，去除腐蚀产物后可见密集蚀坑	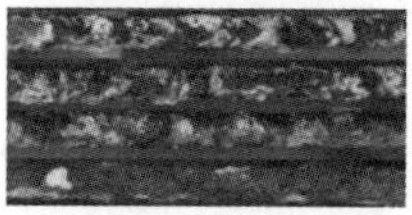	300～400	1880～1850	3.5～4.5
Ⅴ	钢丝大量严重锈蚀，肉眼可见锈蚀空洞，去除腐蚀产物后可见大面积蚀坑，截面严重削弱	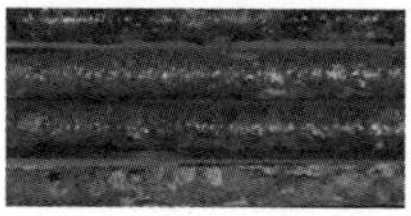	≥400	≤1850	≤3.5

6.3　损伤拉索安全性能评估

裂纹扩展的破损安全设计示意图如图 6.19 所示，图中破损安全设计裂纹尺寸的起始点为初始点蚀坑半径。根据图 6.19，当蚀坑尺寸为 1.0mm 时，钢丝强度为 1900MPa，而当蚀坑尺寸为 1.1mm 时，钢丝强度已低于抗拉强度标准值，故选取 1.0mm 为临界裂纹尺寸。当裂纹尖端应力强度因子达到应力腐蚀疲劳裂纹扩展阈值时，裂纹开始扩展，如果此时外部条件满足发生应力腐蚀的条件，裂纹扩展速率会进一步加大。由于实际情况中拉索大部分受腐蚀疲劳损伤，这里仅对由腐蚀疲劳引起的钢丝损伤进行破损安全设计。根据损伤演化模型，计算各阶段的裂纹尺寸及历经时间。

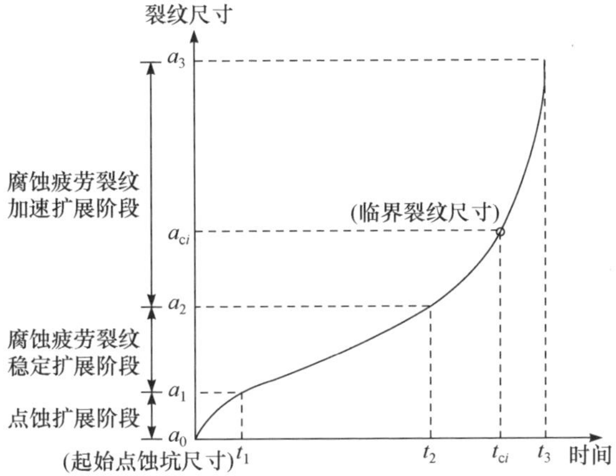

图 6.19　裂纹扩展的破损安全设计示意图

1. 坑蚀扩展阶段

坑蚀发生到出现疲劳腐蚀裂纹的时间 t_1 为

$$t_1 = \frac{2\pi nF\rho}{2MI_{p0}}(a_{ci}^3 - a_0^3)\exp\left(\frac{\Delta H}{RT}\right) \tag{6.7}$$

式中，F 为钢丝两端所加的力；M 为钢丝两端所施加的弯矩；n 为蚀坑个数；a_{ci} 为裂纹形成时点蚀坑的半径；a_0 为初始点蚀坑半径。

文献[20]采用三参数 Weibull 分布来描述点蚀坑初始尺寸及点蚀流动系数，其分布函数为

$$F(x)=1-\exp\left[-\left(\frac{x-\gamma}{\beta}\right)^{\alpha}\right],\quad x\geqslant\gamma \tag{6.8}$$

式中，$F(x)$为失效概率；γ 为位置参数即失效发生的阈值；α 为形状参数，用于描述测量值的分散性；β 为尺度参数，与测量值的平均值相关。

采用模糊-随机方法给出了蚀坑初始尺寸 a_0 及点蚀流动系数 $I_{\rm po}$ 服从 Weibull 分布的三参数取值，如表 6.14 所示。

表 6.14　三参数取值

随机变量	α	β	γ
点蚀坑初始尺寸	12	5.0×10^{-7}	1.5×10^{-6}
点蚀流动系数	1	0.25	0.25

在 0.95 置信概率下计算得到 a_0 和 $I_{\rm po}$ 的估计值，即 $a_0=1.5\times10^{-6}\,\rm m$，$I_{\rm po}=80.79$。

当裂缝扩展的应力强度因子 $\Delta K_{\rm s}$ 增大至疲劳裂纹扩展门槛 $\Delta K_{\rm th}$ 时，相应的裂缝扩展长度为

$$a_1=\pi\left(\frac{\Delta K_{\rm th}}{2.2K_{\rm t}\Delta\sigma}\right)^2 \tag{6.9}$$

式中，$K_{\rm t}$ 为应力集中系数。对受均匀拉伸的宽板，其椭圆孔边的应力集中系数可根据弹性理论求得，即

$$K_{\rm t}=1+2\frac{b}{a} \tag{6.10}$$

式中，a、b 分别为椭圆的长半轴和短半轴长度，本节蚀坑模拟为半球形，故 $a=b$，$K_{\rm t}=3$。但以往试验研究证明，理论应力集中系数并不能完全代表结构内由于缺口而引起的疲劳强度削弱状况，所以用有效应力集中系数(疲劳强度减低系数)来评价更为精确。有效应力集中系数 $K_{\rm e}=1+q(K_{\rm t}-1)$，对于高强钢，系数 q 取 0.9，故 $K_{\rm e}=2.8$，即式中 $K_{\rm t}$ 的取值。

$\Delta\sigma$ 为钢丝的远场应力，此处取钢丝的最小应力与最大应力均值，我国《公路斜拉桥设计规范》(JTG/T 3365-01—2020)规定，安全系数取为 2.5，即容许应力不超过拉索所用钢材标准强度的 40%。本次试验中所用钢丝的标准强度为 1860MPa，其容许应力为 744MPa，故 $\Delta\sigma=744/2=372\rm MPa$，由式(6.9)可求出表面裂缝长度为 $a_1=2.5\times10^{-5}\,\rm m$。

最后将所有的参数代入式(6.7)求得坑蚀发生到出现疲劳腐蚀裂纹历经的时间 $t_1=0.4$ 年。

之后，随着腐蚀的进一步发展，疲劳裂纹的发展速度超过了坑蚀与均匀腐蚀的速度，钢丝进入腐蚀疲劳阶段，裂纹开始稳定扩展[21]。

2. 腐蚀疲劳裂纹稳定扩展阶段

根据分析，试验中应力比为 0，故采用第一个公式 $\mathrm{d}a/\mathrm{d}N=9\times10^{-11}\times(\Delta K-3.64)^2$。$\Delta K$ 为交变应力作用下应力强度因子范围，$\Delta K=K_{\max}-K_{\min}$，当达到应力腐蚀强度因子阈值 K_{ISCC}=46.8MPa $\cdot\mathrm{m}^{1/2}$ 时，等效裂纹深度为 $a_2=0.5\mathrm{mm}$。故 $\Delta K=46.8\mathrm{MPa}\cdot\mathrm{m}^{1/2}$，$\mathrm{d}a=a_2-a_1$，最终求得 $N_2=2.8\times10^6$。假设拉索钢丝的应力循环频率取值为 $f=1/60$，则 $t_2=N_2/f=5.32$ 年。

3. 腐蚀疲劳裂纹加速扩展阶段

当裂纹尺寸扩展到临界裂纹尺寸 $a_{ci}=1.0\mathrm{mm}$ 时，代入式(6.11)和式(6.12)

$$\frac{\mathrm{d}a}{\mathrm{d}N}=9\times10^{-11}\times(\Delta K-3.64)^2\text{，}R=0 \tag{6.11}$$

$$\frac{\mathrm{d}a}{\mathrm{d}N}=9\times10^{-11}\times\left(\Delta K-3.64\sqrt{(1-R)/(1+R)}\right)^2\text{，}R\neq0 \tag{6.12}$$

积分求得 $N_{ci}=1.33\times10^6$，假设拉索钢丝的应力循环频率取值为 $f=1/60$，则 $t_{ci}=N_{ci}/f=2.53$年。

当裂纹尖端的等效应力强度因子达到断裂韧性 $K_{\mathrm{IC}}=117.6\mathrm{MPa}\cdot\mathrm{m}^{1/2}$ 时，等效裂纹深度 $a_3=1.5\mathrm{mm}$，代入式(6.12)求得 $N_3=8.9\times10^5$，假设拉索钢丝的应力循环频率取值为 $f=1/60$，则 $t_3=N_3/f=1.69$ 年。

因此，蚀坑发生到临界裂纹尺寸所需时间为 $t=t_1+t_2+t_{ci}+t_3=9.94$ 年。需要指出的是，初始蚀坑尺寸较小，在实践中，检测蚀坑尺寸会比初始蚀坑尺寸大，但是当检测出蚀坑尺寸后，可把检测尺寸确定为初始蚀坑尺寸，重新计算时间。根据拉索受力不同，临界裂纹尺寸也是不尽相同的。

6.4　腐蚀拉索力学性能仿真

6.4.1　钢丝有限元模拟

1. 模型建立

本次建模假定蚀坑表面形状为球面，用半径为 3mm 的球面与钢丝相交来模拟蚀坑，假定腐蚀发生在钢丝中部。从力学应力分析角度，采用有限单元法定量分析不同腐蚀等级下蚀坑处的有效应力集中系数。

采用有限元软件 ANSYS 进行分析计算。钢丝模型长度为 50mm，钢丝一端固定，另一端的拉伸荷载为 1100MPa，蚀坑位于试件表面的正中间。在大量数值计算的基础上，认为钢丝表面对有效应力集中系数起控制作用的是最大深度的那个点蚀坑，又根据以往研究成果，当蚀坑间距较小且互相影响时，蚀坑底部的最大等效应力小于单点腐蚀时的最大等效应力。因此，以单个蚀坑为研究对象。

前面把钢丝锈蚀分为 5 个阶段，即钢丝完好→钢丝镀锌层锈蚀、钢丝基质均匀锈蚀→钢丝基质轻微点蚀→钢丝基质大量坑蚀→钢丝发生应力腐蚀和腐蚀疲劳，分别对应 Ⅰ～Ⅴ级锈蚀。根据蚀坑深度的计算结果，取各级蚀坑深度的平均值为典型蚀坑深度(表 6.15)，并增加破损安全设计中的临界裂纹深度，因此建模时钢丝的蚀坑深度分别为 0mm、0.1mm、0.3mm、0.5mm、0.8mm、1.0mm。

表 6.15　各级典型蚀坑深度

锈蚀等级	Ⅰ级	Ⅱ级	Ⅲ级	Ⅳ级	Ⅴ级
典型蚀坑深度/mm	0	0.1	0.3	0.5	0.8

2. 蚀坑应力集中系数分析

不同蚀坑深度的等效应力云图如图 6.20 所示。由图可知，完好钢丝的应力分布均匀，大小为 1098～1101MPa，基本没有出现应力集中现象。随着蚀坑深度的增加，蚀坑底部局部等效应力随之增大，应力集中效应明显。

(a) 钢丝完好

(b) 蚀坑深度为0.1mm

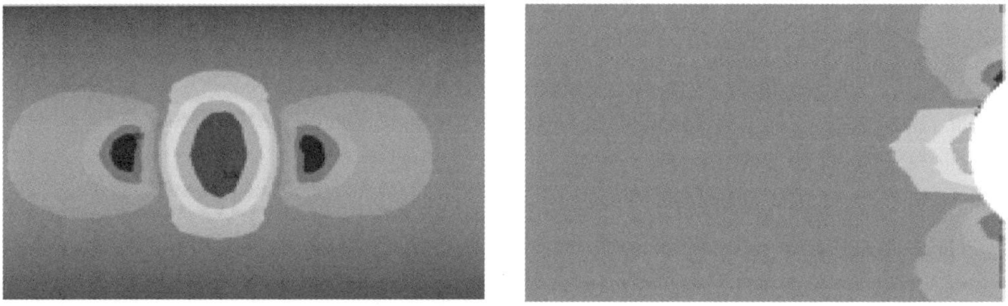

(c) 蚀坑深度为0.3mm

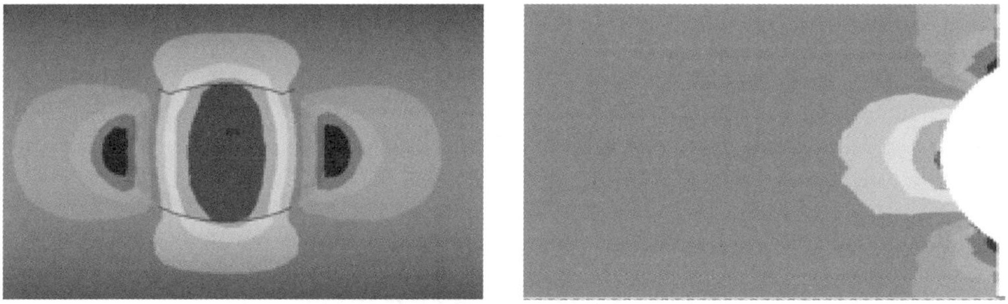

(d) 蚀坑深度为0.5mm

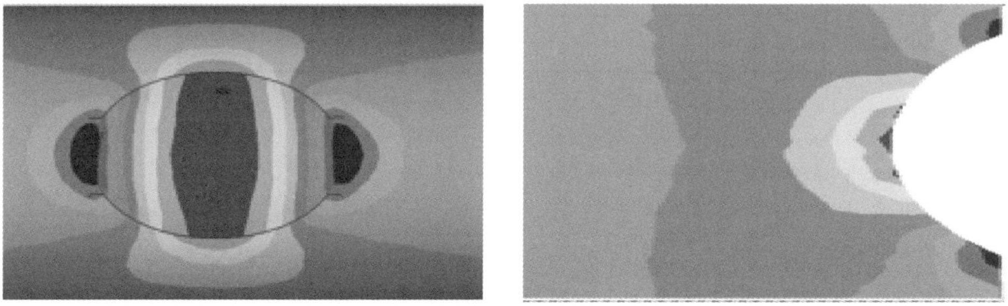

(e) 蚀坑深度为0.8mm

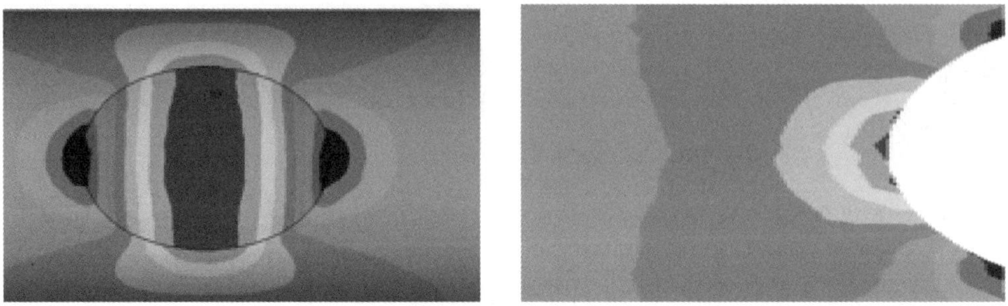

(f) 蚀坑深度为1.0mm

图 6.20　不同蚀坑深度的等效应力云图(单位：MPa)

在各种蚀坑深度的状况中，最大等效应力均发生在蚀坑底部，即蚀坑底部是蚀坑的危险点。考虑到钢丝处于腐蚀环境，蚀坑底部不断发生着原电池反应致使蚀坑底部金属介质不断被溶解，一方面，蚀坑的加深使局部区域的应力水平提高，另一方面，高应力的存在使这一区域的金属内部发生错位、滑移和运动，造成金属介质的不均匀性，在腐蚀介质的作用下，其腐蚀溶解速率将会进一步加快。因此，腐蚀导致蚀坑的存在和局部应力水平的提高是相互促进的，其效果远大于单纯应力和环境腐蚀二者作用之和。

在有限元计算分析应力集中系数的过程中，对于承受拉伸荷载的钢丝，其表面的蚀坑底部有相对较大的应力，取有效应力最大值，则应力集中系数为

$$K = \frac{\text{最大等效应力}}{P} \tag{6.13}$$

不同蚀坑深度钢丝应力集中系数计算结果如表 6.16 所示。

表 6.16　不同蚀坑深度钢丝应力集中系数

蚀坑深度/mm	0	0.1	0.3	0.5	0.8	1.0
应力集中系数	1.00	1.17	1.38	1.52	1.77	1.99

蚀坑深度与应力集中系数关系曲线如图 6.21 所示。从图中可以看出，应力集中系数随蚀坑深度的增加而增大，由其二次曲线拟合公式可知其线性趋势较为明显；由于蚀坑处的原电池反应速率是恒定的，且由前述分析可知腐蚀与应力对拉索的损伤是相互促进关系，且二者存在耦合，这也从侧面反映出拉索疲劳腐蚀的非线性变化。

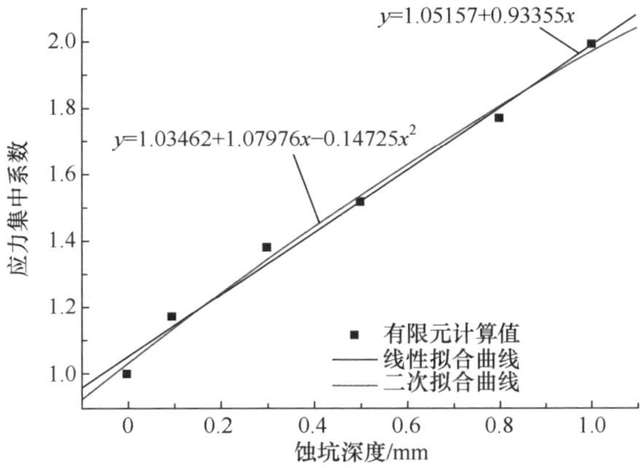

图 6.21　蚀坑深度与应力集中系数关系曲线

6.4.2　拉索有限元模拟

将若干根直径相同的钢丝平行集束，大捻距同心左旋扭绞，再用绕包带右旋缠裹扎紧，然后包覆塑料护套，即成为塑料护套半平行钢丝索。常用的制索钢丝直径有 5mm 和 7mm 两种，包括光面钢丝或镀锌钢丝。半平行钢丝索中钢丝排列成六角形或对称的切角六角形。因此，各根单丝的强度受材料均质性和下料长度的影响，其初应力很难完全相同，拉索的拉力也很难均匀分配给各根单丝。为方便建模，本节整体模型认为各根钢丝无相对滑移，始终处于绑定状态；各根钢丝均匀地承受拉索索端的拉力，通过建立拉索不同腐蚀程度的有限元模型，研究不同状况下拉索的等效应力分布情况。

1. 模型建立

根据规范中钢索系列规格的规定对拉索进行建模，索体包含 37 根钢丝，单根钢丝直径为 5.2mm，断面如图 6.22 所示。

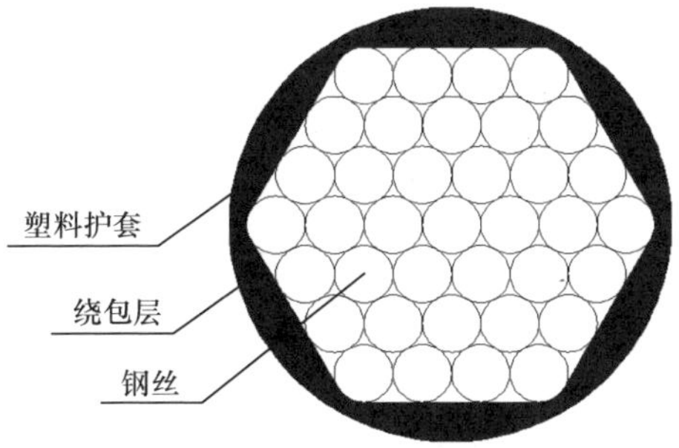

图 6.22　平行钢丝索断面

斜拉桥拉索制作工艺具体为：高强钢丝粗下料后，置于排丝架上，由牵引机牵引，按图纸规定，平行并拢，经过扭绞机扭绞、扎紧，然后缠绕细钢丝或纤维增强聚酯带形成轻度扭绞钢丝束。牵引钢丝束进入塑料挤压机挤出，裹以热挤高密度聚乙烯，按设计要求精确下料，两端安装配套冷铸墩头锚制成成品拉索。成品拉索的钢丝束断面呈正六边形或缺角六边形紧密排列,经左旋轻度扭绞而成，扭绞角为 2°～4°。由于该模型索取拉索长度较短，忽略扭绞角。

根据圣维南原理，在离荷载作用区越远的地方，分布于物体上的荷载所引起的物体中的应力分布越均匀。荷载的具体分布只影响荷载作用区附近的应力分布，这个分布的长度大致与横截面尺寸相当。整个模型共划分 302190 个单元、343874 个节点。

整根拉索的腐蚀程度由不同腐蚀程度的单根钢丝组合而成。在建模过程中，考虑到腐蚀主要表现在使拉索表面存在蚀坑，而蚀坑的大小、分布、相对位置等问题的复杂性使建模工作十分困难。基于拉索表面蚀坑均匀分布这一假设，容易想到蚀坑的存在使拉索有效截面积减小，在拉索两端受到固定大小的力时，有效截面积变小的拉索应力势必会增加。在静态应力问题中，局部区域的刚度增加必然会导致这一区域应力的增加，因此可以用弹性模量的变化来模拟损伤的存在，从而得到关心区域(即腐蚀区域)的应力状态。

不同锈蚀等级的拉索模拟如图 6.23 所示。当拉索锈蚀为 1 级时，无任何形式的锈蚀。由于拉索直径为 36.4mm，由图中的几何关系不难得出各级拉索的腐蚀区域长度。

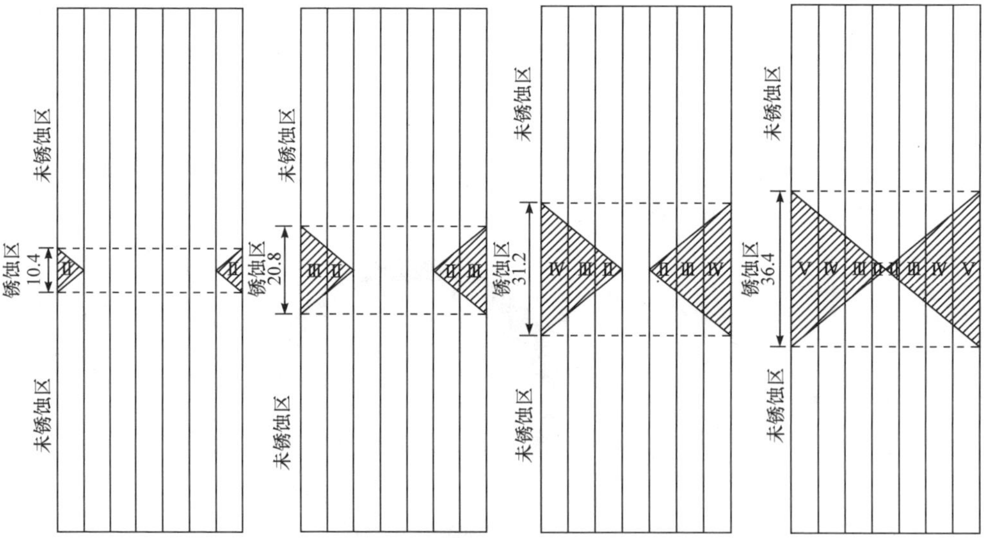

图 6.23　2～5 级拉索锈蚀模拟(单位：mm)

由于拉索是对称结构，为了提高运算效率，取一半进行建模分析，拉索中钢丝的接触方式为绑定，各钢丝间无相对滑移。由于仅关心腐蚀区域的应力分布情况，未腐蚀区域的网格划分较为粗糙(图 6.24)。拉索一端固定，另一端施加 1100MPa 的拉应力。

图 6.24　拉索锈蚀有限元模型

2. 拉索整体模型应力分析

各级拉索等效应力云图如图 6.25 所示。当拉索未发生任何形式的锈蚀时，应力分布较为均匀，只有在边界条件区域有局部应力增大的现象，这是由局部的网格突变引起的，在计算过程中可忽略这些局部高应力区。从图 6.25 可以看出，最大等效应力出现在最外层钢丝之间的接触区域，两根钢丝之间的应力均比其他部位更大。环境中的腐蚀介质较易在钢丝之间的缝隙储存，因此在钢丝间的连接部位易产生腐蚀，这与实际现象一致。

钢丝损伤区域的等效应力并不会随着锈蚀程度的加深产生明显变化(图 6.26)，说明整根拉索的应力水平对腐蚀产生的效应不敏感。分析等效应力云图 6.25 可以发现，高应力水平分布区域并不会随着腐蚀等级的提高而产生太大变化，但是低应力水平分布区域位置逐渐从钢丝外层转移至钢丝中部，且面积逐步变小直至消失，腐蚀截面的应力水平也因此得到整体的提升。

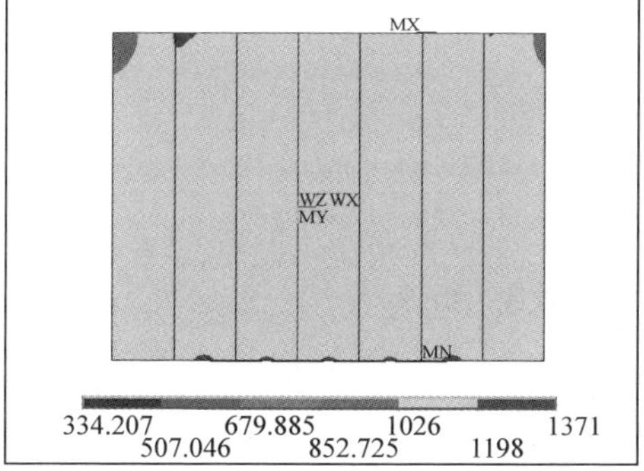

(a) 拉索完好

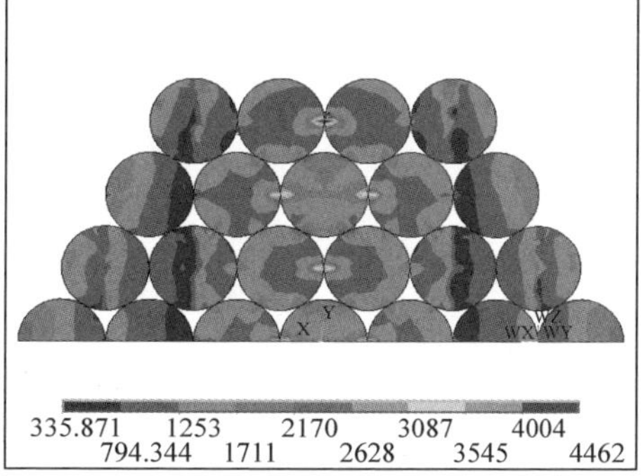

(b) 2级拉索锈蚀

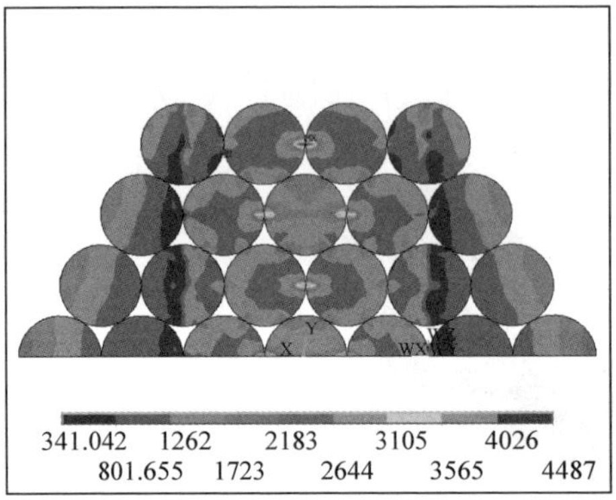

(c) 3级拉索锈蚀

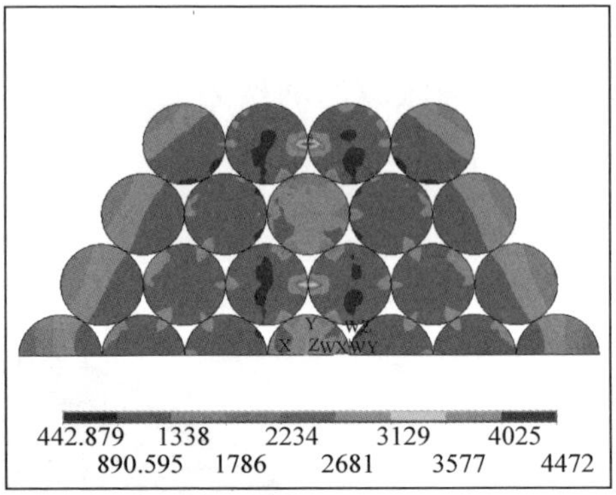

(d) 4级拉索锈蚀

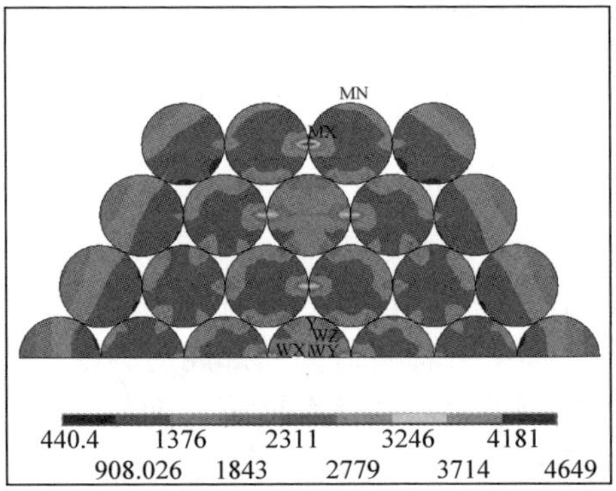

(e) 5级拉索锈蚀

图 6.25　各级拉索锈蚀等效应力云图(单位：MPa)

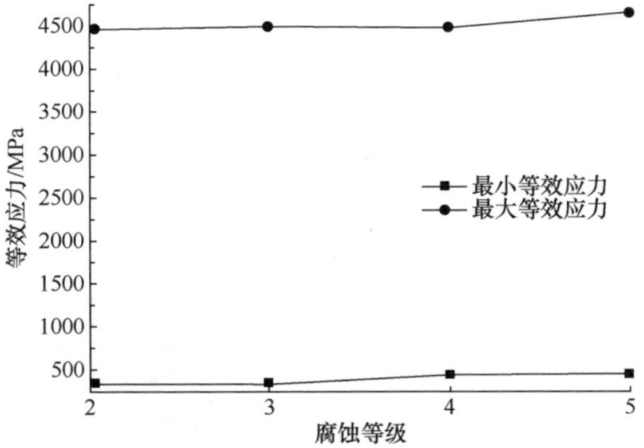

图 6.26　各级锈蚀拉索等效应力极值

本次试验采用有限元模拟不同锈蚀程度下单根钢丝和整根拉索的锈蚀模型。

根据有限元模拟得到的不同蚀坑深度底部最大等效应力,计算应力集中系数。结果表明，蚀坑深度越大，蚀坑底部应力集中系数越大，由其二次曲线拟合公式可知线性趋势较为明显，从侧面反映出拉索疲劳腐蚀的非线性变化。

把整根拉索的锈蚀分为 5 级来模拟不同锈蚀程度对拉索应力的影响，从等效应力云图可以看出，最大等效应力出现在最外层钢丝之间的接触区域，两根钢丝之间的应力均比其他部位更大。低应力水平对腐蚀等级的提高比较敏感，其分布区域从钢丝外层逐步转移至钢丝中部，面积逐渐减小直至消失，腐蚀截面的应力得到整体提高；而高应力水平分布区域并不会随着腐蚀等级的提高产生较大影响。

6.5　小　　结

本章将材料腐蚀、应力腐蚀及腐蚀疲劳三种损伤状态的钢丝锈蚀过程分为 5 个阶段，即钢丝完好→钢丝镀锌层锈蚀、钢丝基质均匀锈蚀→钢丝基质轻微点蚀→钢丝基质大量坑蚀→钢丝发生应力腐蚀和腐蚀疲劳。根据盐雾试验结果，制定各级腐蚀对应的腐蚀图例。分析各级图像，提出基于表层图像分析的锈蚀拉索技术状况评定的方法及标准。

建立了半球形的点蚀坑模型，给出了点蚀坑腐蚀速率的计算公式。以试验条件为参数，通过断裂韧性求得应力腐蚀强度因子阈值 $K_{\mathrm{ISCC}} = 46.8\mathrm{MPa} \cdot \mathrm{m}^{1/2}$ ，根据应力强度因子准则，判定点蚀开始向裂纹过渡。当应力比 R=0 时，腐蚀疲劳裂纹扩展阈值 $\Delta K_{\mathrm{th}} = 3.64\mathrm{MPa} \cdot \mathrm{m}^{1/2}$ 。引入等效裂纹深度的概念，根据等效裂纹深度计算等效应力强度因子。而后采用直线外推法，用 ANSYS 软件模拟不同蚀坑深度得到应力强度因子，并与理论计算值相比较，两者误差较小，有限元法模拟精度较高。通过处理拉伸试验数据，可以得到随着应力比的变化，腐蚀疲劳裂纹扩展速率的计算公式。

引入破损安全理论可以对钢丝腐蚀疲劳损伤进行合理设计。以初始点蚀坑半径 $a_0 = 1.5 \times 10^{-6}\mathrm{m}$ 为例，计算得到其发展到临界缺陷尺寸 1.0mm 时所需时间为 9.94 年。

根据有限元模拟不同锈蚀程度下单根钢丝和整根拉索的锈蚀模型。单根钢丝的锈蚀模拟结果表明，蚀坑深度越大，蚀坑底部应力集中系数越大，由其二次曲线拟合公式可知线性趋势较为明显。整根拉索的锈蚀模拟结果表明，随着腐蚀等级的提高，高应力水平分布区域变化不大，但低应力水平分布区域从钢丝外层逐渐转移至钢丝中部，面积逐渐减小直至消失，最终使腐蚀截面的应力整体提高。

参 考 文 献

[1] 陈汉林. 交变荷载-氯盐环境耦合条件下拉索钢丝腐蚀疲劳行为研究[D]. 重庆: 重庆交通大学, 2020.

[2] 朱子昂. 平行钢丝拉索在荷载与电化学腐蚀耦合作用下的损伤机理试验研究[D]. 重庆: 重庆交通大学, 2018.
[3] 柏伟. 在役平行钢丝斜拉索剩余寿命分析[D]. 重庆: 重庆交通大学, 2020.
[4] 吴梦雪, 尹力, 唐德发. 高强钢丝蚀坑尺寸对应力集中效应的影响[J]. 2021, 43(6): 62-70.
[5] Hans S. Continuous heat treatment of steel wire[P]: DE4340568, Germany. 1995.
[6] 冯晓乔. 护套不同破坏形式下钢绞线腐蚀损伤研究[D]. 桂林: 桂林理工大学, 2020.
[7] 张益翔. 斜拉桥拉索损伤对桥梁结构性能的影响研究[D]. 重庆: 重庆交通大学, 2015.
[8] 黄治盈. 实测车流与环境腐蚀作用下斜拉桥拉索时变可靠度评估[D]. 长沙: 长沙理工大学, 2019.
[9] Larsen K R, Writer S. Dry air combats corrosion on suspension bridge cables[J]. Materials Performance, 2008, (4): 30-33.
[10] Elachachi S M, Breysse D, Yotte S, et al. A probabilistic multi-scale time dependent model for corroded structural suspension cables[J]. Probabilistic Engineering Mechanics, 2006, 21(3): 235-245.
[11] Roberts C, Abel, Storh A, et al. Discussion on “Note on some effects produced by the immersion of steel and iron wires in acidulated water”[J]. Journal of the Society of Telegraph Engineers, 9(32): 168-181.
[12] Camo S J. Probabilistic strength estimates and reliability of damaged parallel wire cables[J]. Journal of Bridge Engineering, 2003, 8(5): 297-311.
[13] Howkins J. Braided stainless-steel wire[J]. The Lancet, 1953, 262(6777): 141-142.
[14] 岳红宇, 刘发, 谢民滇. 腐蚀斜拉索钢丝承载力的影响因素研究[J]. 现代交通技术, 2017, 14(2): 26-31.
[15] 杨世聪. 桥梁拉吊索腐蚀-疲劳问题及服役可靠性[D]. 重庆: 重庆交通大学, 2018.
[16] Wei R P. Material aging and reliability of engineered systems[C]//International Symposium on Environmentally Assisted Cracking: Predictive, 2000: 3-19.
[17] 柏伟. 在役平行钢丝斜拉索剩余寿命分析[D]. 重庆: 重庆交通大学, 2020.
[18] 徐俊, 陈惟珍, 刘学. 斜拉索退化机理及钢丝力学模型[J]. 同济大学学报(自然科学版), 2008, 36(7): 911-915.
[19] 杨世聪, 张劲泉, 姚国文. 基于图像灰度分析的腐蚀钢绞线细观损伤行为[J]. 固体力学学报, 2018, 39(3): 305-315.
[20] 王波, 袁迎曙, 李富民, 等. 氯盐锈蚀钢筋的屈服强度退化分析及其概率模型[J]. 建筑材料学报, 2011, 14(5): 597-603.
[21] 郑祥隆, 谢旭, 李晓章, 等. 锈蚀钢丝疲劳断口分析与寿命预测[J]. 中国公路学报, 2017, 30(4): 79-86.